Magnus Frisch (Hg.)

Alte Sprachen – neuer Unterricht

AF281108

Ars Didactica

Marburger Beiträge zu Studium und Didaktik der Alten Sprachen

herausgegeben von

Boris Dunsch
Magnus Frisch
Hans-Joachim Glücklich
Rainer Nickel
Felix M. Prokoph

Band 1

Magnus Frisch (Hg.)

Alte Sprachen – neuer Unterricht

Kartoffeldruck-Verlag Kai Brodersen

Speyer 2015

Bibliografische Information der Deutschen Nationalbibliothek:
Die Deutsche Nationalbibliothek verzeichnet diese Publikation in
der Deutschen Nationalbibliografie; detaillierte bibliografische
Daten sind im Internet über http://dnb.dnb.de abrufbar.

Umschlaggestaltung: M. Frisch
Titelbild: Die Philosophie thront inmitten der Sieben Freien Künste. Darstellung
aus dem *Hortus Deliciarum* (um 1180) der Herrad von Landsberg
Quelle: Wikimedia Commons
(https://commons.wikimedia.org/wiki/File%3AHortus_Deliciarum%2C_
Die_Philosophie_mit_den_sieben_freien_K%C3%BCnsten.JPG)
[von Dnalor_01; gemeinfrei nach Lizenz CC-BY-SA 3.0]

Der Kartoffeldruck-Verlag (den Namen verdankt er einem Vorschlag von
Prof. Dr. Niklas Holzberg) publiziert zum reinen Selbstkostenpreis Bücher,
die in jeder Buchhandlung bestellt werden können – insbesondere für
Expertinnen und Experten in Altertumswissenschaft und Schule.

2015
© Kartoffeldruck-Verlag Kai Brodersen, Speyer
www.kartoffeldruck-verlag.de
ISBN 978-3-939526-24-7

Inhaltsverzeichnis

Geleitwort zur Reihe *Ars Didactica*

Die Reihe *Ars Didactica – Marburger Beiträge zu Studium und Didaktik der Alten Sprachen* bietet ein Forum für Publikationen zur Didaktik des altsprachlichen Unterrichts sowie für Lehr- und Arbeitsbücher zum Studium der Klassischen Philologie. In dieser Reihe sollen daher sowohl fachdidaktische Monographien und Sammelbände zum Schulunterricht der Fächer Latein und Griechisch erscheinen als auch „Hilfsbücher" für deren Studium an der Universität.

Im Bereich der Fachdidaktik sind in erster Linie unterrichtspraktische Arbeiten und Sammelbände mit Beiträgen von Lehrern, Fachwissenschaftlern und Fachdidaktikern geplant. Daneben sollen auch ausgezeichnete fachdidaktische Staatsexamensarbeiten und Sammlungen herausragender, thematisch affiner Seminararbeiten einem breiteren Fachpublikum und vor allem den Fachkollegen an den Schulen zugänglich gemacht werden. Denn viel zu oft bleiben kluge Ideen und kreative Anregungen für einen guten Latein- und Griechischunterricht bisher unbekannt.

Auch wenn diese Initiative vom Seminar für Klassische Philologie der Philipps-Universität Marburg ausgeht und die Reihe hier betreut wird, sind natürlich auch Fachkollegen von anderen Universitäten, Forschungseinrichtungen, Studienseminaren und Schulen herzlich eingeladen, sich an dieser Schriftenreihe mit eigenen Beiträgen oder durch die Empfehlung herausragender Studien- und Abschlussarbeiten zu beteiligen.

Der Titel dieser neuen Reihe, *Ars didactica*, gründet zunächst auf unserer Überzeugung, dass es die *ars* ist, der in jedem Ausbildungsgang und beim Streben nach einem möglichst hohen Grad an Professionalität eine Schlüsselfunktion zukommt. So fungiert sie als das unverzichtbare Bindeglied zwischen *natura/ingenium*, der ursprünglichen Freude und Begeisterung für eine Sache, und *exercitatio/usus*, der eine professionelle Routine stiftenden, in kontinuierlicher Praxis fundierten Erfahrung. In genau diesem Sinne wollen wir auch eine *ars didactica*, eine Kunst des Lehrens und Lernens, verstanden wissen, die sich dem Studium der Klassischen Philologie sowie der Vermittlung der Alten Sprachen widmet.

Wir danken Kai Brodersen herzlich für die Aufnahme unserer Reihe in das Programm des Kartoffeldruck-Verlags, der die Bücher zum Selbstkostenpreis produziert und damit die Bände dieser Reihe auch für Studenten und Referendare erschwinglich macht.

Marburg, im September 2015   Die Herausgeber

Vorwort

Die im vorliegenden Band versammelten Beiträge zur Didaktik der Alten Sprachen gehen – mit einer Ausnahme – zurück auf Vorträge, die in der Reihe „Alte Sprachen – neuer Unterricht" am Seminar für Klassische Philologie der Philipps-Universität Marburg im Zeitraum von Mai 2013 bis Oktober 2014 gehalten worden sind. Die Ausnahme bildet der erste Beitrag von Peter Kuhlmann, der auf einen Gastvortrag aus dem Wintersemester 2011 / 12 zurückgeht und gleichsam als Vorläufer unserer Vortragsreihe gelten darf.

Die Vortragsreihe „Alte Sprachen – neuer Unterricht" bietet ein Forum für Fachwissenschaftler der Klassischen Philologie, angrenzender Disziplinen und Unterrichtsfächer sowie für Fachdidaktiker und Schulpraktiker gleichermaßen.

Anliegen und Ziel dieses aus zwar verschiedenen, aber in gleicher Weise relevanten Perspektiven auf die Schulfächer Latein und Griechisch geworfenen Blickes ist es, einerseits Grundfragen des altsprachlichen Unterrichts neu – unter Berücksichtigung der aktuellen Situation der alten Sprachen im schulischen Fächerkanon, der bildungspolitischen und pädagogischen Rahmenbedingungen, der Lebens- und Lernwelt der Schüler im 21. Jahrhundert und neuester wissenschaftlicher Erkenntnisse – zu beleuchten und zu erörtern, andererseits in der Praxis bereits erfolgreich umgesetzte neue Unterrichtskonzepte und -methoden zu präsentieren und zu diskutieren.

Wandten sich die Vorträge dieser Reihe sowohl an Studenten als auch an Referendare und Lehrer aus Marburg und Umgebung, so soll der vorliegende Sammelband diese Beiträge in überarbeiteter Form nun auch einem breiteren Publikum zugänglich machen. Dies dürfte um so willkommener sein, als sie zentrale und aktuelle Aspekte eines zeitgemäßen altsprachlichen Unterrichts beleuchten: von Fragen der Kompetenzorientierung (Rainer Nickel) und

Individualisierung (Heike Wolf) über Textübersetzung und Wortschatzarbeit (Peter Kuhlmann), multimediale Zugänge zu Realien aus der Sicht des Althistorikers (Florian Krüpe) und Zugänge zum römischen Alltagsleben über die Dichtung (Tobias Brandt) sowie das Verhältnis von Text und Bild (Hans-Joachim Glücklich) bis hin zu Überlegungen, was wir aus dem mittelalterlichen Lateinunterricht für die heutige Unterrichtspraxis lernen können (Jessica Kreutz).

Mein Dank gilt allen, die – allen Schwierigkeiten zum Trotz – zum Gelingen des Bandes beigetragen haben, besonders meinen Kollegen Felix M. Prokoph und Boris Dunsch für die Unterstützung bei der Organisation der Vortragsreihe und für ihre Hilfe als erfahrene Herausgeber, weiterhin Rainer Nickel und Hans-Joachim Glücklich, die mitgeholfen haben, diesem Sammelband ein neues Zuhause in Gestalt der Reihe *Ars Didactica* zu geben, als das Erscheinen auf Messers Schneide stand, und natürlich allen Autoren.

Ein besonderer Dank geht schließlich an Fabiola Dengler, die mich bei der satztechnischen Gestaltung unterstützt hat.

Zu großem Dank verpflichtet bin ich auch Sabine Föllinger und Gregor Vogt-Spira sowie dem Landesverband Hessen des Deutschen Altphilologenverbandes, die einige der Gastvorträge der Vortragsreihe überhaupt erst möglich gemacht haben.

Marburg, im September 2015   Magnus Frisch

Peter Kuhlmann

Lateinische Texte richtig übersetzen – (k)ein Problem?
Die lernpsychologischen Voraussetzungen für das Verstehen von lateinischen Texten[*]

1 Warum übersetzen wir lateinische Texte – einige grundsätzliche Fragen

Wenn man den Latein- oder auch Griechischunterricht mit dem modernen Fremdsprachenunterricht vergleicht, gibt es gravierende Unterschiede im Herangehen an die fremde Sprache und in der jeweiligen Methodik. Prinzipiell zielt der Lateinunterricht nur auf eine passive oder besser rezeptive Sprach- oder auch „Lesekompetenz",[1] während im modernen Fremdsprachenunterricht auch die aktive Sprachkompetenz (mündlich und schriftlich) sowie das auditive Verstehen einen Schwerpunkt bilden.[2] Insofern müsste Lateinlernen eigentlich leichter sein als Englisch- oder Französischlernen. Dennoch gilt Latein bei Schülern und Studierenden gemeinhin als schwer. Woran liegt das?

Ein zweiter wichtiger Unterschied liegt in der Art, Texte zu lesen. Im Englisch- und Französischunterricht lesen und hören Lernende die Texte nur, um sie dabei unmittelbar spontan zu verstehen. Im Lateinunterricht hingegen werden die Texte in der Regel zusätzlich

---

[*] Dieser Beitrag wurde zuerst veröffentlicht in: Scrinium 59.1 (2014), 3–24; er basiert auf einem Vortrag, der im Wintersemester 2011/12 am Seminar für Klassische Philologie der Philipps-Universität Marburg gehalten wurde.

[1] Vgl. KUHLMANN 2009, 15–21.

[2] Die z.B. im GER 2001 definierten fünf Grundfertigkeiten bzw. „skills" im modernen Fremdsprachenunterricht: verstehen, sprechen, lesen, schreiben, „mitteln" / übersetzen.

ins Deutsche übersetzt bzw. „rekodiert" – wieso ist dies eigentlich so? Und warum gibt es außerdem im Lateinunterricht eine ganze Reihe verschiedener Übersetzungsmethoden, die wiederum von manchen Lehrenden und Fachdidaktikern fast dogmatisch als Garant für eine gelungene Übersetzung vermittelt werden? Gängig sind z.B. die Konstruktions-, die Dreischritt-, die Pendel- oder die Kästchenmethode, das lineare Dekodieren, die kolometrische Anordnung, die Textvorerschließung und andere mehr.[3] Warum kommt dagegen der Englisch- und Französischunterricht ohne diese Methodenvielfalt aus und erreicht trotzdem bei Lernenden die Fähigkeit, fremdsprachige Texte zu lesen und (auditiv) zu verstehen? Auf den ersten Blick erscheint dies wie ein Kuriosum.

Der Beitrag wird zunächst einige linguistische Fakten präsentieren, die dieses Kuriosum ein wenig aufhellen und zugleich die formulierten Fragen beantworten.

1.1 Sprachstrukturen im Vergleich: „moderne" versus „alte" Sprachen

Vergleicht man Latein mit den im heutigen deutschsprachigen Bildungswesen gängigen Schulsprachen Englisch und Französisch, ergibt sich ein etwas einseitiges Bild. Latein gehört nämlich einem anderen Sprachtypus an als vor allem Englisch: Beim Lateinischen handelt es sich um eine Sprache, in der grammatikalische Funktionen und Beziehungen primär durch Endungen ausgedrückt werden; man spricht daher von einem „synthetischen" Sprachtyp, bei dem ein einziges Wort eine Vielfalt grammatikalischer Morpheme und Informationen enthalten kann. Im Englischen werden solche grammatikalischen Informationen dagegen „lexikalisiert", d.h. durch eigene Wörter verdeutlicht, was einem „analytischen" Sprachbau entspricht:[4]

---

3 Zu den Methoden im Einzelnen KUHLMANN 2009, 94–119 u. GLÜCKLICH 2008, 59–65.

4 Die Begriffe „synthetisch" und „analytisch" wurden zuerst von August Wilhelm SCHLEGEL für die Beschreibung unterschiedlicher Sprachtypen verwendet und haben sich seit Wilhelm VON HUMBOLDT bis heute in der Sprachwis-

Form und Funktion in synthetischen und analytischen Sprachen		
Latein: synthetisch	Englisch: analytisch	Französisch: eher analytisch
dix-era-t	he / she had said	il / elle avait dit
sol-is	of the sun	du soleil

In der Folge müssen Lernende, die vom Englischen her kommen, beim Lateinlernen und bei der Lektüre lateinischer Texte anders als im Englischen vermehrt auf die Endungen achten, was für den Rezeptionsprozess eine ungewohnte Operation ist und daher auch mehr Konzentration erfordert.

Allerdings gibt es durchaus auch moderne Fremdsprachen, die demselben synthetischen Sprachtypus angehören wie Latein: z. B. Neugriechisch, Russisch oder Finnisch. Allerdings weisen einige dieser modernen Sprachen recht eindeutige Endungen auf. Im Lateinischen hingegen gibt es eine Vielzahl mehrdeutiger Endungen (Flexionsmorpheme), wie sie für die sog. „flektierenden" Sprachen typisch sind. Dies können ein paar Beispiele aus der lateinischen und finnischen Morphologie illustrieren:

Latein	Finnisch
mögliche Genitiv-Morpheme (Sg.): **-i, -ae, -is, -us**	*Genitiv-Morphem (Sg.)* **-n**
Morphem **-i** (*Bspp.* **soli, legi**) *mögliche Funktionen:* Gen., Dat., Abl., Vok., Lok. Sg.; Nom. Pl.; 1. Sg. Pf., Inf. Pass., Imper. Sg.	*Morphem* **-n** (*Bsp.* **tallo-n** *Hauses*) *mögliche Funktionen:* Gen. (+Akk.) Sg.; 1. Sg.

D.h.: Die Funktion „Genitiv" kann im Lateinischen durch eine Vielzahl von Morphemen ausgedrückt werden, im Finnischen dagegen immer nur durch -*n*. Umgekehrt hat ein beliebiges Morphem im Lateinischen häufig sehr unterschiedliche Funktionen und kann sogar unterschiedlichen Wortarten zugeordnet sein, während im Finnischen kaum Verwechslungsmöglichkeiten bestehen. Allerdings

senschaft durchgesetzt. Speziell zum Lateinischen vgl. KUHLMANN 2014, 20–21.

gibt es im methodischen Bereich doch eine Gemeinsamkeit zwischen dem praktischen Unterricht in solchen synthetisch gebauten modernen Fremdsprachen und dem Lateinunterricht: Bei Fremdsprachen wie Neugriechisch, Finnisch oder Russisch wird im Unterricht in der Regel viel übersetzt, was offenbar mit dem synthetischen Bautyp all dieser Sprachen zusammenhängt.

Die klare Markierung grammatikalischer Funktionen durch Endungen hat auch eine weitere Folge für die Gestaltung von Texten, die dem Englischen oder Französischen fremd ist: Die Wort- und Satzgliedstellung ist in solchen Sprachen mit einem reichhaltigen Endungssystem eher frei, was wiederum mehr Konzentration bei der Rezeption fremdsprachlicher Äußerungen erfordert. Auch hierzu einige Beispiele aus den verschiedenen Sprachen mit verschiedenen Wortfolge(un)möglichkeiten zu dem Satz „ich habe zu Hause ein Buch gelesen":

Latein	Finnisch	Englisch (S – P – O)
domi *librum* <u>legi</u>	talossa *kirjan* <u>luin</u>	I read *a book* at home
librum <u>legi</u> domi	*kirjan* <u>luin</u> talossa	at home, I read *a book*
librum domi <u>legi</u>	*kirjan* talossa <u>luin</u>	*I at home *a book* <u>read</u>
<u>legi</u> *librum* domi	<u>luin</u> *kirjan* talossa	*<u>a book</u> at home <u>read I</u>
<u>legi</u> domi *librum*	<u>luin</u> talossa *kirjan*	*<u>a book</u> <u>read</u> I at <u>home</u>

Die Markierung mit einem Sternchen (*) bezeichnet hier die von Muttersprachlern als falsch bzw. unverständlich eingestuften Varianten. Zwar existiert im Lateinischen wie im Finnischen durchaus eine habituelle bzw. neutral-unmarkierte Abfolge der Satzglieder (z.B. S – O – P im Lat.), allerdings kann diese aus funktionalen Gründen verändert werden, um bestimmte Satzglieder oder Wörter hervorzuheben, z.B. durch Spitzenstellung (Topikalisierung) oder Endstellung. Aufgrund der Endungen ist die Verständlichkeit (für Muttersprachler) nicht beeinträchtigt.

Beim Lernen von Englisch oder Französisch habitualisiert sich in den Köpfen von Schülern rasch das klassische Wortstellungsmuster S – P – O, so dass intuitiv beim Hören und Lesen Subjekte und Objekte ohne Überlegung spontan identifiziert und so auch ganze Sätze schnell verstanden werden. Umgekehrt neigen Lateinlerner dazu, in lateinischen Sätzen das erste Substantiv intuitiv als Subjekt zu verstehen, auch wenn es sich nicht um einen Nominativ handelt. Da im Russischen, Neugriechischen oder Finnischen wie im Lateinischen die Wortstellung nicht ohne Weiteres Auskunft über die Satzgliedfunktion gibt, wird auch dort im Unterricht bzw. in Sprachkursen viel übersetzt. Das Übersetzen hat demzufolge im Unterricht eine wichtige didaktische Funktion: Es dient der Verständniskontrolle, weil nur die Übersetzung klar macht, ob Lernende einen fremdsprachlichen Satz oder Text auf der morphosyntaktischen Ebene richtig verstanden haben.

1.2 Pragmatische Aspekte: Textsorten und Interkulturalität

Neben diesen primär linguistischen Merkmalen kommen noch pragmatische bzw. kulturelle Aspekte hinzu, die Lateinunterricht im Vergleich zum neusprachlichen Unterricht schwer erscheinen lassen: Im Englisch- oder Französischunterricht werden hauptsächlich Texte gelesen, die den Lernenden kulturell nicht allzu fern stehen. Sie spielen meist in unserer Gegenwart und handeln von konkreten Situationen (in der Schule, in der Familie, beim Arzt, im Café, etc.), d.h. sie beziehen im Sinne der kulturellen Kompetenz die Lebenswelt der Lernenden mit ein. Linguistisch gesehen handelt es sich um „Gebrauchstexte" mit standardisierten und gesprächstypischen Phrasen. Lateinische Originaltexte hingegen spielen in einer kulturell sehr fremdartigen Welt und sind in einer rhetorisch aufgeladenen, häufig artifiziellen Sprache verfasst, die schon beim antiken Muttersprachler den Rezeptionsprozess bewusst verlangsamen sollten.[5] Solche Texte spielen im modernen, primär auf „kommunikative Kompetenz" abzielenden Englisch- oder Französischunterricht höchstens eine untergeordnete Rolle – und wenn, dann sind manche Schüler schnell überfordert. Die Lernprogression im Lateinunterricht ist entsprechend in Bezug auf das Textverstehen erheblich steiler als bei den modernen Fremdsprachen. Besonders gut zeigt das der alte Russischunterricht in der sozialistischen Gesamtschule der DDR: Auch nach langen sechs

---

[5] Ausführlich dazu KUHLMANN 2010, 10–22.

oder gar acht Jahren Russischunterricht waren die meisten Schüler weit davon entfernt, Romane von Klassikern wie Dostojewski im Original lesen zu können. Im Lateinunterricht wird Vergleichbares in der Schule schon im vierten Lernjahr verlangt.

1.3 Lernpsychologische Aspekte: Nachteile rezeptiven Sprachenlernens

Schließlich ist noch ein lernpsychologischer Aspekt zu erwähnen: Gerade der vermeintliche Vorteil des rein rezeptiven Lateinlernens erweist sich nämlich als lernpsychologischer Nachteil. Das mehrkanalige Lernen der modernen Sprachen (auditiv, aktiv-sprechend, kommunikativ) führt zu einer deutlich besseren Festigung der Sprachfertigkeit, während das eher einkanalige, rein rezeptive Lateinlernen durch stilles Lesen nicht dieselbe Tiefe in der Abspeicherung sprachlichen Wissens bewirken kann.

2 Texte übersetzen und Texte verstehen

2.1 Latein verstehen ohne übersetzen? rekodieren – dekodieren – verstehen

Um noch einmal auf den eingangs genannten Aspekt des intuitiven Sprachverstehens im Englischunterricht (ohne Übersetzen) zurückzukommen, soll die Frage beleuchtet werden, wie es hier beim Lateinlernen aussieht. Ist ein solches intuitives Sprachverstehen im Lateinischen ohne Übersetzung möglich? Natürlich muss es möglich sein, denn erstens haben die lateinischen Muttersprachler in der Antike das Lateinische nicht erst in irgendeine andere Hilfssprache übersetzt, und zweitens war Latein bis ca. 1800 eine der wichtigsten mündlichen Kommunikationssprachen im akademischen Europa: Der universitäre Vorlesungs- und Seminarbetrieb, ja auch der höhere Schulunterricht lief bis ins 18. Jh. hauptsächlich auf Latein ab; Schüler, Studenten und Professoren hätten überhaupt keine Zeit gehabt, ständig alles zu übersetzen. Sie mussten Latein so sprechen und verstehen wie wir heute Englisch. Im heutigen Unterricht stellt sich dieses spontan-intuitive Sprachverstehen v.a. in den ersten Lehrbuchlektionen ein, die sowohl sprachlich als auch inhaltlich noch einfach konstruierte Texte bieten. Auch stellt es sich beim wiederholten Lesen bekannter lateinischer Textabschnitte aus der Originallektüre ein. So müssen etwa Studierende im Fach Latein beim dritten oder vierten Übersetzungsvorgang eines kleineren Prüfungs-Textkorpus meist nicht mehr übersetzen, sondern können die meisten Passagen unmittelbar verstehen bzw. verstehend lesen – ähnlich wie englische oder muttersprachliche Texte. Ebenso kann man nach einer gewissen Übung in der Regel auch einfache lateinische Sätze oder Texte beim Hören unmittelbar auditiv verstehen. Aus dem bisher gesagten ergibt sich: Es sind bei der Lektüre lateinischer Texte drei didaktische oder auch sprachpsychologische Ebenen zu unterscheiden:[6]

spontan-intuitives **Sprachverstehen** (rezeptiv)
Übersetzen > **Re-kodieren**: konkrete Formulierung in die Zielsprache (aktiv-kreativ)
Analysieren > **De-kodieren** (aktiv): – Vokabeln suchen (lexikalisch-semantische Information), – Endungen identifizieren (morphologische Ebene), – grammatikalische Bezüge herstellen (syntaktische Ebene), – Sinn ermitteln (Textsemantik + Textpragmatik)

Das sog. „Dekodieren" bezeichnet also das, was in normalen lateinischen Unterrichtsstunden das größte Zeitquantum einnehmen dürfte, nämlich den aktiven und bewussten Prozess des Entschlüsselns. Auch die dabei verwendeten Methoden wie z.B. die besonders gängige Konstruktionsmethode ist eine typische Dekodierungsmethode. Diese Methoden geben aber noch keine direkte Hilfe für die Rekodierung, d.h. die Formulierung der Übersetzung in der Zielsprache.[7] Ebenso wenig führen diese Dekodierungsmethoden zu einem unmittelbaren Sprachverstehen bei lateinischen Texten.

Die Frage ist nun, wie sich diese drei Ebenen überhaupt zueinander verhalten und wie man sie genau beschreiben kann. Klar ist zunächst, dass das Sprachverstehen sich spontan und unbewusst

---

6 Dazu Kuhlmann 2009, 94–99 u. ausführlich Glücklich 2008, 65–83.
7 Vgl. Kuhlmann 2009, 100–106.

einstellt oder auch nicht. Es ist nicht unbedingt aktiv steuerbar: Entweder wir verstehen eine sprachliche Äußerung oder auch erst einmal nicht. Das eigentliche Übersetzen bzw. Rekodieren ist dagegen ein aktiver und kreativer Vorgang, der eine entsprechende zielsprachliche Kompetenz erfordert und sich überhaupt in zwei Sprachen gleichzeitig bewegt. Das spontane Sprachverstehen läuft hingegen einsprachig ab. Das Dekodieren ist wie das Übersetzen ein aktiv bzw. bewusst gesteuerter Prozess, der aber weniger kreativ als vielmehr hermeneutisch abläuft: Man versucht, den Text wie eine Art Rätsel zu entschlüsseln, bis man die Lösung hat.

In welcher Reihenfolge diese drei Prozesse ablaufen, ist für das Lateinische wissenschaftlich nicht untersucht – für moderne Sprachen wie Englisch stellt sich die Frage nicht unbedingt oder zumindest anders als für Latein oder auch Russisch und Finnisch. Es kommt im Übrigen auf den Text an, wie folgendes Beispiel zeigt:

Heri	*Marcus*	*venit*	*et*	*fabulam*	*mihi*	*narravit*
gestern	Marcus	komm-	und	Geschichte	mir	erzähl-

In solchen Sätzen stellt sich schon bei geringen Lateinkenntnissen ohne Übersetzung und bewusste Dekodierung ein spontanes Verstehen ein, denn Lernende müssen hier nicht erst das Prädikat, dann das Subjekt und weiter die Objekte suchen und alle flektierten Wörter bestimmen, bis sie schließlich zum richtigen Verständnis kommen. Es reichen in solchen Sätzen die lexikalischen Informationen zum intuitiven Text- oder Satzverstehen.

Anders verhält es sich bei schwierigeren Texten mit komplexerem Satzbau, schwierigerem Inhalt oder auch bei mangelhaften Vorkenntnissen auf Rezipientenseite. Hier steht häufig ein Dekodierungsvorgang vor dem Verstehen bzw. Übersetzen. Das Übersetzen von Teilstücken eines Satzes kann u.U. wiederum dem spontanen Gesamtveständnis einer Äußerung vorausgehen, so dass sich bei den meisten (nicht-muttersprachlichen) Latein-Lesern diese drei Ebenen in der Praxis durchmischen dürften, wie auch kleinere Stichproben bei Göttinger Studierenden mit „Übersetzungs"-

Protokollen belegen.[8] Dabei zeigt sich, dass mit (subjektiv empfundenem) zunehmendem Schwierigkeitsgrad des Textes auch das bewusste Rekodieren kleinerer Segmente für das Verstehen notwendig ist; je (subjektiv) „leichter" ein Text oder Abschnitt ist, umso mehr wird spontan ohne Übersetzung verstanden. Aber tatsächlich müssten diese Prozesse stärker empirisch untersucht werden. Die traditionelle Fachdidaktik Latein vermittelt eher den Eindruck, erst müsse das Dekodieren erfolgen und dann folge die richtige Übersetzung.[9] Das Verstehen spielt häufig nur eine untergeordnete Rolle, obwohl es das eigentliche Ziel sein sollte, denn eine wirklich angemessene und auch semantisch äquivalente Übersetzung eines Textes kann erst nach dem richtigen Verstehen gelingen.[10]

Auf der anderen Seite ist auch im Einzelfall Übersetzen ohne wirkliches inhaltliches Verstehen möglich, wie folgender Satz zeigen kann:

> heri accusativus in curiam conveniet.
> „Gestern wird der Akkusativ in der Kurie zusammenkommen."

In solchen, für bestimmte linguistische Zwecke gern konstruierten Unsinns-Sätzen ist zwar ein sprachlich-formales Verstehen (Vokabeln, Bezüge, Satzglieder u.ä.) und damit eine Übersetzung in andere Sprachen möglich, aber ein inhaltliches Verstehen kann sich aufgrund fehlender Anknüpfungspunkte an die Realität nicht einstellen.

2.2 „Mentale Repräsentation" und „kulturelle Schemata" als Schlüssel des Verstehens

Eine wichtige Rolle beim Textverstehen spielen daher Verstehensprozesse im Kopf von Rezipienten, bei denen sprachliche Informationen mit außersprachlichem Vorwissen kombiniert werden. Wichtig sind hier Begriffe wie „mentale Repräsentation" und „kulturelle Schemata", die an der folgenden kleinen Szene erläutert

---

8   Ausführlich zu dem Phänomen schon die Untersuchungen von EIKE-BOOM 1970.
9   Gut beschrieben ist das Phänomen allerdings schon bei SCHMIDT 1962.
10 Umfassend dazu KUSSMAUL 2007.

werden können:

Sie: *Kreisch*!!!   Er: „O Gott! Schatz! Es ist nicht so, wie du denkst!"

Vermutlich werden sich bei diesem kleinen Dialog die meisten Leser als „Kino im Kopf" bzw. „mentale Repräsentation" vorstellen, wie ein Mann beim Fremdgehen von seiner Frau oder Partnerin ertappt wird.

Text $\longrightarrow$	mentale Repräsentation	$\longleftarrow$ Vorwissen
wörtl. Bedeutung: – Interjektion – Anrede an: Gott / wertvollen Gegenstand; etc.	Das „Kino im Kopf": Die im Kopf des Rezipienten erzeugte („konstruierte") Situation **intendierter Textsinn:** Beim Fremdgehen erwischt …	Funktionieren monogamer Beziehungen (auch: Ehe) mögliche Reaktionen eifersüchtiger PartnerInnen apologetische Strategien erwischter Partner Kontexte, Rahmensituationen i.w.S. Film- / Sketch-Sequenzen (TV)

In der linken Spalte der Tabelle zeigt sich, dass hier auch eine wörtliche Lesart des Dialoges denbar wäre, die aber aufgrund des (meist vorhandenen) kulturellen Vorwissens für die Mehrzahl der Leser ausgeschlossen ist. Textverstehen resultiert also nicht nur in literarischen Texten, sondern genauso im Alltag vielfach aus der Kenntnis bestimmter kultureller Schemata, die beim Lesen unwillkürlich aktiviert werden und zeitgebunden sowie kulturspezifisch sein können.

Wie man den intendierten Textsinn verfehlen kann, lässt sich an einem typischen Beispiel aus der Originallektüre zeigen: Instruktiv ist der berühmte Seneca-Satz (*ep.* 16,2) mit einer typischen Schüler-Übersetzung:

> philosophia (...) non in verbis, sed in rebus est.
> ? „Die Philosophie befindet sich nicht in den Wörtern, sondern in den Sachen" ?
> gemeint: „(Wahre) Philosophie ist keine Sache (bloßer) Worte, sondern manifestiert sich im Handeln"

Solche formal-grammatisch an sich „richtigen" Übersetzungen kommen in der Lateinlektüre häufig vor und belegen geradezu, das die Aussage inhaltlich nicht verstanden ist. Das heißt, mithilfe der vermeintlich richtigen Übersetzung lässt sich nicht unbedingt kontrollieren, ob der Übersetzer den eigentlichen Textsinn jenseits der sprachlichen Bedeutung versteht. Dies hängt von seinem kulturellen oder pragmatischen Welt- und Handlungswissen („kulturelle Schemata") ab, das beim Sprachverstehen aktiviert werden muss, um sprachliche Äußerungen semantisch richtig zu verstehen. Im Vergleich zum Englischlernen müssen beim Lateinlernen deutlich mehr andersartige kulturelle Schemata mit den Vokabeln und Texten mitgelernt werden, um lateinische Texte richtig zu verstehen, denn die römische Antike ist für Lernende viel weiter weg als die zeitgenössische englische oder amerikanische Lebenswelt.

Umgekehrt kann aber auch eine sprachlich defizitäre Übersetzung durchaus Beleg für ein gelungenes Textverstehen auf der semantischen Ebene sein, wie folgender Originaltext aus Hygin mit einer Schülerübersetzung (Kl. 10) zeigt:

> Ulixes cum ab Alcinoo rege multis cum muneribus dimissus esset, naufragio facto ad insulam Ithacam pervenit ad quandam casam suam, ubi erat pastor Eumaeus nomine (Hygin. *fab.* 126, 1).
> „Odysseus, als er von dem König Alcino mit vielen Gaben fortgeschickt worden war, nachdem der Schiffbruch geschehen worden war, ist zu seiner gewissen Hütte angekommen, wo der Hirte Eumaeus von dem Namen war." (Schüler Kl. 10)

Die mentale Repräsentation im Kopf des Schülers entspricht im Ganzen durchaus der dem Text zugrunde liegenden Semantik, auch wenn einige Lehrkräfte die hier unterstrichenen Teile vermutlich als Fehler anstreichen würden. Man kann also beim Übersetzen zwischen verschiedenen Varianten unterscheiden, die in didaktischen Kontexten entsprechende Bezeichnungen finden:

Textverstehen (einsprachig)	Texte übersetzen (zweisprachig)
korrekte mentale Repräsentation ("Film" im Kopf des Rezipienten)	a) Roh- bzw. Arbeitsübersetzung (formal-grammatisch äquivalent) b) zielsprachenorientierte Übersetzung (semantisch-stilistisch äquivalent)

3 Psycholinguistische Voraussetzungen für das Verstehen und Übersetzen

3.1 Die Ebenen des Sprachverstehens: Vom Wortschatz zum Textsinn

Die bisherigen Ausführungen haben bereits die wichtigsten Voraussetzungen genannt, die einem gelungenen mutter- und fremdsprachlichen Textverstehen zugrunde liegen und die in unserem Kopf zu einer entsprechenden mentalen Repräsentation von Textinhalten führen:[11]

Linguistische Ebene	Mentale Repräsentation
Lexikon ("Wortschatz")	Semantik: Vokabeln verstehen
Morphologie	Funktion der Morpheme/Endungen verstehen
Syntax	$\longrightarrow$ Bezüge verstehen, Wortgruppen ermitteln $\longrightarrow$ (satzwertige) Propositionen bilden
Text	Bedeutung des Textganzen ermitteln
Pragmatik: Vorwissen	kulturelle Schemata aktivieren

---

[11] Vgl. zu den Ebenen im Einzelnen GARBE / HOLLE / JESCH 2009, 40–70 u. KUHLMANN 2014, 25–38.

Die unterschiedlichen Ebenen lassen sich an einem praktischen Beispiel gut illustrieren:

{Senatoren |	in Kurie |	kamen$_{(punkt.)}$}	und	{über Gesetz-Agrar |	diskutierten$_{(dur.)}$}
[senator-**es** |	in curi-**am** |	conven-**erunt**]	et	[de leg-**e** agrari-**a** |	disputa-**ba-nt**]
wer?	wohin?	was taten sie?		worüber?	was tat wer?

Die fettgedruckten grammatikalischen Morpheme (Endungen, Suffixe) geben dem Rezipienten Aufschluss über die Frage, ob die Substantive Subjekte oder Objekte bzw. Singular oder Plural sind. Bei den Verben geben sie Aufschluss über Tempus und Person, auch über das sog. Tempusrelief, d.h.: *convenerunt* ist als Perfekt hier eine punktuelle und abgeschlossene Aktion, während *disputabant* als Imperfekt einen nicht abgeschlossenen durativen Vorgang bezeichnet. Auch markieren die Endungen zusammen mit der Wortstellung den Zusammenhang der Wörter untereinander, die sich zu kleineren syntaktischen Einheiten (Satzglieder) zusammenschließen; Klammern markieren die quasi satzwertigen Einheiten bzw. Propositionen mit eigenem Prädikat/Satzkern. Hier gehört *in* zu *curiam* und von *de* hängen *lege* und *agraria* als nominaler Ausdruck ab. Der Kasus (Akk.) nach *in* markiert die Richtung. Dass *in* nur mit *curia* und nicht mit *senatores* oder *lege* eine Wortgruppe bildet, machen Wortstellung und Kasus klar. Das vieldeutige *de* wird durch den Kontext *disputare (de)* „diskutieren über" semantisch eindeutig markiert. Nach dem *et* folgt kein neues explizites Subjekt, dies muss zum einen aus der Endung *(disputaba)-nt* und zum anderen aus dem Kontext des Vorsatzes erschlossen werden.

Neben diesen formal-grammatischen Operationen laufen im Gehirn auch semantische Dekodierungen ab: Die lexikalischen Einheiten (Vokabeln) werden zunächst rein semantisch verstanden und erzeugen im Rezipienten als Signalwörter die entsprechenden mentalen Repräsentationen zu den Begriffen „Senator", „Kurie" oder zu dem Vorgang, wie sich Senatoren darin versammeln. Für den muttersprachlichen Römer würde sich im Kopf bei diesem Satz durch die Aktivierung dieser kulturellen Schemata ein kleiner Film abspielen, in dem die Senatoren sich in der ihm idealiter auch visuell bekannten Kurie versammeln und über ein ihm auch bekanntes Ackergesetz streiten.

Dieses winzige Beispiel zeigt, wie außerordentlich komplex die kognitiven Vorgänge sind, die für ein vollständiges Verstehen eines so einfachen Satzes nötig sind. Beim muttersprachlichen und fortgeschrittenen nicht-muttersprachlichen Rezipienten stellen sich diese Dekodierungsoperationen unbewusst und in Bruchteilen von Sekunden ein. Zwar ist z.B. *senatores* noch mehrdeutig – es könnte auch ein Akkusativ-Objekt sein; spätestens bei *convenerunt* wird die Form „disambiguiert", d.h. als Subjekt identifiziert, weil *convenire* meist ein intransitives Verb ist und hier das Zusammenkommen von Senatoren in der Kurie eine typische Situation ist, die als kulturelles Schema vorhanden ist. Lernanfänger hingegen müssen sich viele dieser Dekodierungsoperationen mehr oder weniger mühselig bewusst machen, um zu einem richtigen Satzverständnis und zu einer korrekten Übersetzung zu gelangen. Weiter ist aber auch klar, wie viel sich jeder Rezipient in seinem Kopf beim Verstehen sprachlicher Äußerungen auf hermeneutischem Wege quasi „zusammenreimen" muss, weil kaum eine sprachliche Äußerung in formaler Hinsicht eindeutig ist. Sprachliche Äußerungen sind immer unscharf und enthalten Leerstellen, die situationsbedingt oder aufgrund sonstigen außersprachlichen Vorwissens durch Mutmaßungen gefüllt werden müssen. Und auch Muttersprachler können einander oft missverstehen – d.h. gelungenes Sprachverstehen ist nie gänzlich garantiert.

Der Weg vom bewussten Enträtseln hin zum spontanen Sprachverstehen ist ein langsamer Prozess, der sich je nach Lerner bzw. individueller Sprachbegabung schneller oder langsamer einstellt. Es ist aber auf jeden Fall ein Prozess und kein plötzliches Umschlagen. Es gibt daher auch nicht *die* universell verwendbare Wundermethode, die eine richtige Übersetzung lateinischer Texte garantiert. Auf jeden Fall setzt ein erfolgreicher Lernprozess hin zum sicheren Verstehen lateinischer Texte eine genügend umfängliche „Kontaktzeit" mit der Fremdsprache voraus, d.h. man muss hinreichend lange eine bestimmte Textmenge umgewälzt haben, um dorthin zu gelangen. Diese Schulung der Lesefertigkeit durch Erfahrung scheint jedenfalls wichtiger als die Verwendung der einen oder anderen Übersetzungsmethode zu sein, wie insbesondere die Erfahrung der Lernprogression von Studierenden im Fach Latein zeigt:

Im alten Lehramtsstudium kam der entscheidende Lernfortschritt in der Übersetzungskompetenz eher durch die Bewältigung der großen Prüfungskorpora (Zwischenprüfung und Staatsexamen) als durch die Verwendung einer bestimmten Methode.

3.2 Top-down und bottom-up: Lesen „von oben nach unten" und von „unten nach oben"

Wie wichtig die Kenntnis kultureller Schemata auch für die richtige Übersetzung sein kann, lässt sich gut an einem weiteren praktischen Beispiel aus einer Göttinger Latinumsprüfung zeigen. In der mündlichen Prüfung wurde die Stelle aus der Catilinarischen Verschwörung von Sallust vorgelegt, in der Catilina im Senat von Cicero wegen seiner Umsturzpläne angeklagt wurde und Catilina erkennen musste, dass seine Verschwörung gegen den Staat nun faktisch aufgedeckt war. In der Folge:

> ... Deinde (Catilina) se ex curia proripuit. (Sall. *Cat.* 32, 1)
> „... Darauf stürzte sich Catilina von der Curie" (studentische Übersetzung)

Gemeint ist aber: „Catilina stürzte aus der Kurie". Hier hatte die Studentin im Grunde mitgedacht und war der für sie nicht unplausiblen Meinung, Catilina habe nach diesem Desaster im Senat Selbstmord begangen. Es wurde also im Kopf der Studentin eine andere Situation erzeugt als von Sallust intendiert. Dies resultierte aus dem Fehlen einer genauen Vorstellung davon, was die Kurie ist und was dort im Einzelnen geschieht.

Weiter kann man die Wichtigkeit dieses Aspekts bei mythologischen Texten sehen: Für mythologisch informierte Leser sind etwa Hygin-Texte sehr viel leichter verständlich als für Leser ohne Mythenkenntnis. Der informierte Leser aktiviert anhand einzelner Signalwörter (Namen: Odysseus, Alkinoos, Phäaken, Ithaka, Eumaios) sofort unbewusst die ganze Geschichte und sucht dann nur noch nach den sprachlichen Informationen, die diese aufgebaute Vorerwartung bestätigen. Diese Art zu lesen nennt man in der Sprachdidaktik einen „Top-down-Prozess": Man rezipiert von „oben nach unten", geht also von generellen Vorerwartungen aus und filtert die Textinformation danach:[12]

top down	TEXT	Propositionen → Sätze
Vorwissen:	TEXT	Wortgruppen
(kulturelle) Schemata	TEXT	Morpheme / Endungen
(auch: Situationen, Autor,	TEXT	Wortschatz
Textsorte, Gattung, etc.)	TEXT	bottom up

Das Problem bei antiken Texten ist aber für die meisten Lernenden, dass genau diese Aktivierung von Vorwissen nicht funktioniert, wie das Sallust-Beispiel zeigt. Hier gibt es dann nur das Gegenteil, nämlich einen „Bottom-up-Prozess", d.h. viele Schüler oder Studierende müssen sich mühsam „von unten nach oben" vorarbeiten und aus den vielen disparaten lexikalischen und grammatikalischen Einzelinformation die eigentlich unbekannte Welt des Textinhalts (re)konstruieren. Im neusprachlichen Unterricht können Lernende stärker auf Top-down-Prozesse zurückgreifen, weil die Texte der Englisch- oder Französisch-Lehrbücher konkrete Situationen ihrer Lebenswelt abbilden (Arzt, Geschäft, etc.).

In den letzten 20 Jahren hat sich die empirische Sprachwissenschaft viel mit der Frage befasst, wie die vorhin angesprochenen Ebenen (lexikalisch, morphologisch, syntaktisch, pragmatisch) beim Textverstehen interagieren bzw. in unserem Kopf aktiviert werden. Dabei hat sich Folgendes herauskristallisiert, was auch für das Lernen und Lehren der alten Sprachen Latein und Griechisch relevant ist und typische Probleme von Lernenden gut erklärt:[13]

Ein erster wichtiger Punkt der Leseforschung ist ein interessantes rein physikalisches Phänomen. Bei der Aufzeichnung der Augenbewegungen von Lesenden hat man herausgefunden, dass muttersprachliche und fortgeschrittene fremdsprachliche Leser nie einfach starr von links nach rechts lesen, sondern die Augen ganz unruhig im Satz oder sogar Text hin- und herbewegen. Dies ist auch nötig, denn wie wir an dem kleinen Satz mit den Senatoren in der Kurie gesehen haben, muss man für ein richtiges grammatikalisches und semantisches Verständnis in der Regel das Satzganze im Blick haben. Insofern ist es nicht überraschend, wenn Lateinan-

---

[12] Dazu KUHLMANN 2009, 120–121 u. KUHLMANN 2014, 38.
[13] Zum Folgenden vgl. wieder GARBE / HOLLE / JESCH 2009, 40–70.

fänger, die am Satz- bzw. Textanfang zu übersetzen beginnen und bei der ersten Hürde im Satz aufgeben, zu keinem richtigen Verständnis kommen können: Bei ihnen läuft einseitig nur der Bottom-up-Prozess ab. Die Fähigkeit, im Text hin- und herzuspringen, um sich so im Sinne des Top-down auch Informationen über den gesamten Textsinn zu verschaffen, setzt allerdings voraus, dass man die Vielzahl sprachlicher Informationen auch hinreichend schnell verarbeiten und mit außersprachlichem Wissen (Schemata) verbinden kann. Dies ist freilich das Problem von Anfängern oder vielen Lateinschülern: Wenn sie fast keine Vokabel kennen und sich bei jeder Endung erst mühselig bewusst machen müssen, ob es sich um einen Nominativ, Genitiv, Dativ, Akkusativ oder Ablativ handelt, sofern sie überhaupt das Merkmal „Kasusendung" identifizieren, können sie nur schwer im Text hin- und herspringen, um einen schnellen inhaltlichen Überblick zu bekommen.

Dies führt zur zweiten wichtigen Beobachtung empirischer Sprachforschung: Es gibt eine offenbar klare Trennung bei der Verarbeitung morpho-syntaktischer Informationen auf der einen Seite und lexikalisch-semantischer Informationen auf der anderen Seite. Man nimmt immer zuerst – egal ob Mutter- oder Fremdsprachler – die lexikalisch-semantischen Informationen wahr, zumal beim Querlesen von Texten. Aus diesen Informationen konstruiert man sich dann einen Textsinn. Erst in einem zweiten Schritt werden die morphologischen Informationen mit den syntaktischen Informationen kombiniert und entsprechend vom Gehirn ausgewertet.

3.3 Die Wichtigkeit des semantischen Verstehens: Vokabeln und Formen verstehen

Dass dies tatsächlich stimmt, kann man sich übrigens auch selbst an praktischen Beispielen leicht klar machen. Illustrieren können dies einige empirische Experimente mit Göttinger Studierenden.[14] Zunächst folgen zwei deutsche Texte – einmal mit verständlicher Grammatik, aber vielen „unbekannten" Vokabeln (Text 1) – und

---

[14] Der Kollege Ulf JESPER hat in fast identischer Form mit Schülern an der Kieler Gelehrtenschule solche Experimente durchgeführt und ist dabei zu gleichen Ergebnissen gekommen.

zum anderen ein Text mit bekannten Vokabeln, aber ohne grammatikalische Merkmale (Text 2):

> **Text 1 (Grammatik erkennbar – Vokabeln fehlen)**
> Es war einmal ein Kaul urdens Darbis und eine Kaulin urdens Prysta. Die hatten fluff Stritze: Der hurzere wurde Quarxes, der harzere aber Lytro geschlimpft. Darbis nun wurde fersch und fühlte das Ende striesen. Daher rief er nach seinen glumpfen Stritzen, von denen der hurzere ohnehin zufällig in der Fuhle ahlte. (51 Wörter)
>
> **Text 2 (Vokabeln bekannt – Grammatik fehlt)**
> Theseus auf Insel Naxos Schiff stranden; Theseus denken Ariadne Schande in Heimat sein werden; daher Ariadne schlafen auf Insel verlassen; dann Dionysos kommen und sich verlieben, Ariadne heiraten. Theseus aber, während segeln, vergessen schwarze Segel auswechseln, daher Aigeus sein Vater glauben Theseus von Minotaurus gefressen, in Meer stürzen. Daher Meer genannt. (50 Wörter)

Die Studierenden sollten beide Texte inhaltlich paraphrasieren, um das Textverständnis zu kontrollieren. In Text 1 gelang dies sehr viel schlechter als in Text 2, was zeigte, wie wichtig die lexikalischen Informationen (naturgemäß) sind. Zu beachten ist dabei noch, dass in Text 1 immerhin 75% des Vokabulars bekannt sind, was für Lateinschüler im praktischen Lektüreunterricht bereits ein recht hoher Wert wäre! Ähnlich sieht die Situation bei lateinischen Originaltexten aus, wie ein Satz aus Caesars *Bellum Gallicum* als rein lexikalische Information zeigt, d.h. hier sind die Endungen als Träger grammatikalischer Information sind getilgt:

> Caesar- cum id nuntiat- esse-,
> matura- ab urb- proficisc-
> et quam maxim- itiner- in Gallia- ulterior- contend-
> et ad Genav- perven-.
>
> Caesar als dies gemeldet-,
> sich beeil- von Stadt marschier-
> und möglichst groß- Eilmarsch- in jenseitig- Gallien eil-
> und bei Genf ankomm-
>
> Caesari cum id nuntiatum esset, maturat ab urbe proficisci et quam maximis itineribus in Galliam ulteriorem contendit et ad Genavam pervenit. (Caes. *B.G.* 1,7,1)

Die Studierenden sollten hier eine „Übersetzung" erstellen, was tatsächlich trotz der fehlenden Endungen kein großes Problem darstellte. Aus dem Beispiel könnte man theoretisch folgern, man müsse nur die Vokabeln kennen bzw. heraussuchen und komme zu einer passablen Übersetzung. Allerdings zeigte sich bei der Bearbeitung eher dialogisch angelegter Texte wie z.B. Seneca-Briefen ohne Endungen, dass hier ein solches Textverstehen ohne grammatikalische Endungen (fast) nicht möglich ist, unter anderem weil der Wechsel zwischen der 1., 2. und 3. Person aufgrund der meist nicht genannten Subjektpronomina (*ego, tu*) nicht mehr erkennbar ist – aber auch wegen der stärker argumentativen Textstruktur. Wie zentral die richtige Verarbeitung lexikalischer Informationen und das semantische Verständnis flektierter Formen in bestimmten Texten sein kann, zeigt schließlich ein Beispiel aus der Schule. In einem Grundkurs Latein (11. Kl.) wurde der Plinius-Brief 9,10 an Tacitus als Klausurtext vorgelegt. Der erste Satz (mit den zehn schönsten Schüler-Übersetzungen) lautet:

Cupio	praeceptis	tuis	parere.	(Plin. 9,10,1)
ich will	Vorschriften	deine(n)	gehorchen	(wörtlich)

Schülerübersetzungen (Kl. 11, Grundkurs):
Ich möchte, dass wir uns schnell sehen.
Ich will mich deinem Lehrer zeigen.
Ich begehre dir Flüchtigem zu gehorchen.
Ich will dir folgen, nachdem du vorangegangen bist.
Ich will, dass du deinen Lehrern folgst.
Ich will dir geneigt erscheinen.
Ich verlange, dass du dein Kommen vorziehst.
Ich will, dass dein Befehl vorbereitet ist.
Ich will, dass deine Lehre vorbereitet ist.

An dieser Stelle können nicht alle Übersetzungen im Einzelnen analysiert werden – meine Unterstreichungen sollen hier eine mögliche Fehlerdiagnose kennzeichnen. Die Hauptursache der feststellbaren Fehldeutungen lag darin, dass die beiden lexikalischen Informationen *praecepta* und *parēre* aufgrund fehlender Vokabelbeherrschung im Lexikon nachgeschlagen werden mussten – dann wurde die falsche Bedeutung gewählt und entsprechend eine gänzlich andere Situation im Kopf der Schüler „mental repräsentiert" als eigentlich intendiert. Es kommt der Fehler mit dem vermeintlichen (theoretisch möglichen) AcI nach *cupere* hinzu. Aber ein einfaches richtiges Verstehen der flektierten Formen (und wörtliches Übersetzen) hätte hier den Konstruktionsfehler vermieden. Mit der richtigen Vokabelbedeutung kam man übrigens auch gar nicht erst auf den Konstruktionsfehler, wie die anderen richtigen Übersetzungen im Kurs zeigten. Dies zeigt wiederum die zentrale und von Schülern vermutlich unterschätzte Bedeutung des richtigen Vokabelverstehens.

Um es noch einmal andersherum zu formulieren, damit klar wird, was diese Beispiele zeigen: Für erfahrene Lehrkräfte ist dieser Satz leicht, und der Kursleiter war einigermaßen verblüfft über die Produkte dieser zehn im Prinzip intelligenten Schüler. Aber warum ist für Latein-Experten der Satz leicht? Lehrkräfte verstehen alle Vokabeln intuitiv richtig und sie verstehen auch die Verb- und Kasusformen *cupio parere/praeceptis tuis* sofort intuitiv richtig, ohne zu überlegen. Und intuitiv erwartet der Experte nach dem Modalverb *cupio* im Sinne einer syntaktischen Antizipation zuerst einen Infinitiv und keinen AcI. Aber um dorthin zu gelangen, durchlaufen Lehrkräfte einen langen Lernprozess mit reichlich Lektüreerfahrung.

4 Didaktische und methodische Folgerungen

a) Zunächst einmal ist es wichtig, auf den fundamentalen Unterschied von Verstehen und Übersetzen hinzuweisen. Es handelt sich in beiden Fällen um unterschiedliche Vorgänge, die auch nicht unbedingt dieselben Kompetenzen voraussetzen. Lehrkräfte müssen sich daher klar machen, was im konkreten Unterricht erreicht oder in Leistungsmessungen im Einzelnen nachgeprüft und inwiefern das Textverständnis durch eine bestimmte Art zu übersetzen kontrolliert werden soll.

b) Ein zweiter Aspekt ist die Unterscheidung der Ebenen Wortschatz und Grammatik bei der Erschließung fremdsprachlicher Texte. Für Lehrende und Lernende bedeutet dies: Man sollte bei schwierigen Texten mit vielen unbekannten Vokabeln oder grammatikalischen Strukturen vor der Übersetzung erst einen Durchgang zur Vokabelerschließung und erst danach einen Durchgang zur Dekodierung der grammatikalischen Strukturen vornehmen. Beides gleichzeitig zu bewältigen kann je nach Text für manche Leser eine Überforderung darstellen. Lernende sollten sich bei der grammatikalischen Dekodierung gleich die zusammengehörigen Wortgruppen und Propositionen abtrennen und dann durchaus gleich für sich isoliert übersetzen, um sie abschließend zu einem Satz zusammenzufügen. Bei der Dekodierung muss schließlich auch das Textganze in den Blick genommen werden. Insofern empfiehlt sich erst einmal die lexikalische und grammatikalische Dekodierung eines ganzen Textabschnitts und nicht bloß eines Einzelsatzes. So kann man immerhin ein bisschen von dem in der Muttersprache hilfreichen Top-down-Prozess ins Lateinische hinüberretten.

c) Ein dritter Aspekt liegt in der zentralen Bedeutung des Wortschatzes: Es ist ein Irrglaube vieler Schüler (und Studierender), sie könnten sich das Vokabellernen ersparen, weil in der Oberstufe (oder bei der Latinumsprüfung) die Benutzung eines Wörterbuchs erlaubt ist. Die Bedeutung eines Textes erschließt sich zunächst im Wesentlichen durch die lexikalischen Informationen. Ich habe das übrigens auch an unseren Göttinger Graecumstexten über Jahre hinweg immer wieder getestet: Wenn man nur die *richtige* Vokabelbedeutung der Lexeme kennt und auch kontextgerecht präzisieren kann, lassen sich im Prinzip alle mündlichen Prüfungstexte einigermaßen bewältigen, selbst wenn man von Grammatik nur wenig Ahnung hat; man muss im Grammatikbereich v.a. die Verbformen als Formen richtig verstehen. Ein Problem sind allerdings die vielen mehrdeutigen Vokabeln. Hier sind gezielte Übungen – am besten in kleinen Satzkontexten – sinnvoll oder auch das Lernen von Vokabeln in phraseologischen Wendungen (*capere > consilium, urbem, gaudium capere*).

d) Bei der Grammatik ist auch wieder die semantische Seite zentral: Es nützt nichts, alle Stammformen eines Verbs oder alle Kasusendungen der Nomina auswendig aufzählen zu können. Man muss vor allem z.B. eine Verbform wie *dixerat* als „er/sie hatte gesagt" richtig verstehen; ebenso muss ein Ausdruck *senatores* als „die Senatoren" richtig verstanden werden und nicht als „der Senatoren" oder „den Senatoren". Dies bedeutet für die Praxis, dass diese semantischen Funktionen der Morpheme bei den Übungen wirklich eine zentrale Rolle im Unterricht spielen müssen, z.B. durch kleine Kontextübungen.

e) Schließlich ist das Einlesen in bestimmte Autoren oder Texte wichtig, weil sich hierdurch ein Gefühl für immer wieder vorkommende Satzstrukturen und Phrasen entwickeln kann. Zudem kann sich so durch die Vertrautheit mit einem längeren, in sich geschlossenen Inhalt das pragmatische Vorwissen im Sinne kultureller Schemata aufbauen, das zum inhaltlichen Verstehen notwendig ist. Es ist bezeichnend, dass in unseren Göttinger Kursen zum Kleinen Latinum rund 80% der Studenten dahin kommen, einen Text aus dem *Bellum Gallicum* im Ganzen korrekt zu verstehen und zu übersetzen. Durch die mehrwöchige Lektüre dieses Werkes sind sie mit den immer wiederkehrenden Vokabeln, Partizipialkonstruktionen, Satzmustern und auch konkreten Situationen (Schemata) gut vertraut. Beginnen sie dann im Latinumskurs mit der Cicero-Lektüre, fangen sie in vielem wieder von vorn an.

Was allerdings auch erkennbar wurde: Den Königsweg zum richtigen Übersetzen lateinischer Texte gibt es leider nicht. Und die vielen Übersetzungsmethoden können sicher im Einzelfall nützlich sein, gerade für Anfänger bei der Lektüre schwieriger Sätze. Entscheidend sind eher ausreichende Lektürepraxis, kulturelles und situatives Vorwissen zu den Textinhalten, hinreichende Vokabelkenntnisse und ein vertieftes Verstehen der einzelnen grammatikalischen Formen und Morpheme.[15]

---

[15] Skeptisch gegenüber den traditionellen „Übersetzungs"-methoden sind prinzipiell auch z.B. GLANERT et al. 2012 und KÜHNE 2013.

Literatur

Rogier EIKEBOOM, Rationales Lateinlernen, Göttingen 1970.

Christine GARBE / Karl HOLLE / Tatjana JESCH, Texte lesen. Lesekompetenz – Textverstehen – Lesedidaktik – Lesesozialisation, Paderborn 2009.

Gemeinsamer Europäischer Referenzrahmen für Sprachen, hg. v. Europarat, Straßburg 2001. [GER]

Ute GLANERT et al., Kompetenzorientierte Übersetzungsschulung im Fach Latein, Kiel (http://www.iqsh.schleswig-holstein.de / Publikationen).

Hans-Joachim GLÜCKLICH, Lateinunterricht. Didaktik und Methodik, Göttingen ³2008.

Peter KUHLMANN, Fachdidaktik Latein kompakt, Göttingen 2009.

Peter KUHLMANN (Hg.), Lateinische Literaturdidaktik, Bamberg 2010.

Peter KUHLMANN (Hg.), Lateinische Grammatik unterrichten. Didaktik des lateinischen Grammatikunterrichts, Bamberg 2014.

Jens KÜHNE, Übersetzungstraining. Effektiver Umgang mit lateinischer Originallektüre, Berlin 2013.

Paul KUSSMAUL, Verstehen und Übersetzen, Tübingen 2007.

Kurt SCHMIDT, Psychologische Voraussetzungen des Übersetzungsvorganges, in: AU 6.1 (1962), 5–50.

Rainer Nickel

Fachdidaktik und Kompetenzorientierung im altsprachlichen Unterricht

1 Kompetenzorientierung – eine fachdidaktische Aufgabe

Fachdidaktik versucht, optimale Bedingungen für den Unterricht zu beschreiben. Sie versteht sich als „Schaltstelle" zwischen unterrichtsrelevanten Bezugsdisziplinen (Klassische Philologie, Unterrichtsforschung, Pädagogik, Psychologie, Politik usw.). Sie versucht u.a., die pädagogisch relevante Bedeutung fachwissenschaftlicher Erkenntnisse zu ermitteln und z.B. philologische Kompetenz unterrichtsbezogen zu instrumentalisieren.

Die Fachdidaktik will zwar als anwendungsbezogene Disziplin das vielfach behauptete „Modernitätsdefizit" des altsprachlichen Unterrichts aufheben, tritt aber auch dem Innovationsdrang bildungspolitischer Steuerungsinstanzen und der Wiederbelebung von Comeback-Theorien entgegen, indem sie die historische Dimension fachdidaktischer Reflexion im Blick behält. Sie vertritt einen selbstbewussten Standpunkt: Nicht das Vorhandene und Bewährte ist zu begründen und zu rechtfertigen, sondern das jeweils Neue bedarf der Legitimation, um an seine Stelle treten zu können.

Die Aussage, dass gesellschaftliche Veränderungen und die damit verbundenen Diskussionen über schulische Bildungsziele in bestimmten Zeitabständen die Aktualisierung von Lehrplänen erforderlich machten, ist wohl kaum hilfreich. Auch Hinweise auf die Ergebnisse internationaler Vergleichsstudien reichen nicht aus, um Lehrer davon zu überzeugen, dass terminologische Spielereien Schwierigkeiten des Unterrichtsalltags zu beheben geeignet sind. Dennoch scheint es sinnvoll zu sein, dass sich die altsprachliche

Fachdidaktik mit der „Kompetenzorientierung"[1], wie sie in den geltenden schulischen Lehrplänen vorgesehen ist, auseinandersetzt.

Der Begriff „Kompetenz" hat trotz einer spürbaren medialen Überbeanspruchung immer noch eine positive Konnotation: Man ist kompetent, wenn man fähig und bereit ist, Aufgaben oder Probleme zu lösen. Dazu muss man Wissen und Können nicht nur verantwortungsbewusst anwenden, sondern auch in ihrer Wirksamkeit reflektieren und gegebenenfalls erweitern, intensivieren oder korrigieren. In diesem Sinne dürfte die „Kompetenzorientierung" eine fachdidaktische Aufgabe sein.

2 Altphilologische Kritik

In einigen altphilologisch-fachdidaktischen Publikationen der jüngsten Zeit wurde jedoch eine aggressive Kritik an der Kompetenzorientierung geäußert. Mit einem „technizistischen Modell" versuche man, den Menschen „als planbares Objekt" zu missbrauchen oder als „Machwerk von Bildungstechnokraten" für Manipulierbarkeit und Instrumentalisierung anfällig zu machen.[2]

Die Kompetenzorientierung berge eine „Gefahr" in sich, die dem altsprachlichen Unterricht zwar auch schon vor Jahrzehnten durch die curriculare Organisation des Faches gedroht habe, heute aber, da systembedingt, nur schwer abzuwehren sei. Die Konzentration des Unterrichts auf die Vermittlung von Kompetenzen mache die Lektürearbeit zwangsläufig kopflastig. Sie drohe, allein den Geist zu trainieren, ihm Fähigkeiten und Kenntnisse zu vermitteln, mit denen der so Gebildete die „Kompetenzerwartungen" der Universität, des Berufes und der Gesellschaft erfülle. Unterricht sei durch die „Kompetenzorientierung" fast nur noch „kognitive Schulung". Die emotionale Komponente werde vernachlässigt.

Mit der Kompetenzorientierung habe man der Schule ein Kreuz aufgeladen, an dem vor allem das Gymnasium schwer zu tragen

---

[1] SCHEIBMAYR 2013, 23. Es lässt sich übrigens nicht übersehen, dass man auch schon früher „Fachleistungen" des altsprachlichen Unterrichts benannt hat, die den Kompetenzen zu entsprechen scheinen: vgl. MAYER 1972.

[2] MAIER 2011, 203.

habe. Es laufe Gefahr, seine Identität zu verlieren. Das Fach Latein habe besonders schwer daran zu tragen. Denn

> längst munitionieren sich die inner- und außerschulischen Gegner aus dem Arsenal der Kompetenzschulung, um das Fach [...] wieder einmal als gymnasialen Ballast zu desavouieren [...].[3]

Dann ist von einer „amtlichen Herabsetzung des Wissens" durch die Kompetenzorientierung die Rede: Wissen werde mitunter sogar als etwas Minderwertiges hingestellt.[4]

Diese Behauptung ist unbegründet. Es geht vielmehr nur darum – und das ist von größter Bedeutung – Wissen anwendungsbezogen zu vermitteln. Die Kompetenzorientierung versucht, die Vermittlung von „trägem" Wissen zu vermeiden. „Anwendungsbezug von Wissen" weist in unserem Kontext zum Beispiel darauf hin, dass es sinnlos ist, Latein- und Griechischkenntnisse mühevoll und unter großen Aufwand zu erwerben, ohne sie jemals wieder anwenden zu müssen. Als anwendungsfähige Kompetenzen müssen diese in bestimmten Studienfächern oder Lebenssituationen nachweislich wirksam sein.

Neben der sogenannten „Kopflastigkeit" wird die „Einseitigkeit" des Kompetenzbegriffs hervorgehoben.[5] Diese zeige sich darin, dass „der nicht messbare Teil erstrebenswerter pädagogischer Wirkungen im Kompetenzbegriff" fehle. So seien

> zum Beispiel bestimmte über das Intellektuelle hinausreichende Persönlichkeitsqualitäten, wie Fairness, Besonnenheit, Eigeninitiative, Zivilcourage, Sinn für das rechte Maß, Unbestechlichkeit, uneigennützige Hilfsbereitschaft, Verantwortungsgefühl für Gemeinwohl und Umwelt[6]

nicht messbar. Diesen Tugenden – so heißt es – gebe die Kompetenzorientierung keinen Raum.

Wie dem auch sei – die Polemik gegen „Kopflastigkeit" und „Einseitigkeit" macht ungewollt darauf aufmerksam, dass die Fach-

---

3 MAIER 2011, 204
4 MEISSNER 2011, 213.
5 MEISSNER 2011, 210.
6 MEISSNER 2011, 208.

didaktik die Bedeutung der Lehrerpersönlichkeit bei der Vermittlung anwendungsbezogener Kompetenzen neu bestimmen muss.

3 Perspektivenwechsel: Lernziele und Kompetenzen

Die Polemik gegen die Kompetenzorientierung ist schon deshalb erstaunlich, weil ein qualitativer Unterschied zwischen der traditionellen Lernziel- und der neuen Kompetenzorientierung gar nicht festzustellen ist.[7] So zieht z. B. die Lernzieldefinition des Bayerischen Staatsinstituts für Schulqualität und Bildungsforschung keine scharfe Grenze zwischen Lernzielen und Kompetenzen, wenn es heißt: Lernziele beschreiben

> die personale Entwicklung eines Schülers, d.h. sie stellen dar, welche Kompetenzen dieser erwerben soll bzw. welche Lern- und Entwicklungsprozesse stattfinden.[8]

Ein deutlicher Perspektivenwechsel gegenüber der bisherigen Lernzielorientierung zeigt sich jedoch darin, dass die kompetenzorientierten Lehrpläne für die einzelnen Unterrichtsfächer nicht einfach nur fachliche Inhalte und Ziele aufzählen, sondern auch transparent zu machen versuchen, welche Fähigkeiten die Lernenden während der Arbeit an bestimmten Inhalten gewinnen und dann auch anwenden können.[9]

Ein wesentlicher Unterschied zwischen Lernzielen und Kompetenzen besteht zudem in der Verwendung sogenannter Operatoren, die die Kompetenzen als Tätigkeiten auf verschiedenen Niveaustufen bzw. in unterschiedlichen Anforderungsbereichen bestimmen: Die Lernenden können z.B. „auswählen, benennen, beschreiben [...]" (Anforderungsbereich I), „analysieren, belegen, einordnen, entwickeln [...]" (Anforderungsbereich II), „begründen, definieren, erörtern, interpretieren [...]" (Anforderungsbereich III).[10]

---

7   Vgl. KIPF 2012, 63–77.
8   Lernziele BY 2005, 33.
9   Das wird sehr anschaulich dargestellt von SCHEIBMAYR 2013, 39–41.
10 Beispiele aus SCHEIBMAYR 2013, 39–41.

Man hat übrigens mit Recht darauf hingewiesen,[11] dass die Operatoren auch ein differenziertes Regelwerk für die Erstellung von Übungen und Tests bilden, die der Schüler auf den unterschiedlichen Niveaustufen durchführen kann.

Im altsprachlichen Unterricht werden Kompetenzen in mindestens drei Inhaltsbereichen erworben: So werden zum Beispiel in Niedersachsen Sprachkompetenz, Textkompetenz[12] und Kulturkompetenz unterschieden. In den altsprachlichen Lehrplänen anderer Bundesländer beschränken sich die Kompetenzen nicht auf diese drei Bereiche: Der Hessische Lehrplan Latein (2005) spricht von „sprachlicher und hermeneutischer Textkompetenz" und von „kultureller und interkultureller Kompetenz". Hinzu kommen noch „soziale Kompetenz", „Selbstkompetenz" und „studien- und berufsbezogene Kompetenz".[13]

Wenn man das Neue an der Kompetenzorientierung erfassen will, ist es zweckmäßig, die seit Anfang der siebziger Jahre des vorigen Jahrhunderts vom Didaktischen Ausschuss des Deutschen Altphilologenverbandes entwickelte Lernzielmatrix zum Vergleich heranzuziehen.[14] Hier wurden vier „Inhaltsklassen" unterschieden: „Sprache – Literatur – Gesellschaft, Staat, Geschichte – Grundfragen menschlicher Existenz / Humanismus".

Diese vier Inhaltsklassen wurden nun z.B. in Niedersachsen auf die drei Kompetenzbereiche Sprache – Text – Kultur reduziert: Aus der Inhaltsklasse „Sprache" wurde Sprachkompetenz, aus „Literatur" Textkompetenz und aus „Gesellschaft, Staat, Geschichte" und „Grundfragen menschlicher Existenz / Humanismus" Kulturkompetenz.

Während die Inhaltsklasse „Sprache" weitgehend problemlos in „Sprachkompetenz" umgemünzt wurde, ist unter „Textkompetenz" etwas anderes zu verstehen als unter „Literatur" in der gleichnamigen Inhaltsklasse der traditionellen Matrix, obwohl man damit auch schon damals den „kompetenten Umgang mit Literatur"

---

[11]   Vgl. Kipf 2012, 68.
[12]   Kipf 2012, 72–73, stellt die Frage, warum man sich hier auf den Begriff „Textkompetenz" beschränkt habe und nicht von „Text- und Literaturkompetenz" spreche.
[13]   LP Latein HE 2005, 2–4.
[14]   Einen derartigen Versuch führt auch Kipf 2012, 69–70 durch.

meinte, wie er sich zum Beispiel in einem methodisch gesteuerten Interpretieren realisiert. Im Niedersächsischen Kerncurriculum für das Gymnasium, Schuljahrgänge 7-10, Latein heißt es 2008:

> Die im Lateinunterricht vermittelte Textkompetenz befähigt die Schülerinnen und Schüler, lateinische Texte, zu denen aufgrund der historischen Distanz und / oder ihres literarischen Anspruchs ein unmittelbarer Zugang oft nicht möglich ist, methodisch und sachgerecht zu entschlüsseln. Textkompetenz umfasst die Fähigkeiten, lateinische Texte sprachlich und inhaltlich zu erschließen, sie ins Deutsche zu übersetzen und zu interpretieren.[15]

Das bedeutet aber nicht, wie mancher befürchtet,[16] dass „literarische Bildungsziele" aus der Textkompetenz verdrängt werden. Nur leider erwecken moderne „kompetenzorientierte" Lektüremodelle und Textausgaben mitunter den Eindruck, dass

> um einen quantitativ geringen Kern aus originalen Textpassagen ein umfangreicher Apparat aus methodischem Raffinement zur Differenzierung und multimedialen Präsentation konstruiert wird, um vor allem allgemein methodische, personale sowie soziale Fähigkeiten zu fördern.[17]

Man sollte vielleicht nicht annehmen, dass hier die Kompetenzorientierung dazu benutzt wird, von den Schwierigkeiten einer ernsthaften Auseinandersetzung mit den Originaltexten abzulenken, weil man sich dem Anspruch der fachlichen Inhalte nicht mehr gewachsen fühlt. Dennoch sollte die Fachdidaktik immer wieder deutlich machen, dass „Textkompetenz" weitaus mehr bedeutet als „Methodenkompetenz". Ohne den inhaltlich-fachlichen Kern sind – nebenbei gesagt – auch keine Texte und Themen für die Aufgaben des Zentralabiturs zu gewinnen. Ohne Kanon keine vergleichbaren Prüfungen! Ohne Kanon keine Kommunikation!

---

[15] KC Latein NI 2008, 7.
[16] Vgl. KIPF 2012, 74.
[17] Vgl. KIPF 2012, 74.

4 Anwendungs- und Handlungsbezug

Das charakteristisch-progressive Merkmal der Kompetenzorientierung ist der Anwendungs- und Handlungsbezug,[18] der „die Lücke zwischen Wissen und Können"[19] schließen soll. Kompetenzen verbinden Wissen, Können und Erfahrung mit der Fähigkeit und Bereitschaft zur Anwendung in einem rational begründeten, verantwortungsvollen Handeln.

Im Niedersächsischen Kerncurriculum für die gymnasiale Oberstufe heißt es dazu mit Recht,

> dass Wissen ,träges', an spezifische Lernkontexte gebundenes Wissen bleibt, wenn es nicht aktuell und in verschiedenen Kontexten genutzt wird. Die Anwendung des Gelernten [...] und die Nutzung von Lernstrategien [...] spielen beim Kompetenzerwerb eine wichtige Rolle.[20]

Beim Stichwort „Anwendung" lässt sich übrigens nicht übersehen, dass bereits Ciceros *virtus*-Begriff am Anfang seiner Schrift *De re publica* (1, 2) auf der Verknüpfung von Können und Handeln beruht:

> Es reicht aber nicht aus, die Fähigkeit zu höchster Leistung (*virtus*) einfach nur zu besitzen wie irgendein Können, ohne sie anzuwenden. [...] Die höchste Leistung besteht ausschließlich in ihrer Anwendung; die höchste Form ihrer Anwendung zeigt sich aber darin, Verantwortung für das Gemeinwesen zu übernehmen und durch praktisches Handeln, nicht durch Reden genau die Aufgaben zu erfüllen, über die sich die Theoretiker in ihren Seminaren so geräuschvoll auslassen.[21]

Soviel zum Stichwort „historische Dimension" fachdidaktischer Arbeit!

---

18 Dazu KIPF 2012, 65–66. Vgl. KIPFs sachlich-wohlwollende Reaktion auf MAIERS Polemik.

19 KIPF 2012, 75.

20 Kerncurriculum Latein Niedersachsen Oberstufe 2010. Vgl. auch KUHLMANN 2011, 114: „Das Neue gegenüber dem traditionellen lernziel- und inhaltsorientieren Unterricht in in dem Fokus auf dem praktischen Handeln und der sichtbaren Anwendung."

21 Vgl. dazu NICKEL 1994.

Obwohl die Kompetenzen inhaltsgebunden sind, führt die Kompetenzorientierung durch ihren entschiedenen Anwendungsbezug nicht zu einer Stabilisierung des vielfach beschworenen „Modernitätsdefizits" des altsprachlichen Unterrichts. Denn man erwirbt am Medium der „alten Sprachen" Kompetenzen, die tendenziell auf andere (und selbstverständlich auch moderne) Inhalte übertragbar sind. Dabei stehen die traditionellen und meist undifferenzierten Transferhoffnungen, an die sich der altsprachliche Unterricht früher zu klammern pflegte, zwar nicht im Vordergrund.

Doch das Verhältnis zwischen „formaler Bildung" und Kompetenzorientierung ist nach wie vor ungeklärt. Der *transfer of learning* ist im Zusammenhang mit der Kompetenzorientierung neu zu durchdenken.

Wenn alle Unterrichtsfächer die gleichen Kompetenzen vermitteln, machen sie sich gegenseitig nicht überflüssig.[22] Denn diese sind zwar fachunabhängig anzuwenden, aber immer nur an bestimmten Inhalten zu erwerben. Wenn die Wahlfreiheit zwischen zwei oder mehr Fächern besteht, entscheidet man sich also nicht für unterschiedliche Kompetenzangebote, sondern für unterschiedliche Inhalte. Hier erhebt sich also die Frage, worin sich diese unterscheiden und worin ihr spezifischer Wert besteht.

Die Ermittlung fachspezifischer Kompetenzen oder der Nachweis, dass ein bestimmtes Fach bestimmte Kompetenzen besonders erfolgreich vermittelt, wird also eine vordringliche Aufgabe der Fachdidaktik bleiben. Im besonderen Fall des altsprachlichen Unterrichts ist dabei zu beachten, dass der reale Unterricht nicht von einem grandiosen Missverhältnis zwischen viel zu hoch gegriffenen Erwartungen und einem mehr als kläglichen Resultat gekennzeichnet ist. Lehrende und Lernende dürfen nicht durch utopische Bildungsziele demotiviert werden. Die Kompetenzorientierung führt nur dann zu einer sinnvollen Entlastung, Versachlichung und didaktischen Entkrampfung, wenn es gelingt, den Lernenden die (fachspezifischen) Kompetenzen zu vermitteln, die sie benötigen, um das „Wertvolle" der spezifischen Inhalte des altsprachlichen Unterrichts, das „Klassische" am „Klassischen", für

---

[22] Diese „Gefahr" sieht MAIER 2011, 199–204.

sich selbst zu erschließen[23] und bei weiteren Erkenntnisprozessen zu verwenden.

Denn wenn man das Klassische als das Produkt eines intensiven Rezeptionsvorgangs versteht, dann kann man mithilfe der dafür notwendigen Kompetenzen „Wertvolles" auch über die Grenzen des altsprachlichen Unterrichts hinaus als solches identifizieren lernen und erfahren, dass das „Wertvolle" nicht einfach vorhanden ist: Man muss es für sich selbst entdecken und erwerben, um es wirklich zu besitzen.

5 Fachspezifische Kompetenzen: Konstruieren des Wertvollen – Übersetzen – Ermitteln des „Mehrwertes" – Anwenden und Erweitern muttersprachlicher Kompetenz

Wenn der „Wert" eines Lerngegenstands nicht objektiv gegeben, sondern nur subjektiv zu erschließen und zu erarbeiten ist,[24] dann macht es keinen Sinn, auf einem „Eigenwert" der alten Sprachen zu bestehen und zu behaupten, durch die Kompetenzorientierung sei dieser nicht mehr erkennbar.[25] Die Fachdidaktik sollte auf der Suche nach dem verlorenen „Eigenwert" den Unterricht so organisieren, dass der Lernende einen qualifizierten Blick für das „Wertvolle" als solches bekommt. Warum sollte sich übrigens der Lernende den für ihn maßgebenden Wert eines Unterrichtsinhaltes nicht selbst konstruieren können? Die entsprechende Kompetenz würde dann lauten: „Der Lernende kann fachspezifische Inhalte als für sich bedeutsam begreifen." Früher hätte man diesen Prozess als „Bildung" bezeichnet.

Die Fachdidaktik behält dabei ihre ureigene Aufgabe, die spezifischen Möglichkeiten und Leistungen eines kompetenzorientierten altsprachlichen Unterrichts immer wieder neu zu bestimmen und

---

23 Vgl. SCHMALZRIEDT 1971 u. NICKEL 1982, 73–76.
24 Eine gewisse Nähe zum *Homo-Mensura*-Satz des Protagoras ist hier übrigens nicht zu übersehen.
25 Vgl. MAIER 2011, 199–204, bes. 201.

zu zeigen, dass er auch „unverwechselbare Kompetenzen"[26] vermittelt, die ihn von anderen Fächern unterscheiden.[27]

Man sollte auch nicht übersehen, dass Inhalte nicht nur zur Einübung von Kompetenzen dienen. Inhalte sind auch dazu geeignet, neue Kompetenzen zu generieren. Ob allerdings die zurzeit favorisierte „Texterschließungskompetenz" eine *competentia propria* des altsprachlichen Unterrichts" ist,[28] ist die Frage. Ein Blick in die gültigen Lehrpläne zeigt zwar, dass die Textarbeit im altsprachlichen Unterricht unisono als ein Trivium aus Texterschließung, Übersetzung und Textinterpretation beschrieben wird. Diese drei Wege zum Text seien „unterschiedliche, einander bedingende und ergänzende Zugänge zum Textverständnis". Texterschließung und Übersetzung zielten auf das Erfassen des Textinhalts ab. Interpretieren gehe darüber hinaus.[29] Diese Aussage ist genauso wenig hilfreich wie die folgende:

> Der Vorgang der verstehenden Aneignung und Weitergabe fremdsprachlicher Texte setzt sich aus einem Prozess der Dekodierung (Texterschließung) und einem Prozess der Rekodierung (Übersetzung) zusammen. In der Phase der Dekodierung wird der fremdsprachliche Text mit dem Ziel der Sinnerfassung analysiert, die Rekodierungsphase nimmt die Möglichkeiten der Sinnwiedergabe in der Zielsprache in den Blick. In der Praxis durchdringen und überschneiden sich Dekodieren und Rekodieren vielfältig: Der Erschließungsprozess führt bereits zu treffenden Einzelformulierungen und zur Erfassung syntaktischer Zusammenhänge, die für die Übersetzung maßgebend sind; der Übersetzungsvorgang beleuchtet seinerseits sinntragende Einzelfaktoren, die in der vorausgegangenen Erschließung verborgen geblieben sind.[30]

Das mag alles irgendwie zutreffen, aber im Blick auf die Unterrichtspraxis ist die Frage erlaubt, ob eine aufwändige „Texterschließung" nicht reine Zeitverschwendung ist,[31] weil der erste Zugang

---

[26] KIPF 2012, 63–77, bes. 63.
[27] Vgl. SCHEIBMAYR 2013, 31–37.
[28] KIPF 2012, 71–72.
[29] LP NRW 1999, 41.
[30] LP NRW 1999, 35.
[31] Vgl. LOHMANN 2009.

zu einem altsprachlichen Text nicht über textlinguistische Operationen erfolgt, sondern dem Leser zunächst einmal semantische Signale gibt, die ihn zu allmählich wachsenden „Verstehensinseln" hinleiten.

Angesichts der Unsicherheit gegenüber der Frage, was „Texterschließung" ist und wie sie in der Praxis funktioniert, ist daran festzuhalten, dass die Übersetzungskompetenz, die aus verschiedenen wünschenswerten Einzelkompetenzen besteht, fachspezifisch ist. Wenn man sich darauf verständigt, dann bleibt der Fachdidaktik die ausgesprochen schwierige Aufgabe, den „Mehrwert" der Originallektüre gegenüber der Übersetzungslektüre nachvollziehbar darzustellen.[32] Darauf läuft alles fachdidaktische Fragen hinaus. Es muss unbedingt nachvollziehbar sein, dass der Aufwand des Sprachenlernens in einem angemessenen Verhältnis zum Ertrag der Originallektüre steht.[33] Ernsthafte Antworten auf diese Frage dürfen nicht ausbleiben. Denn „Übersetzen" und „Vergleichen" sind nach wie vor – gerade im kompetenzorientierten – altsprachlichen Unterricht Operatoren auf einem hohen Anforderungsniveau: Der Lernende

> kann sprachlichen Elementen ihre spezifische Bedeutung und Funktion im Kontext zuweisen (Anforderungsniveau I) und diese sprachlich korrekt übersetzen (Anforderungsniveau III), wodurch auch die muttersprachliche Kompetenz gesteigert wird.[34]

Der Lernende „kann aufgrund kontrastiv-komparativer Sprachbetrachtung die eigene aktive muttersprachliche Kompetenz reflektiert erweitern"[35]. Denn die Schüler

> übersetzen lateinische bzw. griechische Texte, wobei sie einen sowohl dem Originaltext entsprechenden als auch der Zielsprache angemessenen und kohärenten Übersetzungstext erstellen. [...] Sie vergleichen verschiedene Übersetzungen [...], wobei sie deren jeweilige Stärken und Schwächen erörtern.[36]

---

32 Vgl. NICKEL 1982, 217–218.
33 Vgl. NICKEL 1982, bes. 37 u. 217.
34 SCHEIBMAYR 2013, 36.
35 SCHEIBMAYR 2013, 37. Vgl. schon 30–31.
36 SCHEIBMAYR 2013, 30.

6 Kompetenzorientierung, sichtbares Lernen und Repädagogisierung der Lehrerrolle

Mit dem Vorwurf der „Kopflastigkeit", der Verdrängung aller nicht messbaren, aber erstrebenswerten pädagogischen Wirkungen und der Missachtung der „emotionalen Komponenten des Menschseins" und der „persönlichen Seite der Bildungsarbeit"[37] hat die Kritik an der Kompetenzorientierung – wenn auch ungewollt – einen auf den ersten Blick banalen, aber ausgesprochen wichtigen Hinweis geliefert: Ohne Lehrerpersönlichkeiten, die den Heranwachsenden Vorbilder sein und sie begeistern können, sind im Rahmen der Kompetenzorientierung nennenswerte Erfolge wenig wahrscheinlich. Es ist nicht vorstellbar, dass ein Lehrer nur „kopflastige" Kompetenzen vermittelt. Die Vielfalt seiner nicht beabsichtigten, teilweise ungewollten und unkontrollierten, aber gleichwohl starken Wirkung auf die Lernenden, wird im Rahmen der Kompetenzorientierung in der Tat nicht thematisiert. Aber daraus kann man nur die Konsequenz ziehen, dass man die Rolle des Lehrers neu bestimmt und stärkt.

Dieser Aufgabe darf sich auch die Fachdidaktik des altsprachlichen Unterrichts schon deshalb nicht entziehen, weil der neuseeländische Unterrichtsforscher John Hattie in seiner Studie *Visible Learning* (= „sichtbar gemachtes Lernen") (2008)[38] auf der Grundlage weitreichender empirischer Untersuchungen überzeugend nachwies, dass ein erfolgreiches Lernen in der Schule fast ausschließlich von der Lehrerpersönlichkeit abhängt. Alle anderen Bedingungen und Faktoren – die materiellen Rahmenbedingungen, die Schulform oder spezielle Lehrmethoden und Medien – sind dagegen zweitrangig.[39] Auf den guten Lehrer kommt es an. Dennoch klammern sich Lehrer an neue Medien und Methoden, weil sie die Bedeutung ihrer Rolle stark unterschätzen.

---

37 MEISSNER 2011, 210.
38 In deutscher Übersetzung HATTIE 2013.
39 Martin SPIEWAK äußert sich sehr ausführlich zur Hattie-Studie, in: DIE ZEIT vom 14.01.2013. Sein Referat gipfelt in der Feststellung: „Kleine Klassen bringen nichts, offener Unterricht auch nicht. Entscheidend ist: Der Lehrer, die Lehrerin."

Hatties Forschungsergebnisse dementieren diese Einflusslosigkeit. Der Lehrer dürfe sich nicht darauf zurückziehen, eine nur marginale Erscheinung im Lernprozess zu sein. Wolle er etwas erreichen, müsse er sich vielmehr als ein Regisseur verstehen, der seine Klasse im Griff und jeden Einzelnen stets im Blick habe. Ein guter Lehrer steuert laut Hattie den Unterricht von der ersten bis zur letzten Minute. Er nimmt jedoch – und das ist das Besondere – immer die Perspektive seiner Schüler ein und sieht den Unterricht grundsätzlich mit den Augen der Lernenden (*visible learning*).

Diese Sichtweise ist gerade im Falle der Kompetenzorientierung erforderlich, wenn der Lehrer die Kompetenzen, die er seinen Schülern vermitteln will, ernst nimmt. Kompetenzorientierung und Repädagogisierung der Lehrerrolle gehören also zusammen.

Kompetenzorientierung ist *Visible Learning*. Sie macht Lernen sichtbar.

Es kommt aber noch ein weiterer Aspekt hinzu: In *Visible Learning for Teachers* (2011)[40] ergänzt John Hattie sein Plädoyer für die Revitalisierung der Lehrerrolle durch eine Pädagogik der Selbstreflexion. So frage sich der Lehrer zum Beispiel bei fehlenden Lernfortschritten seiner Schüler, was er selbst falsch gemacht habe, und führe seinen Misserfolg nicht von vornherein auf die mangelnde Begabung, den fehlenden Fleiß oder auf Verhaltensstörungen seiner Schüler zurück.

Man sollte darüber nachdenken, ob diese Selbstreflexion nicht durch lehrerbezogene Kompetenzbeschreibungen unterstützt werden muss, die den Kompetenzkatalogen für die Lernenden entsprechen. Denn ohne einen – ausbildungsrelevanten – Kompetenzkatalog für die Lehrenden dürfte die Kompetenzorientierung unvollständig sein. Dieser enthält dann vor allem auch scheinbar selbstverständliche, aber gleichwohl äußerst wichtige Einstellungen und Verhaltensweisen, die der einzelne Lehrer permanent im Sinne der Selbstreflexion kontrolliert.

---

[40] In deutscher Übersetzung HATTIE 2014.

Einige Beispiele seien in einer zufälligen Reihenfolge aufgezählt:

Was Lehrer vermeiden sollten:

- Ironie und Zynismus
- Jammern und Klagen über die vermeintlich „böse" Welt und die angebliche Unfähigkeit vorgesetzter Behörden
- Klagen wegen Überlastung und Herbeisehnen des „Ruhestands"
- Demonstrieren von Lustlosigkeit
- sich lustig machen über Schüler und Kollegen
- behaupten, dass früher alles besser war

Was Lehrer tun sollten:

- gute Laune verbreiten[41]
- auf schwierige Situationen mit heiterer Gelassenheit reagieren[42]
- stets anwesend, aufmerksam und geistesgegenwärtig sein
- humorvoll sein
- ihre Schüler so annehmen, wie sie sind
- zu kollegialem pädagogischen Handeln bereit sein[43]
- über eine kontrollierte Emotionalität verfügen
- positiv denken (auch im Sinne einer positiven Fehlerkultur)[44]
- sich nicht dem „Charme der Unvollkommenheit"[45] verschließen
- die Schwierigkeiten der Lerninhalte (etwa der altsprachlichen Texte) ernst nehmen und schülergerechte Strategien ihrer Bewältigung entwickeln

---

[41] Dazu etwa FELTEN 2011, 85–87.
[42] Vgl. STRÄSSLE 2013.
[43] Vgl. LIEDTKE 2012, 108–142.
[44] Zum „positiven Denken" gehört z.B., dass man sich vor allem dafür interessiert, was ein Schüler kann, und nicht, was er nicht kann, und eine „Fehlerkultur", die die Produktivität des Fehlers sieht. Vgl. AU 43.6 (2000) zum Thema „Aus Fehlern lernen".
[45] Vgl. das ZEIT-Magazin Nr. 1, 30.12.2010 zum Thema „Wieder alles falsch gemacht".

- Empathie und Wohlwollen beweisen
- eine aktive Ermutigungshaltung zeigen
- taktvoll[46] und geduldig sein
- sich um Deutlichkeit und Klarheit bemühen
- alles tun, um von ihren Schülern Schaden abzuwenden
- soziale Kompetenz zeigen
- stets gesprächsbereit (haben Dialogkompetenz), zuverlässig, glaubwürdig und berechenbar sein
- als Latein- und Griechischlehrer schließlich auch das Anregungspotential ihrer fachspezifischen Unterrichtsinhalte für die Reflexion ihres Handelns nutzen
- …

Auch die positive Einstellung des Lehrers zu seinem Unterrichtsfach dürfte eine wesentliche Voraussetzung für einen erfolgreichen Unterricht sein. Es ist vielleicht die vornehmste Aufgabe der Fachdidaktik, den Lehrer in der Liebe zu seinem Fach immer wieder zu bestärken. Warum sollte es nicht auch zu den Kompetenzen des Lehrers gehören, sein Fach zu lieben?

7 Was leistet die Kompetenzorientierung? – fachdidaktisches Resümee

1. Wissen und Können werden an fachspezifischen Inhalten anwendungsbezogen erworben.
2. Der Abstand zwischen Aufwand und Ergebnis (Sprachenlernen und Textlektüre) und der Gegensatz zwischen Anspruch und Wirklichkeit werden verringert.
3. Das „Klassische" ist das Ergebnis eines Rezeptionsprozesses.
4. Der „Mehrwert" des Übersetzens gegenüber der Übersetzungslektüre wird mit Hilfe entsprechender Kompetenzen nachgewiesen.
5. Das Übersetzen ist Anwendung muttersprachlicher Kompetenz.
6. Die Lehrerrolle wird neu bestimmt.

---

[46]   Vgl. SCHERER 2004.

Literatur

Michael FELTEN, Auf die Lehrer kommt es an. Für eine Rückkehr der Pädagogik in die Schule, Gütersloh ²2011.

John HATTIE, Lernen sichtbar machen. Überarbeitete deutschsprachige Ausgabe von „Visible Learning" besorgt von Wolfgang BEYL und Klaus ZIERER, Baltmannsweiler 2013.

John HATTIE, Lernen sichtbar machen für Lehrpersonen. Überarbeitete deutschsprachige Ausgabe von „Visible Learning for Teachers" besorgt von Wolfgang BEYL und Klaus ZIERER, Baltmannsweiler 2014.

Stefan KIPF, Kompetenzen im Lateinunterricht?! – Bestandsaufnahme und Perspektiven eines problematischen Verhältnisses, in: Latein und Griechisch in Berlin und Brandenburg 56.4 (2012), 63–77.

Peter KUHLMANN, Kompetenzorientierung und Lateinunterricht in der Oberstufe, in: FC 2 (2011), 114–123.

Lehrplan Latein. Gymnasialer Bildungsgang. Jahrgangsstufen 5–13, hrsg. v. hessischen Bildungsministerium, Wiesbaden 2005. [LP Latein HE 2005]

Lernziele, in: Glossar, hrsg. v. Staatsinstitut für Schulqualität und Bildungsforschung, München 2005, 33. [Lernziele BY 2005]

Uwe LIEDTKE, Bock auf Schule. Ein Wegweiser für Schüler, Eltern, Pädagogen, Lehramtsstudenten und Referendare, Kempen 2012.

Dieter LOHMANN, Lateinlehrer – auf der Suche nach der verlorenen Zeit, in: Deutscher Altphilologenverband. Landesverband Baden Württemberg. Mitteilungen 37.1 (2009), 24–47.

Friedrich MAIER, Latein – Fach ohne Identität? Das Kreuz mit der „Kompetenzorientierung", in: FC 3 (2011), 199–204.

Josef A. MAYER (Hg.), Vorarbeiten zur Curriculum-Entwicklung. Modellfall Latein. Beiheft I zu AU XV 1972.

Helmut MEISSNER, Vom Ungenügen der Kompetenzorientierung im Gymnasialunterricht, in: FC 3 (2011), 205–215.

Rainer NICKEL, Neue Didaktik und Alte Sprachen. In: Gymnasium 82, 2/3 (1975), 266–278.

Rainer NICKEL, Einführung in die Didaktik des altsprachlichen Unterrichts, Darmstadt 1982.

Rainer NICKEL, Bildung braucht Praxis. Cicero: De re publica 1, 2, in: AU 37.6 (1994), 32–38.

Niedersächsisches Kerncurriculum für das Gymnasium, Schuljahrgänge 7–10, Latein 2008. [KC Latein NI 2008]

Richtlinien und Lehrpläne für die Sekundarstufe II – Gymnasium/Gesamtschule in Nordrhein-Westfalen. Latein (1999). [LP NRW 1999]

Werner SCHEIBMAYR, Das Kompetenzmodell der Alten Sprachen in Bayern, in: Die Alten Sprachen im Unterricht 61.1 (2013), 23–42.

Martin SCHERER, Der Gentleman. Plädoyer für eine Lebenskunst, München 32004.

Egidius SCHMALZRIEDT, Inhumane Klassik. Vorlesung wider ein Bildungsklischee, München 1971.

Thomas STRÄSSLE, Gelassenheit. Über eine Haltung zur Welt, München 2013.

Heike Wolf

Individualisierung im Lektüreunterricht am Beispiel von Ovids *Metamorphosen*

1 Vorbemerkungen

Es wurde in den letzten Jahren viel über innovative Unterrichtsformen gesprochen und geschrieben, die allesamt das Ziel postulieren, Schüler besser, motivierter und nachhaltiger lernen zu lassen.[1] Schüler sollen individuell gefördert und aktiviert werden, sie sollen handeln und am Ende nicht nur etwas wissen, sondern auch können.[2] Dieser kompetenzorientierte Ansatz erfordert neue Unterrichtsformen, die von dem klassischen, vorwiegend frontal geführten Unterricht abweichen und den Schüler noch stärker ins Zentrum des Unterrichtens stellen. Er fordert einen Blick auf den einzelnen Schüler, der in Hinblick auf seine individuellen Fähigkeiten, Stärken und Schwächen gefördert und unterstützt werden soll. Ein durchaus sinnvolles Vorhaben, das jedoch in der Praxis häufig daran scheitert, dass das gesteckte Ziel angesichts der Rahmenbedingungen (Arbeitsbelastung der Lehrer, große Lerngruppen, Zeit u.ä.) viel zu hoch gesetzt ist. Dennoch lohnt es sich gerade für den Lateinunterricht, über individualisierte Unterrichtskonzepte nachzudenken.

---

[1] Dabei sind vor allem die Einführung der Kerncurricula, der Umgang mit Heterogenität und damit einhergehend die Entwicklung kooperativer Lernformen zu nennen, die die schulpädagogische Diskussion in den letzten Jahren prägen.

[2] Zu den Kerncurricula und dem Prinzip der Kompetenzorientierung vgl. KC Latein HE 2010 u. HEY 2008, 97–127. Zur Diskussion um Kompetenzorientierung im Lateinunterricht vgl. u.a. MAIER 2011, 199–204 u. KIPF 2012, 63–77.

Dieser Text stellt ein solches Unterrichtskonzept vor, das in der Praxis bereits erfolgreich durchgeführt wurde, mit dem Ziel, Schüler durch individuelle Passung auch über das Latinum hinaus für den Lateinunterricht zu motivieren und gleichzeitig Wissen und Kompetenzen zu vermitteln.

2 Lektüre – ein hehres Ziel?

Es ist wohl allgemeiner Konsens, dass die Lektüre lateinischer Originaltexte das Ziel des Lateinunterrichts an den Schulen sein soll.[3] Abgesehen von Gymnasien mit humanistischer Ausrichtung wird Latein meist als zweite (oder dritte) Fremdsprache unterrichtet, d.h. in aller Regel ab der Klasse 7.[4] Die meisten Schüler beenden ihre Lateinkarriere mit dem Erwerb des Latinums, also mit dem Abschluss der E2.[5] In seiner Literaturdidaktik geht Kuhlmann davon aus, dass die Spracherwerbsphase nach etwa drei Jahren abgeschlossen sei und man bis zum Erwerb des Latinums noch zwei Jahre Zeit für die Lektüre habe, wobei er Eingangs- und Übergangslektüren einbezieht.[6] Drei Jahre Spracherwerb, zwei Jahre Literaturdidaktik – ein auf den ersten Blick ausgewogenes und sinnvolles Verhältnis.

Doch in der Praxis sieht es oft anders aus. Viele Lateinkurse haben bis zum Eintritt in die E-Phase gerade einmal das Lehrbuch abgeschlossen, zu einer Übergangs- oder Eingangslektüre kommt es nur in Ausnahmefällen, und es bleibt am Ende ein einziges Jahr für die Originallektüre.[7] Diese Diskrepanz lässt sich darauf zurückführen, dass Latein nur eines von vielen Fächern in einem übervollen

---

3 Das hessische Kerncurriculum formuliert: „In der Auseinandersetzung mit lateinischen Originaltexten eröffnet sich ihnen [den Schülern] ein Zugang zur griechisch-römischen Antike und zum gemeinsamen kulturellen Erbe Europas." (KC Latein HE 2010, 11).

4 Nach G9; in Schulen, die nach G8 unterrichten, beginnt der Lateinunterricht bereits in Klasse 6.

5 Früher Klasse 11, nach G8 Klasse 10 oder Einführungs-Phase (E-Phase).

6 Vgl. KUHLMANN 2010, 8–9. Demnach würde man nach G9 in der 10. Klasse mit der Lektüre beginnen.

7 Das hessische Kerncurriculum trägt dem Rechnung, indem betont wird, dass der Erwerb von Kompetenzen jenseits der bloßen Sprachaneignung auch und

Stundenplan ist, dazu ein sehr lernintensives Fach, das ständiger Wiederholungen bedarf, um das Gelernte ausreichend umzuwälzen und nicht im Orcus des Kurzzeitgedächtnisses verschwinden zu lassen. Dazu kommt (schulintern- oder externbedingter) Unterrichtsausfall, sodass der Spracherwerb *de facto* kaum das Tempo halten kann, das das Lehrwerk eigentlich vorsieht. Wird der Spracherwerb aber nicht gründlich durchgeführt, nützt es am Ende wenig, ein halbes Jahr eher die Lehrbuchphase abgeschlossen zu haben, weil die Lektüre dann an der Unkenntnis elementarer Grammatikkenntnisse zu scheitern droht.[8]

Letztendlich bedeutet dies aber, dass für das Herzstück des Lateinunterrichts, die Originallektüre, nur etwa ein Jahr bleibt – wenig, um die im Lehrplan und in den Bildungsstandards formulierten Bildungsziele zu erreichen und Lernende dazu zu bringen, fachspezifische Inhalte als für sich bedeutsam begreifen. Den Schülern bleibt der Wert der lateinischen Literatur daher oft verschlossen, das Versprechen, mit der Lektüre den Spracherwerb hinter sich zu lassen und endlich zu bedeutsamen und spannenden Inhalten zu kommen, kommt nicht zum Tragen. Wenn die Schüler das Fach nach fünf Jahren mit dem Latinum abgeben, bleibt oft nicht viel mehr als das Bild eines „Paukfachs", in dem Formen gelernt und mühsam Sätze zusammengebaut werden.[9]

Lektüreunterricht, der über dieses eine Jahr hinaus wirken und den Kern des Lateinunterrichts, die Originallektüre, ernst nehmen will, ist daher nur möglich, wenn es gelingt, in der Einführungsphase die Schüler für die Originaltexte zu begeistern und zu mo-

---

vor allem in der Spracherwerbsphase stattzufinden hat, sodass dieser Phase nicht nur die Rolle eines „Steigbügelhalters" für die Originallektüre zugewiesen wird, sondern bereits in Lehrbuchtexten Text- und Kulturkompetenzen gleichermaßen gefördert werden sollen. (Vgl. KC Latein HE, 11.)

8 Ein Beispiel aus der Praxis zeigt die Situation bei Caesars *De bello Gallico*, als die Schüler an der Formulierung *Apud Helvetios ...* gescheitert sind, weil *Helvetios* nicht als Akkusativ erkannt, sondern als Subjekt verstanden wurde. Auch der Verweis auf die Präposition *apud* half nicht; der Begriff der Präposition war der Lerngruppe nicht mehr geläufig.

9 Die Zahlen der Lateinschüler belegen, dass man für die Sekundarstufe I zwar einen Anstieg der Schülerzahlen verzeichnen kann, dieser aber nicht in die Oberstufe hinein wirkt (vgl. Kuhlmann 2009, 33).

tivieren, dem Fach auch über das Latinum hinaus die Treue zu halten.[10]

2.1 Das Problem des Lektüreunterrichts

Man muss sich vor Augen halten, dass man von Schülern spricht, die etwa 15 oder 16 Jahre alt sind, teilweise noch pubertierend und – vollkommen verständlich – erst einmal grundsätzlich mit anderen Dingen beschäftigt als mit lateinischer Literatur.

Es fällt dem für sein Fach brennenden Philologen naturgemäß schwer nachzuvollziehen, warum Schüler die eigene Begeisterung für literarische Texte nicht teilen, sondern häufig etwas gequält dreinblickten, wenn man versucht, sie Satz für Satz durch den Text zu führen und kleinteilig Sprache, Stil und Inhalt zu analysieren und für eine Interpretation nutzbar zu machen. Am Ende macht man häufig nur noch Unterricht mit drei oder vier leistungsstarken Schülern – der Rest schaut mehr oder weniger interessiert, zeigte von sich aus aber keine Motivation, sich im Unterricht einzubringen.

Letztendlich ist das die Art Unterricht, die wahrscheinlich viele Lateinschüler und auch -lehrer in der Lektürephase erleben und die ich hier etwas überspitzt charakterisieren möchte:

Zu Beginn der Stunde werden die Hausaufgaben vorgelesen, meistens ein oder zwei Sätze, die in der Klasse in durchschnittlich drei verschiedenen Versionen vorliegen, wovon eine vom Klassenbesten und die beiden anderen aus dem Internet stammen. Das Interesse an der Besprechung hält sich in Grenzen, auf Nachfragen, ob alles verstanden wurde, wird brav genickt, auch wenn die meisten die abgeschriebene Übersetzung nicht nachvollziehen können. Dann wird der nächste Satz vorgenommen, nach Formen und grammatikalischen Konstruktionen seziert (mündlich, an der Tafel oder – meist schlecht zu erkennen – mit Hilfe des Tageslichtprojektors) und frühestens nach zwanzig Minuten schließlich übersetzt –

---

[10] Und selbst wenn es nur bei dem einen Jahr bleibt, muss es ein Anliegen sein, Schüler soweit zu fördern und zu motivieren, dass man tatsächlich Textkompetenz schulen kann und nicht in einer mühseligen Übersetzungstätigkeit verhaftet bleibt, für die man im Grunde keine Originaltexte bräuchte.

natürlich vom Klassenbesten, während der Rest es vorzieht, so zu tun, als sei man nicht da. Auf diese Weise schafft man etwa ein bis zwei Sätze in einer Stunde, die natürlich auch noch auf Stilmittel untersucht, ggf. skandiert und schließlich so kleinteilig zerlegt werden, dass jeder Nanotechnologe seine helle Freude daran hätte. Die Stunde endet mit einer Hausaufgabe, die wieder ein bis zwei Sätze umfasst, ehe es in der nächsten Sitzung im gleichen Stil weitergeht.

Auch wenn diese Schilderung etwas parodistisch klingen mag, läuft Lektüreunterricht leider häufig nach diesem Muster ab. Man arbeitet auf diese Weise kleinteilig und sehr präzise. Allerdings ist fraglich, ob man mit einem solchen Vorgehen auch 16jährige Schüler erreicht und für Latein begeistern kann. So spannend die Originaltexte auch sein mögen, sie schaffen es doch nur sehr selten, aus sich selbst heraus Schüler zu motivieren. Das Leistungsgefälle innerhalb der Lerngruppe tut sein Übriges, so dass der Unterricht oft ins Stocken gerät und die Motivation durch Über- oder Unterforderung verloren geht. Dazu kommt, dass bei diesem kleinteiligen Vorgehen jede Chance vertan wird, ein Gefühl dafür zu bekommen, es mit Literatur zu tun zu haben.

Dies wird vielleicht deutlich anhand einer Begebenheit aus dem Unterricht, die ich hier kurz vorstellen möchte:

Bei der Vorstellung der Themen für das zweite Halbjahr (E2) habe ich erwähnt, dass wir Ovid lesen werden. Ich sah daraufhin in ungläubige Schüleraugen, aber es war nicht der Autor, der dieses Staunen hervorgerufen hätte, sondern die Tatsache, dass ich von „Lesen" gesprochen habe. „Lesen? Frau Wolf, man kann doch Latein nicht lesen." Die Schüler verstanden die lateinischen Texte nicht als Literatur, sondern als Übersetzungsübungseinheiten. Bruchstücke, die vor allem dazu dienen, Grammatik und Stil zu analysieren. Dass sie literarische Texte vor sich hatten, bei denen es (ebenso wie in Deutsch oder Englisch) so etwas wie eine Leseerfahrung und Literaturarbeit gibt, schien ihnen ein halbes Jahr vor dem Latinum kaum vorstellbar.

Natürlich ist es illusorisch, mit einer Schulklasse einen Ganztext zu lesen. Aber es muss möglich sein, den Unterricht so zu gestalten, dass nicht nur winzige Ausschnitte analysiert werden, sondern auch ein Blick für das große Ganze entsteht und der lateinische Text als Literatur wahrgenommen werden kann. Es soll daher Ziel des hier vorgestellten Unterrichtskonzepts sein, mehr Schüler als die üblichen Verdächtigen zu erreichen und – wenn schon nicht begeistern –, so doch wenigstens zu einer wohlwollenden Haltung gegenüber dem Lateinunterricht zu bewegen und ihnen lateinische Originallektüre nicht als Textschnipsel, sondern als literarischen Text näherzubringen.

3 Individualisierung

Heterogenität, individuelle Förderung und Binnendifferenzierung sind längst nicht mehr nur ein Thema der Grund- und Gesamtschulen, sondern haben auch die Gymnasien erreicht. Schüler unterscheiden sich stark in Hinblick auf ihre Leistungsbereitschaft und Leistungsvermögen, Lerntempo und bevorzugte Lernwege, Vorwissen und familiär-kulturellen Hintergründe, aber auch Frustrationstoleranz und individuelle Interessen.[11] Dies gilt für alle Fächer. Für das Fach Latein ist zudem zu beobachten, dass die Heterogenität zunimmt, je weiter ein Kurs im Spracherwerb fortschreitet – ein Teil der Schüler findet einen guten Zugang zur lateinischen Sprache, lernt bereitwillig Vokabeln und Formen und hat immer wieder Erfolgserlebnisse, wenn der zunächst unauflösbar scheinende Text plötzlich seine Bedeutung offenbart. Erfolg, Motivation und Frustrationstoleranz greifen hier eng ineinander, Ehrgeiz wird geweckt und eventuelle Rückschläge werden leichter weggesteckt.

Auf der anderen Seite erleben Schüler, die einmal den Anschluss verloren haben, immer wieder Misserfolge, weil das Handwerkszeug zum Übersetzen fehlt. Je häufiger der Misserfolg, desto größer der Frust und desto widerwilliger wird gelernt, was die Hürde letztendlich nur noch höher werden lässt.

Die Lektüre lateinischer Originaltexte findet, wie oben erläutert, frühestens im vierten, meist im fünften Lernjahr statt. Selbst bei konsequenter und guter Förderung sind die Unterschiede bezüg-

---

[11]   Zur Einführung in dieses Thema sind die Texte von Ingvelde SCHOLZ sehr geeignet: SCHOLZ 2010, SCHOLZ / WEBER 2011 u. SCHOLZ 2011.

lich Leistungsfähigkeit, Grammatik- und Vokabelkenntnissen und der Bereitschaft, sich Schwierigkeiten zu stellen, zu diesem Zeitpunkt oft eklatant groß. Vor diesem Hintergrund verwundert es nicht, wenn die Motivation mit dem Erreichen der Originallektüre noch weiter absinkt und das Bestehen des Latinums zum einzig angestrebten Ziel wird. Viele Schüler erleben nach den künstlichen Texten der Schulbuchphase einen „Lektüreschock". Das betrifft vor allem schwächere Schüler, die sich bislang an feste Satzstrukturen und sprachliche Klarheit (Schlichtheit) geklammert haben.[12] Wenn nun der Berg plötzlich unüberwindbar scheint, weil die Schüler bereits genug damit zu tun haben, Formen und Konstruktionen zu erkennen, und sprachliche Raffinessen sie schlicht überfordern, wird die Flinte schnell ins Korn geworfen, und sie finden sich damit ab, kein Latein zu können. Umgekehrt ist es für starke Schüler ermüdend und auf Dauer ebenso frustrierend, wenn sich der Kurs stundenlang an einem Abschnitt festbeißt, den sie selbst eigentlich innerhalb kurzer Zeit übersetzen könnten. Der oben etwas überspitzt charakterisierte klassische Lektüreunterricht, der versucht, alle Schüler in demselben Tempo denselben Text mit denselben Hilfen erschließen zu lassen, muss für einen Großteil der Schüler also auf Dauer frustrierend sein.

Hier ist man nun an einem Punkt, an dem man ansetzen muss, wenn man Schüler für das Fach begeistern und für die Inhalte sensibilisieren will: Eine individuelle, d.h. den Bedürfnissen des einzelnen Schülers entsprechende Passung des Lernangebots als Schlüssel zur Lektüre, um Unterschiede aufzufangen, Interessen zu fördern, Demotivation durch Über- oder Unterforderung zu vermeiden, möglichst viele Schüler zu erreichen und Lern- und Bildungserlebnisse zu ermöglichen.

---

[12] Die sprachliche Gestaltung entspricht den Erwartungen der Schüler: Das Subjekt steht vorne, das Prädikat hinten, Attribute stehen bei ihren Bezugsworten, Ellipsen und Hyperbata werden vermieden.

4 Warum Ovid?

Bereits im Titel dieses Aufsatzes werden Ovids Metamorphosen als Textgrundlage des vorgestellten Unterrichtskonzepts genannt – eine Wahl, die wie alle didaktischen Entscheidungen kurz begründet werden soll.

Da die Lektüre der E-Phase für viele Schüler die einzige Begegnung mit den lateinischen Originaltexten bleibt, erscheint es umso wichtiger, mögliche Autoren genau zu prüfen. Der hessische Lehrplan sieht für die E-Phase Cicero und Ovid als verbindliche Autoren vor; dazu kommen optional Boccaccio, Caesar, Catull, Martial, Plautus, Plinius, Sallust und Terenz.[13] Bei der Auswahl des Autors ist es wichtig, dass er für die Altersgruppe motivierend und interessant sein kann und sprachlich nicht zu komplex ist. Gleichzeitig soll er Ansätze bieten, die im Kerncurriculum formulierten Kompetenzen (weiter) zu entwickeln und zu fördern.[14]

Die Metamorphosen sind vor dem Hintergrund dieser Überlegungen gut zu begründen: Die Welt der Mythen, die Ovid eröffnet, vermittelt den Schülern grundlegende Kenntnisse europäischen Kulturguts, das seit zweitausend Jahren in Kunst und Literatur rezipiert wird und daher bis in die Gegenwart aktuell und relevant ist. Daneben besticht Ovid mit sprachlicher Eleganz und bietet Möglichkeiten, Schüler an das Zusammenwirken von Inhalt, Stil und Metrik heranzuführen. Der Schwierigkeitsgrad ist angemessen und für eine E-Phase zu bewältigen.[15] Die einzelnen Metamorphosen sind in sich abgeschlossen und von einem Umfang, dass sie in der Schule bewältigt werden können. Und nicht zuletzt sind sie anschaulich, inhaltlich gut zu erfassen – und vor allem unterhaltsam zu lesen.

---

[13] Vgl. LP Latein HE 2010, 61–65.
[14] Das Kerncurriculum nennt als fachspezifische Kompetenzen Sprach-, Text- und Kulturkompetenz. (Vgl. KC Latein HE 2010, 13–16.)
[15] Eine Hürde sind höchstens Vokabeln, die typisch für die Dichtung sind und daher nicht in der Lehrbuchphase gelernt wurden. Der Gebrauch eines Wörterbuchs ist daher hilfreich.

5 Individualisierte Lektüre – ein Ansatz

Das Unterrichtskonzept, das sich aus diesen Überlegungen heraus ergibt, wurde in der Praxis in zwei verschiedenen Kursen der E-Phase durchgeführt. Es hat sich sowohl in Hinblick auf die Haltung der Schüler gegenüber dem Fach Latein, als auch in Hinblick auf den Lernerfolg[16] als erfolgreich erwiesen.

5.1 Vorüberlegungen

Zusammenfassend liegen diesem Ansatz folgende Überlegungen zu Grunde:

1. Förderung der Motivation (a) durch einen ansprechenden Inhalt und (b) durch einen angemessenen Schwierigkeitsgrad, der sich an dem Leistungsvermögen des einzelnen Schülers orientiert.
2. Die Schüler sollen einen längeren, zusammenhängenden Text lesen. Es soll Ziel dieser Unterrichtsreihe sein, Schülern den Originaltext als literarischen Text und nicht nur als Baustelle für Grammatikübungen nahezubringen.
3. Als dritter Punkt kommt die Förderung der fachspezifischen Kompetenzen hinzu, wie sie im aktuellen Kerncurriculum Hessen formuliert werden: Textkompetenz:[17]

Textkompetenz: Die Lernenden erwerben somit die Kompetenz, lateinische Texte zu erschließen, ein erstes Textverständnis zu überprüfen sowie Texte zu übersetzen und formal und stilistisch zu analysieren. Auf der Basis dieser Analyse und unter Hinzuziehung textpragmatischer Gesichtspunkte sind die Lernenden in der Lage, Texte angeleitet zu interpretieren. Dies ermöglicht einen zunehmend bewussten, eigenständigen und kritischen Umgang mit Texten. Dabei eignen sich Lernende die Fähigkeit an, genau hinzusehen, exakt zu unterscheiden, richtig zu kombinieren, d.h. aus den

---

[16] Die Überprüfung des Lernerfolgs erfolgte anhand von Klausuren. Die Ergebnisse waren beide Male signifikant besser als bei vorangegangenen, nicht individualisiert unterrichteten Kursen.

[17] KC Latein HE 2010, 13–16.

Beobachtungen die richtigen Schlüsse zu ziehen, und komplizierte Zusammenhänge ganzheitlich wahrzunehmen.

Kulturkompetenz: Der Erwerb von Fähigkeiten im Bereich der Sprach- und Textkompetenz steht immer im Kontext der Inhalte und Themen antiker Welterfahrung und deren Bezug zur Gegenwart. Auf der Grundlage des Textgehalts können sich die Lernenden somit modellhaft mit den Grundfragen menschlicher Existenz auseinandersetzen. Dies zielt letztendlich darauf, dem Grundgehalt eines humanistischen Bildungsverständnisses und Menschenbildes folgend, die Maßstäbe interkulturellen und zwischenmenschlichen Verhaltens zu bewahren. [...] In diesem Sinne schärfen die Lernenden im Lateinunterricht in besonderer Weise ihre Kritik- und Urteilsfähigkeit und werden fähig, im Erkennen des Anderen und Fremden den eigenen Standpunkt konsequent zu überprüfen. [...]

Die ausgewählten Passagen müssen also geeignet sein, die Schüler mit Hilfe entsprechender Aufgabenstellungen anzuleiten, Kompetenzen zu entwickeln und zu vertiefen. Natürlich kann kein Text alle Kompetenzen gleichermaßen fördern, noch befinden sich alle Schüler auf dem gleichen Kompetenzniveau. Manche Schüler brauchen noch mehr Anleitung als andere, während sie in einem anderen Kompetenzbereich bereits weiter fortgeschritten sind. Es besteht also auch hier die Notwendigkeit einer Differenzierung, die auf einer vorangegangenen Diagnose beruht.

5.2 Vorarbeiten

Poesie wird in der E-Phase gewöhnlich (und m.E. zu Recht) im zweiten Halbjahr durchgenommen. Für die Schüler ist lateinische Dichtung zu diesem Zeitpunkt etwas vollkommen Neues, sodass die Besonderheiten (Metrik, ungewöhnliche Wortstellung, metaphorische Sprache u.ä.) zunächst eingeführt und eingeübt werden sollten, damit die Schüler mit dem nötigen „Handwerkszeug" vertraut werden, das sie für die eigenständige Arbeit brauchen. Dazu zählt vor allem die Metrik, aber auch eine Wiederholung und Festigung der Stilanalyse. Außerdem ist es für die Motivation sinnvoll, die Schüler nicht gleich zu Beginn des neuen Themas alleine zu lassen. Die Versform schüchtert schwächere Schüler anfangs oft ein, sodass es hilfreich ist, sich zunächst angeleitet im Klassenverband dem „unbekannten Monster Dichtung" zu nähern – um dann im Idealfall festzustellen, dass es doch gar nicht so böse ist, sondern mit den bereits vorhandenden Kenntnissen der Formenlehre und Syntax durchaus bewältigt werden kann.

Für diese einführende Phase eignen sich das Proömium[18] und entweder die Zeitalter oder eine aussagestarke Metamorphose (z. B. Apollo und Daphne)[19], um anhand von Leitfragen Interpretationstechniken einzuüben, den Zusammenhang von Sprache, Stil und Inhalt exemplarisch zu erarbeiten und den ersten Schock über die ungewohnte Wortstellung mit Hilfe bekannter Erschließungsmechanismen unter Anleitung abzufedern.

Den Abschluss dieser Einführungsphase bildet die erste Klausur, die man gleichzeitig zur Diagnose heranziehen kann, um individuelle Schwierigkeiten und Stärken festzustellen und zu entscheiden, was im Folgenden vertieft und geübt werden sollte. Diese Diagnose, die den Schülern transparent gemacht werden sollte, dient als Grundlage für die nun folgende freie Arbeitsphase, in der die Schüler verschiedene Metamorphosen mit Hilfe differenzierender Materialien in Partnerarbeit oder kleinen Gruppen bearbeiten. Den Abschluss bildet eine Präsentation der Ergebnisse.

Textauswahl

Es gibt in Hinblick auf die Zusammenstellung der Texte im Groben drei Möglichkeiten:

  a) Alle Schüler bearbeiten den gleichen Textabschnitt, der jedoch in unterschiedlichen Differenzierungsstufen vorliegt.

---

[18]   Ov. *met.* 1, 1–4 ist zwar nicht ganz einfach für einen Einstieg, aber in einer angeleiteten Analyse an der Tafel durchaus machbar. Die Schüler untersuchen den Text zuvor in Einzel- oder Partnerarbeit auf Formen und Satzstellung und beschreiben und markieren die Unterschiede zur Satzstellung der Prosa (wie sie aus dem Lehrbuch bekannt ist). Die Frage nach dem „Warum" führt dann zu einer ersten (noch groben) Stilanalyse. Über den Vergleich zur deutschen Dichtung gelangen die Schüler zur Metrikanalyse.

[19]   Da die Metamorphose für den Schulunterricht recht lang ist, sollte sie in

Dieses Vorgehen hält die Erarbeitung recht dicht zusammen, sodass am Ende alle ungefähr den gleichen Text gelesen haben. Es bietet sich an, wenn man eine Metamorphose inhaltlich detailliert behandeln will, um einer bestimmten Fragestellung gezielt nachzugehen.

b) Texte, die sich aufgrund ihrer inhaltlichen Struktur dazu eignen, kann man verschiedene in Abschnitte aufteilen, deren Aufbereitung sich hinsichtlich des Schwierigkeitsgrads, der Kommentierung und des Umfangs unterscheidet. Ein Beispiel, sofern nicht schon in der ersten Phase verwendet, sind die vier Zeitalter. Der Text lässt sich gut in drei Abschnitte unterteilen, die jeder für sich ohne Kenntnis der anderen übersetzbar sind.[20] Bei dieser Vorgehensweise ist es wichtig, dass es eine klar strukturierte Ergebnissicherung gibt, bei der die Einzelbeiträge sinnvoll verzahnt werden.

c) Die dritte Möglichkeit ist diejenige, die den Schülern am meisten Freiheit lässt, aber auch viel Eigeninitiative und Disziplin erfordert – und gut aufgearbeitetes Material, das motivierend, unterstützend und gleichzeitig dem jeweiligen Leistungsstand angemessen ist. Die Schüler wählen aus verschiedenen Metamorphosen, die sie in einem vorher festgelegten Organisationsrahmen übersetzen, bearbeiten und abschließend präsentieren. Der Textumfang variiert von etwas über 30 Versen bis hin zu gut 80 Versen. Die Metamorphosen, aus denen die Schüler wählen können, sollten eingängig und inhaltlich spannend sein, in der Rezeption bedeutsam und dazu geeignet, die Schüler den „Wert" für ihre eigene Lebenswelt erfahren zu lassen.[21]

---

dieser einführenden Phase stellenweise in kursorischer Lektüre angeboten werden.

[20] Ov. *met.* 1, 89–112; 113–127a; 127b–150.

[21] Z.B. Apollo und Daphne, Diana und Actaeon, Pluto und Proserpina, Latona und die lykischen Bauern, Daedalus und Ikarus oder Pygmalion.

Differenzierung

Natürlich wäre es ideal, jedem Schüler individuelle Materialien zur Verfügung zu stellen, aber das wäre mit einem vertretbaren Zeit- und Arbeitsaufwand nicht zu leisten. Dennoch sollte es Ziel dieser Lektüreeinheit sein, Aufgaben und Hilfen so bereit zu stellen, dass jeder Schüler nach seinen Möglichkeiten und Bedürfnissen arbeiten kann und Erfolgserlebnisse erfährt, die für die Motivationsförderung ungemein wichtig sind. Dazu wird das Material in mehreren Differenzierungsstufen zur Verfügung gestellt, sodass die Schüler die Möglichkeit haben, ihrem eigenen Leistungsstand gemäß zwischen verschiedenen Anforderungsgraden zu wählen. Grundlage ist die bei Scholz / Weber vorgestellte Matrix zu kompetenzorientierten Aufgabenstellungen, die in ihrer Abstufung Mindeststandard – Regelstandard – Expertenstandard eine Matrix für differenzierendes Arbeiten bietet.[22] Der Mindeststandard erfasst reproduktive und beschreibende Aufgabenstellungen (nennen, erkennen, aufzählen, zusammenfassen), der Regelstandard Transferaufgaben (zuordnen, erläutern, entwickeln, interpretieren), während der Expertenstandard eine Beurteilung und Abwägung einfordert, die das Problem in einen größeren Zusammenhang stellt (überprüfen, begründen, widerlegen, Stellung nehmen).

Es gibt verschiedene Methoden, Materialien differenzierend aufzubereiten. Um flexibler auf intraindividuelle Unterschiede[23] eingehen zu können, kann man die Methoden auch kombinieren, bzw. wie in einem Baukasten den Bedürfnissen des einzelnen Schülers nachkommend zusammensetzen.

1. Umfang: Die Länge des Textes ist für die Schülermotivation oft entscheidend. Gerade schwächere Schüler geben innerlich auf, wenn die Textmenge allein schon unüberwindbar erscheint. Es ist daher sinnvoll, verschiedene, in Hinblick auf Umfang und Frustrationstoleranz differenzierte Texte anzubieten. Einen guten Schüler kann man dazu motivieren, sich an einem achtzig Verse umfassenden Text zu versuchen,

---

wenn man den Ehrgeiz anspornt. Ein schwacher oder unsicherer Schüler hingegen braucht häufig schon für den einzelnen Satz so lange, dass ihn zwanzig oder dreißig Verse zu erschlagen drohen. Außer durch die „natürliche" Länge der einzelnen Metamorphosen, die stark variiert, kann man dem Problem dadurch begegnen, dass man Teile des Texts in kursorischer Lektüre oder in Übersetzung anbietet, um den Eindruck des „Ganztextes" nicht zu verlieren.

2. Vokabelhilfen: Vokabelhilfen sind im Zusammenhang mit individualisierter Lektüre ein schwieriges Thema. Die gängigen Schulausgaben bieten verschiedene Kommentierungen, die man jedoch kaum guten Gewissens allen Schülern gleichermaßen vorlegen kann. Manche Ausgaben geben fast jede zweite Vokabel an und das teilweise in einer Art und Weise, die einen eigenen Denkprozess der Schüler unnötig macht. Andere Ausgaben wiederum geizen mit der Kommentierung und lassen die Schüler mit Schwierigkeiten alleine, die den Schulunterricht überfordern. Wieder andere kommentieren auf der einen Seite Banalitäten, schweigen sich aber an entscheidender Stelle aus. In keinem Fall ist es so, dass die Kommentierung den vielfältigen Bedürfnissen eines typisch heterogenen Kurses einer E-Phase nachkommt. Eine individualisierte Lektüre bedarf daher auch individualisierter Vokabelhilfen, um die Schüler ausreichend zu unterstützen und sie ihrem Kompetenzniveau entsprechend anzuleiten, „neue Vokabeln Sach- und Wortfeldern zu[zu]ordnen", „die Bedeutung polysemer Vokabeln im Textzusammenhang eigenständig funktional [zu] unterscheiden", „grundlegende Prinzipien der Wortbildung bei der Aneignung der Vokabeln selbstständig an[zu]wenden", „in Sprachvergleichen die Zusammengehörigkeit der Sprachen und Völker Europas [zu] belegen" und „Wörterbuch und Wortkunde selbstständig [zu] nutzen".[24] Außerdem sollen Schüler ihr Ausdrucksvermögen optimieren und „die deutsche Sprache besser [verstehen] und

---

[24] KC Latein HE 2010, 34.

[...] sie bewusster, präziser und abwechslungsreicher gebrauchen".[25]

Vokabelhilfen sollen dem Schüler bei Schwierigkeiten helfen, ihm aber den Denkprozess nicht abnehmen, der für die Entwicklung dieser Kompetenzen erforderlich ist. Dabei sind jedoch die unterschiedlichen Bedürfnisse zu berücksichtigen. Ein schwacher Schüler braucht möglichst konkrete, sofort anwendbare Hilfen oder solche, die ihn unterstützen, seine Defizite aufzuarbeiten. Die Kommentierung soll ihm auch helfen, sich nicht unnötig an Vokabeln aufzuhalten, die eindeutig sind, sodass das Nachschlagen ein zeitraubender, mechanischer Akt bleibt, aber keinen Denkprozess in Gang setzt. Die gewonnene Zeit kann der Schüler sinnvoller in die Satz- und Formenanalyse investieren. Die Förderung der wortschatzspezifischen Kompetenzen erfolgt an einigen, ausgewählten Beispielen, die gut dafür geeignet sind, langfristige Erkenntnisse in Gang zu setzen. Ein leistungsstarker Schüler hingegen hält sich nicht damit auf, eine Dativform zu analysieren – er weiß, dass die Form *amori* von *amor* kommt, und er kennt in der Regel die Funktion des Dativs im Satz. Er bewegt sich damit sicher auf dem Feld der Grammatik, die für den schwächeren Schüler noch einer unwegsamen Sumpflandschaft gleicht, sodass man ihn in der Kommentierung stärker an die Sprachreflexion heranführen und ein höheres Kompetenzniveau ansetzen kann.[26]

Die kompetenzorientierte Textkommentierung soll anspruchsvoll sein und nicht bei lexikalischen Angaben verharren, darf dem einzelnen Schüler aber nicht das Gefühl vermitteln, ihn allein zu lassen oder gar zu überfordern.

3. Übersetzungshilfen: Das gleiche gilt für Übersetzungshilfen. Darunter fasse ich alle Angaben, die den Schülern helfen, Konstruktionen zu erfassen und richtig aufzulösen. Übersetzungshilfen können sein: Ergänzung von ausgelassenen Wör-

---

[25] KC Latein HE 2010, 11.

[26] Vgl. Material 1 auf S. 76. Die Kommentierung A entspricht einem niedrigen Kompetenzniveau mit vielen direkten Einhilfen, die Kommentierung B entspricht einem fortgeschrittenen Niveau.

tern (Ellipsen), Kommentierung schwieriger Konstruktionen, Aufzeigen von Bezügen, Kennzeichnung von Subjekt und Prädikat, Unterteilung in Sinnabschnitte, Kennzeichnung von Akkusativobjekten und Attributen bis hin zur Umstellung des ganzen Satzes.[27]

4. Interpretation: Im Bereich der Metrik sind abgestufte Schwierigkeiten über den Umfang der zu skandierenden Verse und den Schwierigkeitsgrad recht einfach zu gestalten. Für den Mindeststandard sollten die Schüler gemäß den gelernten Regeln Längen und Kürzen erkennen und zuordnen und den Hexameter mit Hilfe ihres gelernten Wissens richtig skandieren können. Für den Regelstandard können sie Besonderheiten erkennen (z.B. eine Häufung von Spondeen), auf ihre Wirkung hin untersuchen und für die Interpretation der Textstelle nutzbar machen. Für den Expertenstandard kommen vertiefende Fragestellungen und gegebenenfalls Aspekte dazu, die für einen Grundkurs der E-Phase noch nicht zum Regelstandard gehören (z.B. Zäsuren und Dihäresen). Eine ähnliche Abstufung kann bei der Stilanalyse (erkennen – deuten / erklären – in einen größeren Zusammenhang setzen) und bei der inhaltlichen Interpretation erfolgen.[28]

5.3 Umsetzung

Nach der Einführung der Metrik, der ersten Textarbeit und der Klausur samt Diagnose hat jeder Schüler im Idealfall einen individuellen Förderplan für die zweite Hälfte der Ovid-Lektüre, um Stärken und Schwächen herauszustellen und dem Schüler Hinweise zu geben, wie er sinnvoll weiter arbeiten und mögliche Defizite ausgleichen kann.

Es hat sich als sinnvoll erwiesen, die Schüler bei einer nun folgenden differenzierenden Phase selbst entscheiden zu lassen, welchen Anforderungen sie sich stellen wollen. Nach viereinhalb Jahren Lateinunterricht können Schüler ihre eigenen Fähigkeiten er-

---

[27] Vgl. Material 2 auf S. 77.
[28] Vgl. Material 3 auf S. 77.

staunlich gut einschätzen. Die Erfahrung hat gezeigt, dass man nur vereinzelt eingreifen muss – in den meisten Fällen, weil sich Schüler unterschätzen und einen Anstoß brauchen, sich selbst mehr zuzutrauen.

Zu Beginn der Einheit werden die verschiedenen Metamorphosen den Schülern inhaltlich und in Hinblick auf Umfang und Schwierigkeitsgrad vorgestellt, sodass sie sich einen Überblick verschaffen können, was sie erwartet. Die Arbeit an den Texten selbst erfolgt dann in Kleingruppen, die bedingt durch die unterschiedlichen Schwierigkeitsgrade der Texte leistungshomogen sind.

Erfahrungsgemäß funktioniert diese Sozialform besser als Einzelarbeit. Bei den bereits durchgeführten Unterrichtsreihen kam es in den Kleingruppen zu regen Diskussionen, es wurde an Übersetzungen gefeilt, um sie in ein verständliches Deutsch zu bringen, Metaphern wurden erschlossen, und es wurde viel gegenseitig erklärt und diskutiert. Die Schüler arbeiteten weitgehend selbstständig. Vokabelhilfen, gestufte Übersetzungshilfen und Interpretationsvorschläge lagen am Lehrerpult aus, sodass jeder Schüler selbst entscheiden konnte, welche Hilfen er in Anspruch nahm.[29] So wird der intraindividuellen Heterogenität Rechnung getragen. Ein Schüler, der aufgrund lückenhafter Grammatikkenntnisse Probleme beim Übersetzen hat, muss nicht zwangsläufig auch in der Textinterpretation oder bei der Metrikanalyse Schwierigkeiten haben. Er kann daher auf weitreichende Texthilfen zurückgreifen, sich aber gleichzeitig bei der Interpretation im Expertenbereich der Kompetenzmatrix bewegen und ist nicht automatisch in allen Aufgabenfeldern an einen niedrigen Standard gebunden.

Bei diszipliniert arbeitenden Lerngruppen kann man überlegen, zusätzlich Übersetzungen zur Verfügung zu stellen, mit deren Hilfe die Schüler die eigene Übersetzung überprüfen können oder Hilfestellung finden, wenn sie den Sinn einer Passage nicht verstehen. Der Blick in die Übersetzung verhindert in solchen Fällen unnötigen Frust. Allerdings sollte man darauf achten, dass die Schüler die Übersetzung nicht hernehmen, um sie abzuschreiben, sondern

---

[29] Meist gab es eine Absprache innerhalb der Gruppe, sodass gruppenintern ein Standard gewählt wurde.

als Anleitung, den Satz zu analysieren, sodass sie Grammatik und Struktur anschließend erklären können. Das Vorliegen einer Übersetzung hat überdies den positiven Nebeneffekt, dass keine Übersetzungen aus dem Internet auftauchen, da den Schülern bewusst ist, dass es nicht darum geht, irgendeinen übersetzten Text vorlegen zu können, sondern das Verständnis der Übersetzung entscheidend ist.

Das mag nun beliebig klingen. Beliebigkeit ist jedoch Gift für jede Art der Binnendifferenzierung. Der Mensch (und nicht nur der spätpubertäre Schüler) ist geneigt, den Weg des geringsten Widerstands zu gehen, sodass ein Ansatz „Jeder macht das, was er mag, und wenn das nicht viel ist, ist es auch nicht schlimm." in den allermeisten Fällen dazu führt, dass Schüler nur das Allernötigste machen, um augenscheinlich beschäftigt zu wirken und auf eine latinumsrelevante Punktzahl zu kommen. Das soll natürlich nicht sein. Daher ist es gerade bei einem freien, individualisierten Ansatz wichtig, klare Arbeitsstrukturen mit Lernzielen und Zeitvorgaben zu formulieren. Eine nicht verhandelbare Zeitvorgabe schafft den äußeren Rahmen und zwingt die Schüler dazu, ihre Arbeit sinnvoll einzuteilen (und sich selbst ggf. Hausaufgaben aufzugeben). Bei den Lernzielen wird es schon schwieriger, gerade vor dem Hintergrund der differenzierten Aufgabenstellungen. Es ist deshalb wichtig, eine gemeinsame Grundlage (= Fundamentum) zu formulieren, die jeder Schüler am Ende dieser Unterrichtsphase erreicht haben soll und die die Grundlage für eine Bewertung bietet.

5.4 Bewertung

Das führt zu der Frage, wie man mit der Bewertung einer solchen flexiblen Arbeitsform umgeht, die zwangsläufig zu unterschiedlichen Ergebnissen führt. Die Überprüfung des formal überprüfbaren (weil für alle Gruppen gleichermaßen bedeutsamen) Teils des Fundamentums (Metrik, Stilmittelanalyse etc.) kann über einen kurzen Diagnosetest geschehen. Der Vergleich zum eingangs aufgestellten Förderplan zeigt mögliche Entwicklungen auf und offenbart damit, ob der einzelne Schüler tatsächlich Fortschritte gemacht hat.

Schwieriger wird es mit dem variablen Teil – den verschiedenen Metamorphosen liegen unterschiedliche Fragestellungen zugrunde, die kaum in einer gemeinsamen Klausur abgedeckt werden können. Es bietet sich daher an, die Unterrichtsphase mit einer Präsentation abzuschließen.[30] Das hat mehrere Gründe:

1. Die Schüler sind angehalten, „ihre" Metamorphose noch einmal zu durchdringen und sich Gedanken zu machen, wie man sie sinnvoll und originell präsentieren kann. Damit fällt der häufige Effekt „übersetzt, beiseitegelegt und vergessen" weg, die Beschäftigung mit dem Text ist über die kreative Auseinandersetzung anhaltender und greift tiefer.
2. Die Schüler lernen nicht nur ihre eigene Geschichte kennen, sondern auch die der anderen Gruppen. Dadurch erweitert sich das Feld der Kulturerfahrung.
3. Die Phase der Freiarbeit hat ein klares Ziel, auf das sie hinausläuft. Das und die Möglichkeit, sich kreativ zu betätigen, fördert die Motivation zur Beschäftigung mit dem antiken Text.

Die Erfahrung hat gezeigt, dass es im Sinne der Verbindlichkeit und Vergleichbarkeit sinnvoll ist, drei Ansätze zur Auswahl zu stellen:

1. künstlerisch-kreative Umsetzung (Film, Fotostory, Comic etc.)
2. rezeptionsgeschichtliche Aufarbeitung (z.B. Daedalus und Ikarus)
3. sprachlich-textorientierte Präsentation, d.h. auf Basis ausgewählter Textpassagen wird die Metamorphose philologisch analysiert

Um auch hier das Gefühl der Beliebigkeit zu vermeiden, ist es wichtig, (a) klare Bewertungskriterien zu formulieren und den

---

[30] Für die E-Phase sind in Hessen in den Fremdsprachen zwei verbindliche Klausuren vorgesehen. Ideal wäre es, die zweite Klausur durch individuelle Präsentationen zu ersetzen, doch das ist nur in der Q-Phase möglich, sodass die Klausur stattfinden muss, die dann jedoch wenig Bezug zum konkreten

Schülern transparent zu machen und (b) Leitfragen vorzugeben, die bei der Präsentation beachtet werden müssen.[31]

Da in der E-Phase die Substitution einer Klausur durch eine solche Präsentation nicht möglich ist, kann die Bewertung der Arbeitsphase und der Präsentation nur in die mündliche Note eingehen. Die veranschlagte Zeit (z.B. ein Drittel des Halbjahres) gibt dabei den Faktor vor (z.B. 30%). Die Kriterien für die Zusammensetzung der Note müssen den Schülern ebenfalls transparent gemacht werden. Diese ergeben sich aus der Mitarbeit (Engagement während der Arbeitsphase), dem Anforderungsbereich der gewählten Aufgaben, der individuellen Entwicklung (erkennbar u.a. über dem Diagnosetest) und der Präsentation selbst. Erfahrungsgemäß sind die Noten im Schnitt besser als im traditionellen frontalgeführten Unterricht. Das hängt jedoch nicht damit zusammen, dass diese Unterrichtsform zu „weich" wäre, sondern dass sie jeden einzelnen Schüler, auch den, der sich im Frontalunterricht gerne einmal versteckt, zum Arbeiten anhält und ihm die Möglichkeit zur individuellen Förderung bietet.

6 Der Lehrer

Spätestens seit der Studie von John Hattie ist die Bedeutung des Lehrers für gelungenen Unterricht wieder in den Vordergrund gerückt.[32] Das gilt auch und besonders für den Lateinunterricht, für die hier vorgestellte Unterrichtsform ebenso wie für das klassische Unterrichtsgespräch.

Es ist falsch anzunehmen, individualisierte Lektüre käme allein mit guten Materialien aus und mache den Lehrer überflüssig. Das Gegenteil ist der Fall. Gerade bei dieser freien Arbeitsform, die die Zielsetzung verfolgt, Schüler an lateinische Literatur heranzuführen und sie zu motivieren, sich mit Originaltexten auseinander zu setzen, wäre es fatal, sich im Vertrauen auf die eigenen Mate-

---

Unterrichtsgeschehen haben kann, sondern sich einer allgemeineren Fragestellung widmen muss. Vgl. OAVO Hessen vom 20. Juli 2009, § 9 (5).

[31]   Vgl. Material 4 auf S. 78.
[32]   HATTIE 2013.

rialien zurückzulehnen und die Schüler „mal arbeiten zu lassen", schließlich habe man schon genug Arbeit im Vorfeld gehabt. Diese Arbeitsform ist im Gegenteil sehr fordernd, aber auch befriedigend. Anders als im klassischen Klassenunterricht hat man Zeit und Gelegenheit, einzelne Schüler individuell zu unterstützen und zu fördern, indem man sich zusammensetzt, um Zwischenergebnisse zu korrigieren und sofort Rückmeldung zu geben. Das ist die Unterstützung, die ein schwacher Schüler vielleicht braucht, um nicht vorschnell aufzugeben – Hinweise, wie er sinnvoll weiterarbeiten kann und welches Material ihm weiterhilft, es noch einmal selbst zu versuchen. Aber auch starke Schüler profitieren davon, wenn man ihnen zusätzliche Denkanstöße gibt, die im Unterrichtsgespräch einen Großteil der Schüler überfordern würden.

Eine Situation aus dem Unterricht mag verdeutlichen, wie man als Lehrer Schüler unterstützen kann, ohne Denkprozesse vorwegzunehmen: Die Schüler lasen die Zeitalter[33], und ich wurde von einer Gruppe von Jungen reichlich genervt um Rat gefragt, was das denn mit dieser seltsamen *pinus* auf sich habe. Ein Baum könne schließlich nicht einfach vom Berg hinabsteigen (zumindest solange es sich nicht um einen Tolkienschen Ent handelt, aber das hatten sie bereits ausgeschlossen). Dank meiner behutsamen Hinweise machte sich langsam Verstehen breit, bis ein Schüler triumphierend feststellte: „Also steht *pinus* für Schiff und das ist der Weg vom Baum bis zum fertigen Schiff!". Auf meine Anregung hin schlugen sie dann in ihrem Stilmittelkatalog nach und wurde fündig – und zeigten kurz darauf ohne Einhilfen, dass sie die Stilmittel der Metapher, der Personifikation und des Pars pro toto verinnerlicht hatten und auf andere Zusammenhänge anwenden konnten.

Unterstützung, ohne Denkprozesse vorwegzunehmen, motivierende Ansprache, Hilfestellung, um durchzuhalten und sich auch einmal an einer Schwierigkeit festzubeißen, Besprechung und Reflexion von Zwischenergebnissen, beraten, verbessern, motivieren, vor allem aber das Gefühl vermitteln, dass der Lehrer selbst Interesse daran hat, dass seine Schüler etwas lernen und Zugang zur

---

[33] Ov. *met.* 1, 89-150.

Lektüre finden – all das ist Aufgabe des Lehrers und kann vom Material allein nicht geleistet werden. Wenn es aber gelingt, Interesse zu wecken, den Schülern deutlich zu machen, dass der lateinische Literaturunterricht nicht losgelöst im Nirgendwo schwebt, sondern sich mit literarischen Texten beschäftigt und Erkenntnisse auch für andere Fächer fruchtbar sein können (z. B. Stilanalyse, die in der E-Phase auch im Deutschunterricht stattfindet), wenn es gelingt, Raum zum Staunen und Erfahren zu lassen und die Bedeutung der zeitlosen Fragen menschlichen Daseins für die Lebenswelt der Schüler aufzuzeigen, kurz, einen Funken des eigenen Feuers, mit dem man für sein Fach brennt, an die Schüler weiterzureichen und zu vermitteln, dass es sich lohnt, sich durchzubeißen, dann hat man viel gewonnen und vielleicht ein paar Schüler mehr dafür motiviert, dem Fach auch über das Latinum hinaus die Treue zu halten.

7 Fazit

Das vorgestellte Konzept ist kein starres Gerüst, sondern muss in seiner Ausarbeitung immer in Bewegung bleiben, um sich den Bedürfnissen der jeweiligen Lerngruppe anzupassen. Deshalb werden Aufgabenstellungen und Textbearbeitungen hier nur exemplarisch vorgestellt, sodass sie als Muster für eigene Ausarbeitungen dienen können, die es möglich machen, Schüler über einen individualisierten Ansatz zu motivieren, sich mit lateinischen Originaltexten zu beschäftigen, nicht mit Textschnipseln, sondern mit längeren, zusammenhängenden Texten, die den Lateinunterricht näher an das heranrücken sollen, was er in der Oberstufe eigentlich ist: Literaturunterricht.

Literatur

John Hattie, Lernen sichtbar machen. Überarbeitete deutschsprachige Ausgabe von „Visible Learning" besorgt von Wolfgang Beyl und Klaus Zierer, Baltmannsweiler 2013.

HESSISCHES KULTUSMINISTERIUM, Bildungsstandards und Inhalts-felder. Das neue Kerncurriculum für Hessen, Sekundarstufe I – Gymnasium, Latein, 2010. [KC Latein HE 2010]

HESSISCHES KULTUSMINISTERIUM, Lehrplan Latein. Gymnasialer Bildungsgang, 2010. [LP Latein HE 2010]

Gerhard HEY, Kompetenzorientiertes Lernen im Lateinunterricht, in: Friedrich MAIER / Klaus WESTPHALEN (Hgg.), Lateinischer Sprachunterricht auf neuen Grundlagen I (Auxilia; Bd. 59), Bamberg 2008, 97–127.

Friedrich MAIER, Latein – Fach ohne Identität? Das Kreuz mit der Kompetenzorientierung, in: Forum Classicum 54.3 (2011), 199–204.

Stefan KIPF, Kompetenzen im Lateinunterricht? – Bestandsauf-nahme und Perspektiven eines problematischen Verhältnis-ses, in: Latein und Griechisch in Berlin und Brandenburg 56.4 (2012), 63–77.

Peter KUHLMANN, Fachdidaktik kompakt, Göttingen ²2009.

Peter KUHLMANN, Lateinische Literaturdidaktik (Studienbücher Latein), Bamberg 2010.

Ingvelde SCHOLZ, Diagnose und Differenzierung, in: Marina KEIP / Thomas DOEPNER (Hgg.), Interaktive Fachdidaktik Latein, Göttingen ²2011, 175–189.

Ingvelde SCHOLZ, Pädagogische Differenzierung, Stuttgart 2010.

Ingvelde SCHOLZ / Karl-Christian WEBER, Denn sie wissen, was sie können. Kompetenzorientierte und differenzierte Leistungs-beurteilung im Lateinunterricht, Göttingen ²2011.

Abbildungsnachweis

Abb.1, S. 79: http://commons.wikimedia.org/wiki/File%3AApol-loAndDaphne.JPG [abgerufen am 08.09.2015; gemeinfrei nach Lizenz CC-SA 3.0].

Material 1: Ov. *met.* 1, 548–552

Vix prece finita, torpor gravis occupat artus.
Mollia cinguntur tenui praecordia libro,
in frondem crines, in ramos bracchia crescunt,   550
pes, modo tam velox, pigris radicibus haeret,
ora cacumen obit; remanet nitor unus in illa.

Kommentierung A

v. 548 *vix prece finita* = Ablativus absolutus — *torpor, -oris m.*: Er-starrung, Betäubung; überlege, wie man das dazugehörige Attri-but *gravis* sinnvoll übersetzen kann. — *artus*: Achte bei der Bestim-mung des Kasus auf die Deklination — **v. 549** Verbinde *mollia ...* *praecordia* und *tenui ... libro* — praecordia: Brust (Neutrum Pl.). — *liber, libri m.*: Bast — **v. 550** *in frondem crines*: Ergänze *crescunt*. — *in frondem crines, in ramos bracchia crescunt*: Überlege, wie man die Wendung *crescere in* hier sinnvoll ins Deutsche übertragen kann. — *frons, frondis f.*: Laub — **v. 551** *modo*: eben noch — *radix, radicis f.*: Wurzel; überlege, wie man das dazugehörige Attribut *piger* hier sinnvoll übersetzen kann und welches Bild an dieser Stelle gezeich-net wird. Beziehe auch das Prädikat *haeret* in deine Überlegungen mit ein. — **v. 552** *ora*: von *os, oris n.*; übersetze hier als Singular — *cacumen, -inis n.*: Wipfel — *obire*: werden zu — *unus*: allein, einzig; überlege, wie man unus hier sinnvoll konstruiert.

Kommentierung B

v. 548 *torpor, -oris m.*: Erstarrung, Betäubung; überlege, wie man das dazugehörige Attribut *gravis* sinnvoll übersetzen kann. — **v. 549** *liber, libri m.*: Bast — **v. 550** *in frondem crines, in ramos bracchia cres-cunt*: Überlege, wie man die Wendung *crescere in* hier sinnvoll ins Deutsche übertragen kann. — *frons, frondis f.*: Vorsicht! Verwechs-lungsgefahr! Beachte die Parallele zu *in ramos bracchia*. — **v. 551** *pigris*: Überlege, wie man *piger* hier sinnvoll übersetzen kann und welches Bild an dieser Stelle gezeichnet wird. Beziehe auch das Prädikat *haeret* in deine Überlegungen mit ein. — **v. 552** *cacumen, -inis n.*: Wipfel — *obire*: eigentlich wörtlich entgegengehen. Überle-

ge, wie man hier eine passende Übersetzung finden kann — *unus*:
Überlege, wie man *unus* hier sinnvoll konstruiert.

Material 2

Konstruktionen:
vix prece finita = Ablativus absolutus (Nachdem ...) (v. 548)

Ellipsen auflösen:
in frondem crines (crescunt), in ramos bracchia crescunt (v. 550)
oder
in frondem crines, in ramos bracchia crescunt = Achte auf die parallele
Konstruktion!

Bezüge durch Unterstreichen herausstellen:
<u>Mollia</u> *cinguntur* <u>tenui</u> <u>praecordia</u> <u>libro</u> (v. 549)

Umstellung:
Mollia cinguntur tenui praecordia libro = *Mollia praecordia tenui libro
cinguntur* (v. 549)
oder
Mollia praecordia | tenui libro | cinguntur
oder
Mollia praecordia (Subj.) *tenui libro* (Abl.) *cinguntur*.

Material 3

Mindeststandard

1. Nenne die Begriffe, die in die Sachbereiche „Baum" und „Körper" fallen.
2. Stelle einander gegenüber, was sich hier in was verwandelt
   (z.B. *crinis – frons*).
3. Beschreibe die Verwandlung mit eigenen Worten.

Regelstandard

1. Untersuche, welche Körperteile der Nymphe sich in welche Bestandteile eines Baums verwandeln und stelle die lateinischen Begriffe einander gegenüber.
2. Erläutere den Ablauf der Verwandlung.
3. Daphne verwandelt sich in einen Lorbeerbaum. Suche im Internet ein Bild dieser Pflanze und erkläre, was mit *remanet nitor unus* gemeint ist.

Expertenstandard

1. Vergleiche die Darstellung der Verwandlung Daphnes, wie sie die in den Jahren 1622–1625 entstandene Skulptur Gian Lorenzo Berninis zeigt (Abb. 1, S. 79), mit der Darstellung in der vorliegenden Textstelle. Untersuche, inwieweit der Bildhauer Ovids Vorlage folgt (verwende dabei die lateinischen Begriffe) und beurteile, ob Berninis Werk die Verwandlung angemessen darstellt.
2. Daphne hat ihren Vater um eine Verwandlung gebeten. Diskutiere, ob Daphne mit diesem Ergebnis wohl zufrieden ist.

Material 4

- Wird der Text inhaltlich richtig erfasst und wiedergegeben?
- Werden zentrale Leitfragen in die Präsentation eingebracht?
- Grad der Textreflexion (reproduktive Darstellung oder gekonnte Analyse und Bearbeitung zentraler Fragen des Texts?)
- Gelingt die Konzentration auf zentrale Themen / Abschnitte?
- Eigenständigkeit
- Moderation (wenn sinnvoll)
- Visualisierung (wenn sinnvoll)
- Kreativität

Abbildung 1: Apollo und Daphne, Skulptur von Gian Lorenzo Bernini in der Galleria Borghese

Hans-Joachim Glücklich

Bild und Text im altsprachlichen Unterricht*

1 Der affektive Wert des Bildes in Zusammenhang mit dem Erkennen – Bild- und Textwirkung in Rom und in der Antike

Der berühmte Rhetoriklehrer Quintilian (Marcus Fabius Quintilianus) wundert sich über den Einsatz von Bildern im Gerichtsprozess. In seiner *Institutio oratoria* („Schule der Redekunst", veröffentlicht 95 n. Chr.) 6,1,30 schreibt er über Mittel, den Richtern die zur Verhandlung stehende Tat vor Augen zu führen (*rerum ... velut in rem praesentem animos hominum ducentium*):

> Aber nicht nur durch Reden, sondern auch, indem wir etwas tun, rufen wir Tränen hervor. Daher kommt die Sitte, erstens genau die, die durch den Prozess in Gefahr sind, den Richtern in schmutziger Kleidung und derangiert vorzuführen, zweitens ihre Kinder und Eltern. Und wir sehen drittens, dass von den Klägern ein blutverkrustetes Schwert vorgezeigt wird und Knochen, die aus der Bestattungsfeier herausgeholt wurden, und Kleidungsstücke, die mit Blut getränkt sind, und dass von Wunden die Bedeckung weggerissen wird und geprügelte Körper entblößt werden.

Was Quintilian meint, kann man am Prozess gegen Manlius Aquilius im Jahr 98 v. Chr. sehen, wo der Redner Antonius genau dies tat (vgl. Ciceros Rede *pro Manlio Aquilio* aus dem Jahr 98 v. Chr. und *de oratore* 2,124; auch: Cicero, *Brutus* 52, *de officiis* 2,14, *pro Plancio* 39, *de oratore* 28,47).

---

* Veränderte und um Übersichten ergänzte Fassung meines Vortrags „Textwelt und Bildwelt. Bilder im Lateinunterricht als Hilfe zum Verständnis lateinischer Texte" am 21.01.2014 an der Philipps-Universität Marburg.

Quintilian schreibt weiter (*institutio oratoria* 6,1,31–32):

(31) Die Wirkung dieser Dinge ist meistens gewaltig, weil sie gleichsam die Seelen der Menschen direkt in die Tat hinein-führen. So hat es das römische Volk zur Raserei gebracht, dass die blutverschmierte Purpurtoga Gaius Caesars bei sei-nem Leichenzug vorangetragen wurde. Es war sich bewusst, dass er durch Gewalt getötet worden war – schließlich lag tatsächlich sein Leichnam auf der Bahre –, trotzdem mach-te dieses Kleidungsstück, weil es von Blut triefte, das Bild des Verbrechens gegenwärtig – in einem Ausmaß, dass man nicht glaubte, Caesar sei schon ermordet worden, sondern er werde eben in diesem Moment ermordet. (32) Aber des-wegen möchte ich nicht ein Geschehen für gut halten, von dem ich erstens lese und das ich zweitens einmal auch selbst mit angesehen habe: dass man auf einer Holztafel oder auf Leinwand ein Bild des Geschehens in den Einzelheiten dar-stellt, durch dessen Abscheulichkeit der Richter stark bewegt werden musste. Was für eine babyhafte Sprachlosigkeit ist es nämlich für einen Akteur vor Gericht, wenn er glaubt, dass jenes stumme Bild mehr als seine Rede für ihn spricht?[1]

Quintilian unterscheidet also 1. Bilder und ihre Wirkung, 2. Spra-che und ihre Wirkung. Man kann schon an den zitierten Ausfüh-rungen erkennen:

1. Die **Wirkung** steht als Ziel im Brennpunkt. Das ist auch von allen, die heute Latein studieren und lehren, zu beherzigen. Lateinische Texte lassen sich zwar analysieren und interpre-tieren und das ist ein wichtiges Ziel. Sie dürfen aber nicht emotionslos gelesen und vor allem nicht emotionslos vorge-tragen werden, übrigens auch nicht zu schnell „herunterge-lesen" werden.
2. Quintilian konzediert die **Macht des Bildes** und der Anschau-ung. Sie setzt Gefühle in Bewegung, selbst dann, wenn der

---

[1]   Quintilian nennt ein solches Bild *muta effigies*. – Es ist aber fraglich, ob die zi-tierte Stelle überhaupt auf ein Bildnis Caesars anspielt. Eher ist sie allgemein auf die Darstellung von Morden in Bildern gemünzt. Die andere Stelle, die Lahusen 1984 nennt, ist Appian, *Bellum civile* 2,147; dort ist von einem Bild

Verstand ganz anderes erkannt hat. Man könnte auch die Reaktion des Aeneas vergleichen, der Turnus schon schonen will (Verg. *Aen.* 12,940 f.), dann aber das Wehrgehenk des Pallas bei Turnus sieht und von Emotionen überwältigt wird (Verg. *Aen.* 12,994–947).

3. Es gibt eine **Macht des Wortes** in der Rede, die dasselbe erreichen kann, wenn der Redner gut ist. Quintilian denkt aber hier zunächst an Gerichtsreden, nicht an andere Textsorten.

Schon aus einer hier versuchsweise eingenommenen römischen Sicht kann man sagen: Die beiden Standpunkte von der Macht des Bildes und der Macht der Rede müssen und können nicht als Gegensatz aufgefasst werden. Bilder haben einen affektiven Wert und Texte auch. Aber die Schwierigkeit der Texte lässt dies manchmal in den Hintergrund treten und so helfen Bilder. Man kann manchmal sogar umgekehrt erleben, dass Texte Bilder erklären, korrigieren, das Verhältnis Text–Bild ist keine Einbahnstraße.

2 Die Macht der Bildwelt in Rom

Für Römer waren Texte unmittelbar mit Anschauung verbunden. Wenn es sich nicht gerade um hochgelehrte oder philosophische Texte handelte, kannten sie die erwähnten Sachen und Personen und sei es auch nur aus anderen Erzählungen oder aus Statuen und Büsten. Ihre Umgebung, die sie jeden Tag sahen, vermittelte die Kenntnis der Realien. Die Macht der Bildwelt war in Rom sehr umfassend. Römer der Antike waren extrem visuell orientiert. Um dies besser zu verstehen, muss man sich die Macht des Bildes für Römer und die Art der Textrezeption der Römer verdeutlichen.

In der **Öffentlichkeit** wirkten zum Beispiel:

1. die Symbolkraft von Feldzeichen, Büsten, Reliefs, religiösen Zeremonien, Priesterkleidung, Hochzeitsriten, Geburtsformalitäten (z.B. das Aufheben eines Neugeborenen vom Boden

---

Caesars aus Wachs die Rede, das „menschenähnlich" (*andreíkelos*) war und Caesar wie anwesend vorstellen sollte.

und die Anerkennung als Kind durch den Vater, *tollere*), Trauerzügen, Begräbnissen;

2. die Anlage und die Fassade von Bauten (die z.B. bei Augustus Bescheidenheit, bei Nero in seiner *„domus aurea"* Prachtentfaltung zeigten), Standort der Bauten (über der Stadt, in der Stadt, an einer tiefgelegenen oder höher gelegenen Stelle), Wandgemälde, Graffitti, Bänder bei Opfertieren, Feste;

3. die Götterwelt, zu denen auch Haltungen gehörten, die aus Begriffen zu Figuren wurden: Concordia, Clementia. Selbst Venus war wohl einmal eigentlich eine Sache, wie die Deklination nach dem Muster der neutralen Wörter *genus* und *corpus* zeigt.

4. Das Auftreten von Amtspersonen erfolgte in einer Amtskleidung mit Purpurstreifen, war begleitet von Wach- oder Beeindruckungspersonal wie den Liktoren, die mit den Rutenbündeln Macht über Leben und Tod symbolisierten.

5. Theater, Mimus, Riten, Mysterien, Münzen. Münzbilder verbreiteten Kaiserbilder und politische Programme, etwa das der *clementia*. Geschichtsreliefs, etwa auf der Trajanssäule, erzählten der Bevölkerung in diesem Falle die Leistungen ihrer Führer oder ihre eigenen Leistungen.

6. Einen Höhepunkt in der heutigen Rezeption der Bildwelt der Antike stellt die Entdeckung der umfassenden Propaganda des Augustus durch die Beeinflussung der visuellen Kanäle der Römer dar.

Für das antike Rom ist vor allem Augustus wegen seiner Bildpolitik und Bildpropaganda bekannt. Im 20. Jahrhundert sind neben die Architektur und die Bildhauerei das Foto und vor allem der Film als Wirkungsfaktor und Beeinflussungsfaktor getreten.

Meisterlich hat dies die berühmte Leni Riefenstahl mit ihren Filmen von der Olympiade 1936 und vom Parteitag der NSDAP gezeigt. Sie ist zwar bis heute umstritten, aber nicht künstlerisch, sondern wegen ihrer Tätigkeit für die nationalsozialistische Propaganda. Ihre Kameraeinstellungen und ihre Lichtregie werden bis heute nachgeahmt, so etwa im Film *Gladiator*, wofür sich dessen Regisseur natürlich rechtfertigen musste.

Die Macht der Bilder in Rom wird in vielen Veröffentlichungen seit ZANKERS epochemachendem Werk hervorgehoben.[2]

Bilder umgaben den römischen Menschen auch in seinem Privatleben. Die Ahnen standen am Hausaltar und waren gleichzeitig immer gegenwärtig. Imaginär schwebten sie als Manen umher. Real wurden ihre Bilder an speziellen Festen auf Kissen umhergetragen. Gebrauchsgegenstände des alltäglichen Lebens wie Spiegel, Gürtel, Schnallen zeigten Symbole oder mythologische Szenen. Wandgemälde repräsentierten oder animierten oder verschafften die Illusion einer weiten Landschaft. Erotische Szenen in Bordellen sollten anregen. Ganze Bildprogramme in Häusern Pompejis vermittelten eine Auffassung vom Leben in seinen verschiedenen Facetten der jungen und der alten Liebe.

Im *Eunuchus* des Terenz (Ter. *Eun.* 583–591), wirkt das Bild von Zeus, der als Goldregen in Danae eindringt, so stark auf den jungen Chaerea, dass er sich an einem jungen Mädchen vergeht, mit der er als vermeintlicher Eunuch in einem Zimmer alleine ist.

Das in manchen Filmen verwendete Motiv, dass sich Figuren aus dem Film herauslösen und gleichsam ins Publikum gehen, ist vorgeprägt durch den Roman des Longos *Daphnis und Chloe*, wo sich Figuren eines Gemäldes zu realen Personen wandeln. Der Roman beginnt mit der Betrachtung eines Gemäldes im Nymphenhain auf Lesbos, er inspiriert Longos dazu, statt mit dem Pinsel mit dem Griffel zu arbeiten (so sein Vorwort).

Die Pinacotheca-Szene in Petrons *Satyrika* 83,1–6 zeigt einen Menschen, der Bilder aus seiner aktuellen Erfahrung heraus deutet und sich von ihnen prägen lässt, ebenso wie Aeneas in Karthago (Verg. *Aen.* 1,450–497).[3]

3 Die Ekphrasis als Erweiterung der Textdimension

Am meisten hat für die Verbindung von Gemälde oder Skulptur und literarischem Werk das besondere Kunstmittel der Ekphrasis zu bedeuten. Ekphrasis kann man kurz so definieren: Einschub

---

[2] Vgl. ZANKER 2009, HÖLSCHER 1984 und HÖLSCHER 1987.
[3] Vgl. dazu EIGLER 2004, 73–101.

einer längeren anschaulichen Beschreibung in eine Erzählung. Erzählung kann dabei die Erzählung innerhalb eines Epos, eines Dramas (meist Botenberichte) oder eines Gedichts, z.B. in einer Elegie, meinen.

Berühmte Beispiele der Ekphrasis sind:

1. Die Beschreibung der Abbildungen auf dem Schild Achills (Hom., *Il.* 18,468–608).
2. Die Beschreibung der Abbildungen auf dem Schild des Aeneas (Verg., *Aen.* 8,626–731). Diese Beschreibungen ermöglichen es, in den Ablauf des epischen Geschehens Vergangenheit und Zukunft hineinzunehmen. Dadurch wird das dargestellte epische Geschehen in seiner zeitlichen, geschichtlichen, teleologischen Dimension beleuchtet.
3. Properz, Elegie 4,1–54: Geschichte Roms als Hintergrund für die Entscheidung der *persona* Properz, Liebeselegien zu dichten.
4. Die Betrachtung von Darstellungen auf Reliefs (Verg. *Aen.* 1,450–497) und auf einem Schild (Verg. *Aen.* 8,609–731) lösen Reflexionen des Betrachters aus und prägen und beeinflussen das Handeln der dargestellten Akteure ebenso wie die Rezeption des Lesers. Aeneas wird in der Darstellung im 8. Buch der Aeneis (8,609–731) nicht nur von Venus umarmt, sondern er wird mit ihren Waffen eingehüllt und die gesamte römische Geschichte bildet nunmehr seine Außenhaut; Vergil drückt es vornehmer aus: *miratur rerumque ignarus imagine gaudet/ attollens umero famamque et fata nepotum* (Verg. *Aen.* 8,730–731). Ein Buch mit dem Titel „Was sie trugen" beschreibt das Leben und die Haltung der amerikanischen Soldaten im Vietnamkrieg (1965–1975): Sie trugen nicht nur ihre schwere Ausrüstung, sondern eben auch all die amerikanischen Werte, die ihnen vermittelt worden waren, und zudem die Verpflichtung, sich vor ihren Kameraden zu bewähren.[4] Sie wussten es. Da hat es Aeneas gerade in diesem Augenblick einmal etwas einfacher, wenn er *ignarus imagine gaudet*.

---

[4]   Vgl. O'BRIEN 1999.

Nur der Autor weiß es: „Er trägt auf der Schulter Ruhm und Schicksal der Nachkommen" (Verg. *Aen.* 8,731).

4 Stil und Klang

Hinzu kamen stilistische Mittel und der Klangeindruck. Die abbildende Wortstellung macht mit der Abfolge der Wörter optisch den Inhalt sichtbar. Und man las halbleise oder halblaut mit. Stilfiguren sind oft Klangfiguren, der Versrhythmus versetzt wie der Prosarhythmus mit seinen Klauseln den Leser oder Hörer in Schwingungen. Klangwirkungen verbildlichten den Inhalt.[5]

5 Einsatz von Bildern im altsprachlichen Unterricht am Beispiel des Lateinunterrichts

Es ist nicht verwunderlich, dass sich viele Politiker und Kommunikationsexperten die Macht des Bildes zunutze machen. Man muss nur an die kunstvoll gestellten Photographien von Politikertreffen denken, wo es zum Beispiel darauf ankommt, wer links und wer rechts steht und wessen Hand im Auge des Zuschauers die Hand des anderen bedeckt, wo etwas weggelassen oder hinzugefügt oder sonstwie retuschiert werden kann. Und natürlich haben auch Pädagogik, Didaktik und Methodik des Unterrichtens das Bild vereinnahmt und sich zunutze gemacht.

Für die Geschichte des Lateinunterrichts gilt erst recht: Bilder haben einen affektiven Wert und Texte auch. Aber die Schwierigkeit der Texte lässt dies manchmal in den Hintergrund treten und so helfen Bilder.

Der Einsatz von Abbildungen ist nicht mehr aus dem Lateinunterricht wegzudenken. Er wurde zunächst davon veranlasst, dass Menschen Anschauung verlangen und benötigen.

Zuerst wurden in Lehrbüchern und Textausgaben der 70er Jahre Zeichnungen, dann Abbildungen aller Art verwendet, um aus den sogenannten „Bleiwüsten" der Texte herauszukommen. Erst langsam besann man sich auf Comenius zurück und setzte Abbildun-

---

5 Vgl. GLÜCKLICH 2009, 14 f., GLÜCKLICH 2004, 83–106, GLÜCKLICH 2003, 1–24.

gen ein, um ein besseres Verständnis der Texte und der Vokabeln zu erreichen. Comenius benutzte Zeichnungen, um Vokabular und Phraseologie zu einem bestimmten Themenbereich in einen Sachzusammenhang zu stellen. Es waren allerdings Zeichnungen im Stil seiner Zeit, Rom und seine Menschen erschienen als eine Mischung aus dem 1. und dem 17. Jh. n.Chr.[6]

Im 19. Jahrhundert hatten publikumsorientierte Zeichner und Maler bereits vorgemacht, wie man einem nicht fachgebildeten, aber interessierten Publikum die Antike nahebringt, auch ohne Texte. Ein Beispiel ist der Maler und Zeichner Heinrich Leutemann. Heinrich Leutemann (1824–1905) war seit 1850 Illustrator der in Leipzig erscheinenden Massenzeitschrift *Gartenlaube* und arbeitete ebenso für die Reihe „Münchener Bilderbogen", die sich an ein breites Publikum wandte und die Jugend ansprechen sollte. Für diese Reihe zeichnete er unter anderem Schlüsselereignisse der antiken Geschichte. Blatt 13 der „Bilder aus dem Altertume" zeigt „Die Karthager". Es ist nichts anderes als Hannibals Alpenübergang.[7]

Nach der ersten Einführung von Abbildungen in Lehrbüchern und Texten sah man mehr als nur die Notwendigkeit einer zur Lektüre anregenden Bebilderung, die mehr oder minder locker mit dem Text verbunden war.

Die Didaktik des altsprachlichen Unterrichts entwickelte sodann ihre erste Lernzielmatrix mit den Gruppen S, L, G und H (Sprache, Literatur, Geschichte, Humanismus / Fortwirken) und erkannte schließlich, dass lateinische Texte den Hintergrund der Antike benötigen, um verstanden zu werden. Römisches Recht und klassische Archäologie wurden als unbedingte Voraussetzungen zum Verstehen eines Textes erkannt. Die Gruppe „Archäologie" meinte nicht nur Bauwerke und antike Geräte und Haushaltswaren, sondern auch Wandgemälde, Statuen, Büsten, Reliefs, ziselierte Gefäße und Vasenbilder.[8]

---

[6] Siehe Literaturhinweise. Text in der Abbildung auf der Titelseite: *Omnia sponte fluant, absit violentia rebus.*
[7] Dazu: GLÜCKLICH 2015.
[8] Beispiele: WÜLFING 1979, GERMANN / WÜLFING 1979.

Danach erkannte man den Wert der Betrachtung des Fortwirkens und suchte zunächst nach Spuren der Römer in den deutschen Regionen und nach Darstellungen römischer Geschichte in späteren Kunstwerken. Dem entsprechen viele Themen in Lehrplänen und Textausgaben, die den Spuren der Römer und dem Fortwirken der antiken Kultur in einzelnen Regionen und Bundesländern nachgehen.[9]

Ebenso entwickelte man die sogenannte Museumspädagogik. Leider ging eine Zeitschrift „Schule und Museum" bald wieder ein, obwohl sie gute Anregungen geben konnte. Schließlich gelangte man bei der hohen und bei der Popkunst an. Comics wurden als Motivatoren hochgelobt, eindrucksvolle Historiengemälde wurden zur Darstellung der Rezeption der Antike verwendet. Systematische Überblicke zur Nachwirkung antiker Texte in der bildenden Kunst wurden angelegt und sind auch im Internet zu finden. Besonders deutlich hat dann Werner SUERBAUM in vielen Ausstellungen auf die Bedeutung der Rezeption der Antike in Werken der bildenden Kunst hingewiesen. Aus seiner Schule stammt auch das Überblickswerk von Renate PIECHA (s. Literaturhinweise). Dies ist heute erst recht von Bedeutung, weil immer mehr Wirkung von Bildern statt von Texten ausgeht. Man hat dementsprechend von der ikonischen Wende oder dem *iconic turn* gesprochen.[10]

In den kompetenzorientierten Lehrplänen wird die Auswertung von archäologischen Zeugnissen und von Gemälden ausdrücklich als Mittel zum Textverständnis, zum Verständnis der Antike und zum Erkennen der reichen Rezeption von Texten verlangt.

6 Einsatzmöglichkeiten

Die Einsatzmöglichkeiten von Abbildungen im Latein- und Griechischunterricht sind vielfältig (hier muss ich mich auf eine Übersicht beschränken):

---

9   Die Werke aus dem Konrad Theiss Verlag sind wahre Fundgruben. Beispiele: FILTZINGER/PLANCK/CÄMMERER 1986, CÜPPERS 1990.

10   Vgl. http://www.youtube.com/HubertBurdaStiftung und http://de.wikipedia.org/wiki/Ikonische_Wende.

1. Illustration. – 2. Einstimmung. – 3. Einstieg. – 4. Hilfe zur Texterschließung. – 5. Hilfe bei kursorischer Lektüre. – 6. Hilfe bei zweisprachiger Lektüre. – 7. Ansatz oder Gegenpol für die Textinterpretation. – 8. Kontrolle der Interpretation. – 9. Neue Sicht des Textes. – 10. Erkennen der Bedeutung des Inhalts und der Personen und ihrer wechselnden Beurteilung bzw. verschiedener Beurteilungsmöglichkeiten. – 11. Hilfe zur Gliederung eines Textes oder eines ganzen Buches. – 12. Anregung zur Auswahl von Kernstellen. – 13. Rückblick auf den gesamten Text. – 14. Erkennen der Eigenheiten eines literarischen Werks. – 15. Erkennen der Bedeutung eines historischen Ereignisses. – 16. Erkennen der Charakteristika einer Person (Caesar, Hannibal, Augustus, Helden der Frühzeit und der Republik, Kaiser und Feldherrn). – 17. Erkennen der Eigenarten eines Volkes (Römer, Germanen, Kelten, Judäer) bzw. des Bildes, das sich ein Autor von ihnen macht. – 18. Erkennen der Quellen von Filmen und Darstellungen über die Antike. – 19. Erkennen der Charakteristika einer Epoche. – 20. Erkennen der Bedeutung der Antike.[11]

7 Methoden der Bildbeschreibung – Entwicklungen in der Methodik der Bildbetrachtung und im Text-Bild-Vergleich

Bildbetrachtung kann als Bildanalyse gelehrt werden, Bildbetrachtung kann aber auch von den spontanen Eindrücken der Betrachter ausgehen. Man könnte grob eine Einteilung der Betrachtungsmodelle und -vorschläge danach vornehmen, ob sie vom Gemälde ausgehen oder von einem literarischen Werk, dem ein Gemälde didaktisch oder philologisch zugeordnet wird. Literaten, Kunsthis-

---

[11] Von den vielen Einsatzmöglichkeiten können hier und konnten im Vortrag nur wenige an Beispielen vorgeführt werden. Den Einsatz als Einstieg zeigt die unten erwähnte Textausgabe von M. FRISCH, den Einsatz als Texterschließungshilfe zeigt das später gegebene Beispiel zum ersten Text der alten Ausgabe des Cursus Latinus; zum Vergleich mit Texten sei auf das Beispiel des Münchner Bilderbogens und die Darstellung bei Nepos, *Hannibal* c. 3 hingewiesen (dazu GLÜCKLICH 2012). Zur Charakterisierung einer Person sei auf GLÜCKLICH 2014, 93–100 hingewiesen, zur Charakterisierung einer Epoche und der Antike auf GLÜCKLICH 2014.

toriker, Pädagogen, Didaktiker haben ganz unterschiedliche Vorstellungen von der Eigenart von Bildern und Texten, von den Unterschieden der Text- und der Bildbetrachtung oder von den Gemeinsamkeiten einer Text- und Bildbetrachtung entwickelt. Einige davon seien im Folgenden genannt.

1. Bilder können erzählen, literarische Werke können erzählen. Beide Kunstgattungen haben ihre eigenen Gesetze des Erzählens. Diese Unterscheidung ist bekannt, seit Gotthold Ephraim LESSING in seinem Werk *Laokoon oder Über die Grenzen der Malerei und Poesie. Mit beiläufigen Erläuterungen verschiedener Punkte der alten Kunstgeschichte*, Berlin 1766, versucht hat, die Unterschiede zwischen einem Erzählwerk, in seinem Fall dem Epos, und einer Statue herauszuarbeiten, in seinem Fall der Laokoonstatue im Vatikan. Lessing stellt grundlegende Unterschiede zwischen bildender Kunst und Literatur dar: Malerei und Dichtung seien nicht vergleichbar, Poesie ordne Worte in einer zeitlichen Abfolge. Malerei ordne die Komponenten einer Darstellung räumlich nebeneinander und wirkt durch Farben und Formen. Demzufolge

> können nebeneinander geordnete Zeichen auch nur Gegenstände, die nebeneinander, oder deren Teile nebeneinander existieren, aufeinanderfolgende Zeichen aber auch nur Gegenstände ausdrücken, die aufeinander, oder deren Teile aufeinander folgen.

Die Malerei könne deshalb nur Gegenstände darstellen, die Dichtung nur Handlungen. Da die Malerei nur einen Augenblick der Handlung durch den Gegenstand darstelle, müssten Maler

> den prägnantesten wählen, aus welchem das Vorhergehende und Folgende am begreiflichsten wird. Ebenso kann auch die Poesie in ihren fortschreitenden Nachahmungen nur eine einzige Eigenschaft der Körper nutzen, und muss daher diejenige wählen, welche das sinnlichste Bild des Körpers von der Seite erwecket, von welcher sie ihn braucht.

Lessing sagt, dass der Maler den Moment einer Handlung darstellen müsse, in dem die ganze Handlung zusammengefasst sei und aus dem sich der Betrachter die ganze Geschichte selbst entwickeln könne. Umgekehrt empfiehlt er Dichtern, Gegenstände nicht zu beschreiben, sondern in Handlungen darzustellen, als etwa Agamemnons Waffen und Kleidung nicht zu beschreiben, sondern Agamemnon beim Anlegen der Kleidung und Waffen darzustellen.[12]

2. Luca GIULIANI übt eine grundsätzliche Kritik an Lessings Vorstellungen von Bild und Text. Beim Text folge der Leser der Anordnung des Autors. Beim Bild könne es sich der Betrachter aussuchen, wo er beginne und in welcher Reihenfolge er die Einzelheiten des Bildes betrachte. Das Betrachten eines Bildes und das Hören oder Lesen eines Textes sind beides Vorgänge in der Zeit. Bei Texten entscheidet der Autor oder Sprecher darüber, in welcher Reihenfolge der Rezipient etwas erfährt. Bei Bildern hingegen könne der Betrachter entscheiden, wo er anfängt.

Deswegen könnten Bilder nicht so wie Texte den Rezipienten lenken und durch die Stufen einer Handlung begleiten. Damit sei die Unterscheidung von „Vorher" und „Nachher" undeutlich, kausale Verknüpfungen könnten nicht entwickelt werden. Hiergegen wäre einzuwenden, dass auch der bildende Künstler Mittel hat, den Betrachter so zu lenken, dass er auf einen bestimmten Punkt des Bildes zuerst schaut. Die Suche nach kausalen Verknüpfungen liegt im Leser wie im Betrachter und auch Texte unterlassen manchmal die explizite kausale Verknüpfung und regen diese im Leser an, z.B. Seneca in seinen Briefen. Aber in der Tat ist beim Betrachten von Gemälden mehr als nur eine einzige Verknüpfung möglich.

3. Für Gemälde ist insbesondere das Beschreibungsmodell Erwin PANOFSKY bekannt geworden.[13] Ihm zufolge gibt es die

---

[12] Zu Gotthold Ephraim LESSING und allen sonst in diesem Abschnitt genannten Autoren (Luca GIULIANI, Erwin PANOFSKY, Kristina LANGE, Georg GÖTZ, Wendy BECKETT, Andreas SCHOPPE, Boris Andreyevich USPENSKY, Horst MEUSEL, Johanna SALSA / Stefanie MANSEK, Julia SCHÄFER-SCHMITT) vgl. die Angaben in den Literaturhinweisen.

[13] PANOFSKY 1979. – Das Modell ist in übersichtlicher Form dargeboten von Julia SCHÄFER-SCHMITT 2013, 22 (mit Erläuterungen auf den Seiten 23–24 und Arbeitsblatt auf S. 25).

folgenden Schritte der Interpretation und die folgenden dazu notwendigen Kenntnisse sowie dafür erforderlichen Kontrollmöglichkeiten:

1. *Schritt: Vorikonographische Beschreibung:* a) Notwendige
Kenntnisse: Praktische Erfahrung (Vertrautheit mit Gegenständen und Ereignissen). – b) Erforderliche Kontrollmöglichkeiten: Stil-Geschichte (Einsicht in die Art und Weise, wie
unter wechselnden historischen Bedingungen Gegenstände
und Ereignisse durch Formen ausgedrückt wurden).

2. *Schritt: Ikonographische Analyse:* a) notwendige Kenntnisse:
Kenntnis literarischer Quellen (Vertrautheit mit bestimmten
Themen und Vorstellungen). – b) Erforderliche Kontrollmöglichkeiten: Typen-Geschichte (Einsicht in die Art und Weise,
wie unter wechselnden historischen Bedingungen bestimmte
Themen oder Vorstellungen durch Gegenstände und Ereignisse ausgedrückt wurden).

3. *Schritt: Ikonologische Interpretation:* a) Notwendige Kenntnisse: Synthetische Intuition (Vertrautheit mit den wesentlichen Tendenzen des menschlichen Geistes), geprägt durch
persönliche Psychologie und „Weltanschauung". – b) Erforderliche Kontrollmöglichkeiten: Geschichte kultureller Sym-
ptome oder „Symbole" allgemein (Einsicht in die Art und
Weise, wie unter wechselnden historischen Bedingungen wesentliche Tendenzen des menschlichen Geistes durch bestimmte Themen oder Vorstellungen ausgedrückt wurden).

4. Gegen die einfache Übertragung des Modells Panofskys wendet sich Kristina LANGE, weil sie darin Gefahren für die kom-
petente Behandlung des Bildes in der Geschichtswissenschaft
und Geschichtsdidaktik sieht.[14] Lange lehnt das einfache
„Heben" von Bildaussagen ab. Sie erweist, so GÖTZ, durch
Untersuchung des Schülerverhaltens: Die Art und Weise, wie
sich Lerner den Bildquellen nähern, ist sehr unterschiedlich;
die von den Didaktikern so sorgfältig getrennten Bereiche
„Beschreiben", „Analysieren" und „Interpretieren" gehen

---

[14] Die Sprache der Verfasserin scheint mir allerdings ebenso wie die des Rezen-
senten GÖTZ nicht immer empfehlenswert.

wild durcheinander (vgl. S. 271). Die einzelnen Verstehens-prozesse laufen in unterschiedlicher Verarbeitungstiefe gleichzeitig ab, Bildverstehen ist ein „interaktiver, konstruktiver und kognitiver Prozess" (S. 271, referiert nach GÖTZ). So weit ist aber dieses Modell nicht von dem Panofskys entfernt, LANGE verwendet dieselben Analysetechniken, betont nur, dass man dabei nicht real die Abfolge so vornehmen und die Stufen so voneinander separieren kann.

5. Eine ganz persönliche Methode: Sister Wendy's Kunstgeschichte(n). Bilder reden zum Betrachter. Dieser kann hinschauen oder sich abwenden. Es hängt von dem Geschick des Malers und der Interessenslage und Gemütslage des Betrachters ab, wo er im Bild zu lesen anfängt und wie er weiterliest, ob systematisch oder unsystematisch, aber vielleicht ganz originell und in jedem Fall auf ihn selbst, den Betrachter bezogen. Er formt sich aus seiner Art des Betrachtens eine Story, die mal mehr dem Bild, mal mehr seinem Empfinden entspricht. Das Buch Sister Wendys war hier epochemachend und gewann auch als Fernsehserie in den USA ein großes Publikum.

6. Andreas SCHOPPE rät ganz in diesem Sinn unter anderem zu einer aktiven Auseinandersetzung mit einem Gemälde in den folgenden Schritten: Erster Eindruck; Angaben zu Bildautor, Titel und Entstehungszeit. – Abgleich mit eigenen Interessen, Ideen Vorerfahrungen und Fragen. – Bestandsaufnahme von Bildgegenständen und Motiven. – Analyse formaler Phänomene. – Erschließung von Bildgehalten durch fiktive Beauftragung eines Malers, ein Bild zu malen. – Ergänzung der eigenen Interpretation durch Vergleich mit der Textvorlage und Vergleich mit einem anderen Bild zum selben Thema. – Vertiefung der Interpretation durch einen fiktiven Brief an den Bildautor. Er betont: Es gehen Bezüge zwischen den einzelnen Etappen hin und her; die Etappen sind nicht nur und nicht immer eine Sequenz. Damit ist sein Ansatz dem Langes ähnlich, der ebenfalls 2011 veröffentlicht wurde.

7. Boris Andreyevich USPENSKY nennt als Ausdrucksmittel des Bildes und als Wege der Bildbeschreibung vor allem: Form,

d.i. Bildaufbau; Farbgebung; Spannungsverhältnis zwischen den Teilen des Bildes.

In mannigfacher Weise ist versucht worden, diese textkonstituierenden Elemente stärker oder schwächer mit Bildelementen gleichzusetzen und daraus ein Vergleichsmodell zu entwickeln. Unbedingt hinzuweisen ist auf eine ältere Veröffentlichung, die leider nicht in der Didaktik des altsprachlichen Unterrichts rezipiert worden ist. Erstmals für den altsprachlichen Unterricht hat Horst MEUSEL ein passables Verfahren geschildert. Er wendet die Prinzipien USPENSKY an und stellt neben sie vergleichbare Textbeobachtungskriterien.

8. Bedenkenswert sind auch die Vorschläge, die Johanna SALSA und Stefanie MANSECK unter Berücksichtigung der Vorgängerliteratur, jedoch ohne MEUSELS Beitrag zu erwähnen, gemacht haben. Sie versuchen, Textarbeit und ihrer eigenständigen Erfordernisse und Bildarbeit und deren eigenständigen Ansprüche beim Besuch von Ausstellungen zu kombinieren:

> Das Bild und der Text stellen selbstständige Kunstwerke dar, die sich gegenseitig „befruchten" können. Die entscheidende Rolle kommt hierbei den Führungsblättern und den darin geäußerten Fragen zu:
> - Welchen Teil der Handlung hat der Maler für seine Darstellung ausgewählt?
> - Welche Gründe könnten ihn dazu veranlasst haben?
> - Wie hat er die Handlung dargestellt? Welche Unterschiede und Gemeinsamkeiten zwischen der bildlichen Darstellung und der Textaussage lassen sich erkennen?
>
> Hierbei ist die genaue Beobachtung des Textes und des Bildes und der Vergleich zwischen diesen entscheidend.

> Es kommen also auch drei verschiedene Vergleichsansätze zum Tragen. Der *veranschaulichende Vergleich* fokussiert die inhaltlichen Gemeinsamkeiten von Text und Bild und folgt der Fragestellung, was durch Text und Bild dargestellt wird. Bei dem anschließenden *rezeptionsgeschichtlichen* sowie *darstellerischen Vergleich* richtet sich das Augenmerk auf die Unterschiede und Abweichun-

gen der textlichen und bildlichen Darstellung. Es wird untersucht, *wie* das inhaltliche Thema in Text und Bild dargestellt wird und *warum* es so dargestellt wird. Dabei werden im darstellerischen Vergleich die gestalterischen Mittel und Ausdrucksmöglichkeiten von Text und Bild untersucht, im rezeptionsgeschichtlichen die bewusste Änderung von Aussageaspekten oder der Gesamtaussage. So wird sowohl den unterschiedlichen Darstellungsformen der zugrundeliegenden Medien Rechnung getragen als auch ihrer historisch-individuellen Besonderheit als kontextuell eingebettete Dokumente.

Die Autorinnen berücksichtigen also Textkriterien, Bildkriterien und individuelle Kriterien des Bildbetrachters.

9. Einen Rückschritt auf die Prinzipien Panofskys zur Bildbetrachtung und einen Versuch, diese Prinzipien auf den Lateinunterricht zu übertragen, stellen die Ausführungen von Julia Schäfer-Schmitt dar.[15] Die Verfasserin folgt hier früheren Ansätzen der Geschichtsdidaktik. Das größte Problem dieser Veröffentlichung, der überarbeiteten Fassung einer Zulassungsarbeit zum Referendarexamen, liegt darin, dass die theoretischen Überlegungen und Darlegungen im anschließenden praktischen Teil nicht richtig angewandt werden. Sie werden angewandt auf das Modell des Circus Maximus, auf die in meinen Augen wenig schöne und wenig sagende Modellzeichnung Connollys vom Circus Maximus, auf ein Tonrelief mit Darstellung eines Wagenrennens und auf das Neumagener Schulrelief, also durchweg nicht auf Gemälde, sondern auf Reliefs und Modellzeichnungen.

8 Beschreibungskriterien für literarische Werke und für Gemälde

Mittlerweile sind die Beschreibungskriterien für literarische Werke wie für Gemälde differenziert und elaboriert.

Für literarische Werke gibt es erstens die Unterscheidung in Erzählformen oder Teile eines Erzählwerks. Zweitens gibt es die Un-

---

[15] Schäfer-Schmitt 2013.

terscheidung von Formen der Charakterisierung. Drittens gibt es Gesichtspunkte zur Gliederung und Analyse von Reden. Alle Verfahren haben Eingang in den altsprachlichen Unterricht und die Methodik der Texterschließung und Interpretation genommen. Ebenso sind sie Bestandteil vielfältiger Einzelkompetenzen geworden, die in Kompetenzkatalogen einzeln dargestellt, mit „Operatoren" in Arbeitsaufträgen von Textausgaben und Überprüfungen geübt und angestrebt werden.

8.1 Erzähltechniken

Erzählstile

1. *Personaler Erzählstil*: Der Autor erzählt alles in einer natürlichen zeitlichen Reihenfolge. Er tut so, als wäre er beim Geschehen dabei und wisse jeweils nicht mehr als der Leser.
2. *Auktorialer Erzählstil*: Der Autor zeigt, dass er mehr weiß, als die von ihm dargestellten Personen zum jeweiligen Zeitpunkt der Handlung. Er kann jederzeit in die Erzählung eingreifen, Rückblenden vornehmen, Vorausgriffe machen, in die weitere Zukunft schauen, allgemeine Betrachtungen, Vergleiche, allgemeine Lebenserfahrungen einstreuen.

Textelemente

1. *Bericht* von Vorgängen in ausführlicher oder sehr geraffter Form. Der Bericht hat den größten Anteil an einem Geschichtswerk. Die einzelnen Aktionen in einem Geschehen sind die Etappen der Handlung und werden im narrativen Perfekt erzählt. Dauernde Zustände oder wiederholte Handlungen der Vergangenheit stehen im (durativen bzw. iterativen) Imperfekt. Rückgriffe auf Ereignisse, die vor dem erzählten Handlungsablauf bzw. vor der jeweiligen Etappe liegen, stehen im Plusquamperfekt.
2. *Szenische Darstellung*: Der Erzähler tut so, als wäre er wie ein Reporter direkt beim Geschehen dabei. Kennzeichen die-

ser „Nahaufnahme": „szenisches" Präsens, auch die Verwendung der direkten Rede.

3. *Beschreibung*: Der Erzähler hält den Fortgang der Handlung an und beschreibt einen Zustand ausführlich. Er versucht so, den Leser in eine bestimmte Stimmung zu versetzen. In dieser Stimmung soll er das erzählte Geschehen beurteilen. Verwendete Tempora: Präsens, Imperfekt, feststellendes Perfekt.

4. *Betrachtungen und Erörterungen* über den Verlauf der Dinge. Der Erzähler führt dabei eine Art Gespräch mit dem Leser über die Hintergründe und den Sinn des Geschehens. Tempora: Präsens, feststellendes Perfekt.

5. *Sentenzen, allgemeine Redensarten und Lehrsätze*. Der Erzähler gibt seinen Lesern eine Kurzformel an die Hand, die das erzählte Geschehen zusammenfasst und wertet. Tempus: Präsens, feststellendes Perfekt.

Erzählzeit und erzählte Zeit

1. *Erzählzeit*: die Zeit, die der Autor zur Darstellung eines Ereignisses bzw. die der Leser zu deren Lektüre braucht.

2. *Erzählte Zeit*: die Zeit, die der dargestellte Vorgang tatsächlich braucht.

Die Erzählzeit kann gegenüber der erzählten sehr kurz sein (Raffung), kann sie aber auch in einigermaßen adäquater Länge darstellen. Dadurch werden Schwerpunkte gesetzt.

Charakterisierung von Personen

1. *Direkte Charakterisierung*: wertende Bemerkungen des Erzählers (z.B. durch Adjektive).

2. *Indirekte Charakterisierung*: Der Erzähler lässt die dargestellte Person durch ihre Handlungen und Reden wirken und ihren Charakter zeigen.

8.2 Reden

Gliederung und Stil von Reden

Eine Rede gliedert sich in *exordium* (Einleitung), *narratio* (Bericht des Hergangs), *argumentatio* (argumentierende Auseinandersetzung mit dem Gegner, Beweisführung), *peroratio* (Schlussteil). Zur Einleitung gehört die Erregung sanfter Affekte (Ethos, d.h. das Erwecken von Sympathie für den Redner, „mittlere" Stilhöhe). Erzählung und Argumentation sollen kurz und sachlich sein („schlichter" Stil). Der Schluss darf in einer emotionaleren Diktion abgefasst sein („hoher" Stil) und heftige Affekte (Pathos) im Zuhörer (in Gerichtsreden ist das ein Richter, sonst eben ein Mitglied des imaginären Gerichtshofs) erregen, da dieser zu einer Entscheidung veranlasst werden soll, zu Zustimmung oder Empörung über den Gegner.

Ethos und Pathos in Reden

Ethos meint in der Rhetorik die Darstellung der gewinnenden Wesensart und des edlen Charakters des Redners, der sich vor allem in der Einleitung zeigen soll. Ein Ziel der Einleitung ist die *captatio benevolentiae*. Der Begriff „Ethos" umfasst sanfte und dauerhafte Affekte, die Sympathie wecken sollen. Der Gegenbegriff **„Pathos"** meint die Erregung starker Affekte wie Zorn oder Mitleid im Hörer oder Leser. Das „Ethos" ist also Eigenschaft des Redners, das „Pathos" soll im Zuhörer erweckt werden.

9 Vorschlag des Verfassers: Rhetorik der Texte – Rhetorik der Bilder

Aus den bisher dargestellten Mitteln zur Interpretation von Texten und Bildern resultiert mein eigener Vorschlag. Texte reden zum Leser. Er muss zuhören oder lesen. Um Texte zu verstehen, benötigt der Leser ein inhaltliches und semantisches Vorverständnis. Er muss wissen, was mit den genannten Sachen gemeint ist und welche Personen hinter Namen stecken. Deswegen benötigt er ein umfangreiches Repertoire an Formen des Umgangs mit Texten, um sie auf einer sachlich einigermaßen richtigen Ebene zu verstehen.

Gleichgültig ob er dieses Repertoire besitzt oder nicht, er tritt immer in einen Dialog mit dem Text, formt sich vorläufiges Verstehen, formt sich Vermutungen, hält sich an besonders schönen Stellen fest, wird von hässlichen Stellen abgestoßen oder provoziert, denkt über unverständliche Stellen nach. Er drängt sein eigenes Verständnis und sein eigenes Empfinden in den Text hinein und tritt also mit ihm in „Interaktion". Ist der Text zu fremd oder liefert keine Anhaltspunkte, die die Aufmerksamkeit und das Mitdenken und Mitfühlen des Lesers in Gang setzen, bleibt der Text stumm und der Leser kann sich im schlimmsten Fall abwenden.

Bilder reden zum Betrachter. Dieser kann hinschauen oder sich abwenden. Es hängt von dem Geschick des Malers und der Interessenslage und Gemütslage des Betrachters ab, wo er im Bild zu lesen anfängt und wie er weiterliest, ob systematisch, wie in den Modellen des Betrachtens, Erläuterns, Zusammenfügens vorgestellt, oder unsystematisch, aber vielleicht ganz originell und in jedem Fall auf ihn selbst, den Betrachter, bezogen. Er formt sich aus seiner Art des Betrachtens eine Story, die mal mehr dem Bild, mal mehr seinem Empfinden entspricht.

Er muss aber in jedem Fall mit jeder neuen Bilderfahrung Bilder genauer betrachten, sich mit Einzelheiten auseinandersetzen, Zusammenhänge zwischen den Einzelheiten des Bildes und zwischen dem Bild und sich selbst herstellen. Dabei helfen ihm die Positionierung der Gegenstände und Personen im Gemälde, Farben, Licht und Dunkel. Eben diese Positionierung, Farben, Beleuchtung lenken und beeinflussen ihn aber auch in seiner Wahrnehmung und haben eine Wirkung auf seine Affekte.

Grundsätzlich kann man also mit ähnlichen Instrumenten an Texterfassung und Bilderfassung herangehen, man kann mit beiden in einen intellektuellen Dialog und in eine affektive Beziehung geraten. Man kann (mit den von Giuliani geäußerten Bedenken) also von der Rhetorik der Texte und der Rhetorik der Bilder sprechen und wie folgt vergleichen:

Methodik des Text-Bild-Vergleichs: Bildstruktur und Textstruktur

Beim Autor spielen wie bei den Erschließungsfragen für Schüler eine Rolle: Semantik, Textsyntax, Satzbau, Stilfiguren. – Beim bildenden Künstler spielen eine Rolle: Material, Farben, Vorder- und Hintergrund, Blicklinien, Ganz- oder Teilabbildung von Menschen und Gegenständen, Körperhaltung, Position im Bild. Man könnte parallelisieren:

Text	Bild
Material: Wörter, Semantik	Bilduntergrund / Material: Leinwand, Papier, Farben
Syntax allgemein, Satzglieder, Kasus	Malwerkzeug, Pinselstrich, Pinselführung, Wischtechnik usw.
Tempus: Verlauf, Rückgriffe, Hintergrund	Moment: Vorder- und Hintergrund
Modus: Aussage, Wunsch, Frage	Einbeziehung des Betrachters durch Blicklinien, Beleuchtung, Deutlichkeit oder Undeutlichkeit von Dargestelltem
Diathese: Aktiv: handelnde Person; Passiv: betroffene Person	Gestik und Position im Bild: handelnd oder betroffen
Personenkennzeichnung: direkte und indirekte Charakterisierung	Farben, Gesten, Mimik, Körperhaltung, Vorder- und Hintergrund
Konnektoren	Blicklinien, Struktur, Ausrichtung von Gegenständen und Personen in eine bestimmte Richtung
eigene Feststellungen	schriftliche Einfügungen
Zitate aus Texten	Zitate aus Bildern

Auf diese Weise hat man vergleichbare und einprägsame Untersuchungskriterien. In welcher Weise, in welcher Reihenfolge und in welchem Umfang man sie beim jeweiligen Text-Bild-Vergleich anwendet, kann dann der aktuellen Situation und der Spontaneität der Betrachter des Bildes überlassen werden.

10 Drei Beispiele

10.1 Beispiel für die Hilfe einer Abbildung zur Texterschließung

Der Anfang von Text 1 in der Erstfassung des Lehrbuchs *Cursus Latinus*, Bd. 1 lautete so:[16]

> *Marcus hodie in Colosseo est. Sed ubi est Cornelia? Marcus diu exspectat. Subito videt: Ibi Cornelia stat! Marcus gaudet et vocat. Et Cornelia gaudet et salutat.*
> *Nunc Cornelia et Marcus sedent et exspectant. Marcus narrat: „Hodie Syrus et Barbatus pugnant." Portae iam patent, tubae sonant. Ecce! Syrus et Barbatus intrant, stant, salutant. Populus clamat.*

Neben dem Text befinden sich untereinander zwei Zeichnungen, die eines jungen Römers und die einer jungen Römerin. Sie stellten die im Text erwähnten Jugendlichen Marcus und Cornelia dar und man könnte die Zeichnungen als Einstieg in die Texterschließung nutzen.

Mögliche Impulse: „Schaut euch bitte die beiden Zeichnungen an. Was seht Ihr?" (ein Junge und ein Mädchen). – „Wisst Ihr, wie die beiden heißen?" „Schaut doch mal in den lateinischen Text." (Marcus und Cornelia). – „Wo ist denn Marcus?" (Im Colosseum). – „Was macht den Marcus auf dem Bild?" (Er schaut in die Ferne) „Wo steht das denn im Text?" (*Diu exspectat*). „Warum macht er das denn?" (Er wartet auf Cornelia. Cornelia ist noch nicht da.) „Ich lese jetzt den ganzen Text vor. Übersetzt dann bitte den Text."

10.2 Beispiel für einen allgemeinen Einstieg in ein Thema

Ein Beispiel für einen relativ vom Text losgelösten Einsatz stellen Photos von jungen Menschen dar, die entweder moderne Jugendliche oder aber nachempfundene römische Kinder zeigen, die in irgendeiner Weise mit dem Inhalt des Textes verbunden werden können.

---

[16] Bayer 1972, 9.

In der aus dem Jahr 2010 stammenden Ausgabe *O vitae philoso-phia dux* von Magnus FRISCH[17] lassen kleine Fotos von Schülerin-nen und Schülern einen allgemeinen Einstieg aus heutiger Zeit in das jeweilige philosophische Thema zu, z.B. S. 30 („Selbst philo-sophieren"), S. 68 („Das Schicksal herausfordern"), S. 69 (mit dem Bild eines alten Mannes: „Alter und Krankheit").

Das ist für einen Einstieg in das Thema eines philosophischen Textes und dessen Bedeutung für heutige Leser sicher sinnvoller, als Embleme und Gemälde mit Allegorien für *clementia* oder *pa-tientia* oder *amicitia* oder Ähnliches zu verwenden. Andererseits bleibt der Bezug zum Text sehr locker. Der Einstieg könnte auch ohne Bild erfolgen, mit dem Impuls: „Wie stellt ihr euch das Leben im Alter vor?" Oder: „Welche Erfahrungen kann man mit einer Erkrankung machen oder aus ihr ziehen?" Nach der Textlektüre werden dann die beim Einstieg geäußerten Erwartungen mit dem verglichen, was der Text bestätigend oder abweichend sagte. Das allgemeine Bild hat hier lediglich den Vorzug, die Mitteilungen der Schülerinnen und Schüler zu neutralisieren, sodass sie von ihren Erfahrungen weniger individuell und ich-bezogen reden können.

10.3 Beispiel für einen Bild–Text–Vergleich: Vergil, *Aeneis* 12,951–954 und Luca Giordanos Gemälde „Enea vince Turno" (Ende 17. Jh.)

Luca Giordano, Neapolitaner, lebte 1634–1705. Das Bild *Enea vince Turno, Aeneas besiegt Turnus* stammt aus der Zeit Giordanos in Flo-renz. Es ist 176 x 236 cm groß und befindet sich heute in der Gal-leria Corsini, Florenz. Das Gemälde zeigt eine äußerst geschickte Planung und Ausführung.

Welcher Punkt des Geschehens ist dargestellt? Vergil, *Aeneis* 12,930–934: Turnus liegt am Boden, streckt den Arm zu Aeneas im Flehgestus, richtet seine Augen auf ihn und spricht zu ihm, er bittet um Schonung.

Ille humilis supplex oculos dextramque precantem   930
protendens: „Equidem merui nec deprecor", inquit

---

[17] FRISCH 2010.

Abbildung 1: *Enea vince Turno*, Gemälde von Luca Giordano (Ende 17. Jh.)

> „utere sorte tua! Miseri si te qua parentis
> tangere cura potest, oro ...
> ... Dauni miserere senectae
> ... "

Der Blick des Betrachters fällt auf Aeneas, der im Zentrum des Bildes steht, danach auf den unter ihm liegenden Turnus, darauf auf andere Teile des Bildes.

Man kann das Bild in verschiedene Teile aufteilen. Beim Einzeichnen von Rahmenlinien um die einzelnen Teile erkennt man die genaue Aufteilung und Zuordnung:

1. Aeneas in der Mitte in Rüstung, mit Helm, Helmbusch, goldenem Brustpanzer, Schild, Langschwert. Situation: *Aeneis* 12,930–931. Aeneas entspricht insofern der Schilderung in *Aeneis* 12,888: *ingens*. Den Schild sieht man von innen.
   Wer die Aeneis kennt, weiß, dass auf seiner Außenseite die gesamte Geschichte Roms dargestellt ist. Dies wird in der *Aeneis* 8,608–731, besonders ab 626 geschildert. Für Aeneas ist das damals ein Anlass zum Bewundern und zur Freude:

Talia per clipeum Volcani, dona parentis,
miratur rerumque ignarus imagine gaudet,   730
attollens umero famamque et fata nepotum.

Vergil sagt deutlich: Aeneas ist *ignarus* (730) und er trägt auf
seiner Schulter Ruhm und Schicksal der Enkel (731). Jetzt am
Ende der *Aeneis*, weiß Aeneas mehr.

Abweichend von Vergils Text ist dargestellt, dass Aeneas triumphierend den Fuß auf den am Boden liegenden Turnus
stellt. Vergil sagt das nirgends. Er sagt es hingegen ausdrücklich von Turnus, als dieser Pallas tötet (Verg. *Aen.* 10,490:
quem super adsistens). Nichts dergleichen, als Aeneas Lausus
tötet. Er ist dabei voller Trauer, voller *pietas*, voller Erinne-
rung an den Vater (Verg. *Aen.* 10,811–832). Vergil hält sich
bei der Darstellung des Äußeren des Aeneas während der
Tötung des Turnus zurück, sagt nur: *stetit acer in armis / Aeneas volvens oculos dextramque repressit* (12,938–939). Er deutet Anzeichen der mitfühlenden Nachgiebigkeit an (12,940).
Als Aeneas das Wehrgehenk des Pallas sieht, schildert Vergil
nur noch die Emotionen in Aeneas: *saevi monumenta doloris*,
945, *furiis accensus et ira terribilis*, 946). Der Maler hat hier also Aeneas entweder aus dem Geiste des Turnus oder in der
Haltung des Siegers interpretiert, nicht einmal zu Unrecht.

2. Turnus unter ihm, am Boden liegend, mit verrutschtem Helm
und Helmbusch, ohne Waffe. Der linke Fuß trägt keinen
Schuh mehr. Der rechte Arm ist in einer Mischung von Flehen
und Abwehr erhoben. Der Flehgestus entspricht dem Flehgestus, mit dem Turnus in der Aeneis seinen Vater erwähnt
und Aeneas an seinen Vater erinnert (Verg. *Aen.* 12,931–936).
Der Abwehrgestus ist natürlich und zeigt Ausgeliefertsein
und Erfolglosigkeit des Turnus (*victum tendere palmas*, Verg.
Aen. 12,936).

3. Der Schild steht vor der linken Seite seines Körpers und stützt
sich auf den Boden auf. Er ragt schräg zum Zuschauer hin,
ist also das am weitesten vorne im Bild liegende Detail. Der
Schild ist an einer Stelle beleuchtet. Quer von oben nach unten für den Zuschauer, aber genau waagerecht in der Sache,

findet sich ein schmaler spitzer Gegenstand. Das könnte die Außenseite einer Innenschlaufe sein, ist aber wahrscheinlicher die vordere Lanzenspitze, die Körper und Schild durchbohrt hat. Man meint, sie aus der vorderen (linken) Hälfte des Brustkorbs austreten zu sehen, sie ist vorne auch etwas gerötet; den langen Schaft sieht man nicht.

Will man sich dies verdeutlichen und es besser verstehen, muss man in Vergils Text gehen. Aber auch er bietet Probleme. Es handelt sich um folgende Situation: *Aeneis* 12,930–31 mit Berücksichtigung von 12,923–927: Durchbohrung des Schilds des Turnus mit der Lanze, Durchbohrung des Panzers und schließlich eines Oberschenkels, Einknicken eines Knies: (923) *volat ... (924) exitium dirum hasta ferens oraque recludit / (925) loricae et clipei extremos septemplicis orbis. / (926) per medium stridens transit femur. Incidit ictus / (927) ingens ad terram duplicato poplite Turnus.*

Vergil schildert die Durchbohrung in der Reihenfolge Panzer, Schild, Schenkel. Der Übersetzer Johannes Götte[18] verdeutlicht:

> Zerschmettert den Panzer unten, zuvor noch den Rand
> des siebenhäutigen Schildes. / Zischend durchbohrt er
> die Mitte des oberen Schenkels. Getroffen / stürzt, das
> Knie geknickt, voll Wucht auf den Erdboden Turnus.

Ingens meint allerdings nicht „voll Wucht", sondern „der ungeheure" (ähnlich Aeneas in 888). Es muss so gegangen sein: Die Lanze durchbohrt erst den Schild, dann den Brustkorb, dann den Oberschenkel, sodass ein Bein einknickt. Vergil hatte ausdrücklich gesagt, dass Aeneas „sich mit seinen Augen sein Glück genau aussucht" (*sortitus fortunam oculis*, 920, eine Formulierung, die Physisches, den genauen Einschlagspunkt der Lanze, mit Geschichtsträchtigem, dem dadurch besiegelten Schicksal des Turnus, verbindet) und dann die Lanze schleudert. Die Lanze kann nicht von unten nach oben durch Schild und Körper gedrungen sein. Man muss sich also vorstellen, dass beide Kämpfer vor der im Bild geschilderten Si-

---

18 GÖTTE 1965, 557.

tuation gerade umgekehrt zueinander standen, dann Turnus gefallen ist und Aeneas sich auf dessen andere Seite stellt und ihm mit dem Schwert droht. Der Anfang der Lanze, ihr Griff, ist rechts unten im Bild zu vermuten oder er ist abgeknickt. Das Ende der Lanze steckt im rechten Oberschenkel des Turnus oder mag hinter dem rechten eingeknickten Bein verborgen sein.

4. An der rechten Körperseite des Turnus (für den Betrachter hinter dem Körper des Turnus) sieht man ein schon vom Körper gelöstes Lederband, das wie eine Schlange die Wade des Aeneas berührt. Es könnte das „Wehrgehenk" des Pallas sein bzw. ein Teil davon, der Lederriemen, mit dem die Aufbewahrungstasche für Schwert und Waffen über die Schulter gehängt war. Das geraubte Wehrgehenk des Pallas kann Aeneas gerade noch nicht sehen.

Ähnlich bei Vergil: Erst der Anblick des Wehrgehenks des Pallas (941–944) bewegt ihn, Gefühle der Schonung zu vergessen. Bei Vergil trägt Turnus das Wehrgehenk noch an der Schulter. Der Maler hat dies geändert, zu Recht, denn sonst könnte Aeneas dieses nicht erst später sehen. Als er es sieht, tötet er ja Turnus (945–951). Das Wehrgehenk liegt über dem Bauch des Turnus und geht lose weiter in den Hintergrund des Bildes.

5. Venus links von ihm, im Bild nicht weiter oben als Aeneas, aber durch die Bildgestaltung als weiter oben erscheinend: Ihre Füße beginnen erst auf der Höhe des Knies des Aeneas, obwohl sie auf einem Fundament aufruht, das bis unten ins Bild reicht und auf der Höhe der Füße des Aeneas endet. Aeneas hatte schon in Verg. *Aen.* 8,532–540 Blitzen und Donner vom Himmel als Zeichen der Venus gedeutet und König Euander vorausgesagt:

> Heu, quantae miseris caedes Laurentibus instant!
> Quas poenas mihi, Turne, dabis, quam multa sub undas
> scuta virum galeasque et fortia corpora volves,
> Thybri pater! Poscant acies et foedera rumpant!"

Dabei verwies 539 deutlich zurück auf Verg. *Aen.* 1,100 f. (*ubi tot Simois correpta sub undis / scuta virum galeasque et fortia cor-*

pora volvit, Aeneas sagt dies in seiner Klage darüber, dass er nicht in der Heimat Troja sterben durfte).

6. Links oben von Venus zwei Göttergestalten, wohl Jupiter (Verg. *Aen.* 1,223–296, bes. 4,219–237; 331; 12,138–145; 725–727) und Merkur (1,297–304; 4,238–278).

7. Links vom linken Bein der Venus: ihr Sohn Amor, der Bruder des Aeneas (Verg. *Aen.* 1,657–722).

8. Rechts oben Iuturna, die göttliche Schwester des Turnus.

9. Oben links von Iuturna: eine Dire, die Turnus sein Schicksal angedeutet hat (Verg. *Aen.* 12,865 f.). Die Diren sind Rachedämonen und vollziehen Strafen an Menschen, die Jupiters Zorn erregt haben. So charakterisiert Vergil sie (Verg. *Aen.* 12,845–852). Eine davon wird von Jupiter ausgesandt, Iuturna zu warnen. Als sie die Truppen des Turnus erreicht, verwandelt sie sich in ein Käuzchen (Vergil sagt: sie schrumpft zu einem Vogel zusammen, der auf Gräbern und verlassenen Häusern sitzt, 12,862 f.). Sie flattert vor dem Gesicht des Turnus und versetzt ihn in Panik (12,865–868).
   Iuturna sieht es und weiß sofort, dass sie ihrem Bruder nicht mehr helfen kann (12,869–884), sie verhüllt ihr Gesicht (885), verschwindet im hohen Fluss (885).

10. Auf derselben Höhe wie die Bewohner Laviniums (Teil 11), aber links vom linken (hinteren) Bein des Aeneas sieht man einen einzelnen entsetzten Beobachter. Er hat dieselbe Bekleidung wie die Männer rechts, ist also wohl ein Rutuler, der das Aufspringen und entsetzte Stöhnen sozusagen im vergrößernden Mikroskop sehen lässt: Verg. *Aen.* 12,928–929: (928) *Consurgunt gemitu Rutuli totusque remugit* / (929) *mons circum, et vocem late nemora alta remittunt.* Hinter diesem Rutuler wird schemenhaft noch ein zweiter Rutuler sichtbar.

11. Rechts vom am Boden liegenden Turnus befinden sich: Soldaten (*Rutuli*, 928 f.) und Bewohner von Lavinium (*Ausonii* 937) und die Befestigungen Laviniums, ja sogar der dahinter liegende Berg (*mons, nemora* 928 f.): (928) *Consurgunt gemitu Rutuli totusque remugit* / (929) *mons circum, et vocem late nemora alta remittunt.* (936–937): (936) *et victum tendere palmas* / (937) *Ausonii videre.*

12. Links unten im Bild liegt ein nur scheinbar bedeutungsloses (jonisches) Säulenkapitell, das an Einsturz und Untergang erinnert, also an Troja. Es ist wie alles in der unteren Hälfte Folge der göttlichen Entscheidungen, die in der oberen Hälfte des Gemäldes dargestellt sind. Durch seine Lage und Gestaltung lenkt es jeden, der es sieht, nach rechts oben im Bild, also auf Aeneas und den unter ihm liegenden Turnus.

Viele **Verbindungslinien**, die durch Blickrichtung und Haltung von Armen und Beinen oder Ausrichtung von Gegenständen entstehen, lassen sich feststellen. Sie halten die Teile des Bildes zusammen:

Linie 1: von den Augen des Aeneas (Teil 1) zu den Augen des Turnus (Teil 2).

Linie 2: von der rechten Hand und dem Schwert des Aeneas (Teil 1) bis zum rechten Fuß des Aeneas (Teil 1 und 2), der auf dem Körper des Turnus steht (Teil 2) – dann weiter bis hin zum auf dem Boden schräg aufstehenden Schild des Turnus (Teil 3), auf den ein Lichtschein fällt; er liegt in dieser Linie und wird durch die Außenseite des Schildes (entweder dem Schildhalteband oder wahrscheinlicher einem Stück Lanze) verstärkt und an den Betrachter weitergeleitet (Teil 2 und 3).

Linie 3: von dem Blick des entsetzten Beobachters (Teil 10) zum daniederliegenden Körper des Turnus und seinem Schild (Teil 2 und 3).

Linie 4: von den Augen der Venus (Teil 5) über die Gesichter Jupiters und Merkurs hinweg (Teil 6).

Linie 5: von dem Unterarm der Venus (Teil 5) zum rechten Oberschenkel des Aeneas (Teil 1) zum Hals des Turnus (Teil 2).

Linie 6: von dem Gesichts Amors (Teil 7) zum abgefallenen Wehrgehenk des Turnus (Teil 2) und zum unteren Teil des Körpers des daniederliegenden Turnus (Teil 2).

Linie 7: von der ausgestreckten Hand Amors (Teil 7) zur Dire (Teil 9).

Linie 8: von dem am Bodenliegenden Säulenkapitell links unten im Bild (Teil 12): a) zum Gesicht des Aeneas (Teil 1);

Linie 9: b) zu dem flatternden Teil des Umhangs Iuturnas und ihrem Rücken rechts oben im Bild (Teil 8).

Linie 10: vom linken Bein des gefallenen Turnus (Teil 2) zum linken Bein der fliehenden Iuturna (Teil 8).

Linie 11: vom Gesicht der Dire (Teil 9) zum Gesicht des Turnus (Teil 2).

Betrachtet man alle Linien zusammen, so erkennt man die Konzentration auf Turnus.

Berücksichtigt man auch noch die Farbgebung, so könnte man das Gemälde im Vergleich mit dem Text Vergils so interpretieren und die folgenden vielfältigen Einsatzmöglichkeiten sehen:

1. Der Blick des Betrachters fällt auf Aeneas, der im Zentrum des Bildes steht. Die Wolken im Hintergrund sind um ihn heller als die anderen, er steht im Licht. Er trägt eine prachtvolle Rüstung. Der linke Arm mit dem Schild, das Schwert in der rechten Hand, das rechte Bein sind auf den am Boden liegenden Gegner gerichtet. Aeneas stellt den rechten Fuß auf die „Beute". Turnus liegt sozusagen im Dunkeln. Sein Blick und der des Aeneas bilden eine Linie, ebenso der flehende rechte Arm des Turnus und das triumphierend aufgesetzte rechte Bein des Aeneas. Die rote Farbe des Umhangs des Turnus hebt diesen von allen anderen ab.

   Jeder Betrachter wird also zuerst Aeneas und dann Turnus wahrnehmen und wenn er die Schlussszene der *Aeneis* liest den Unterschied zu Vergils Darstellung feststellen: Aeneas ist im Gemälde mehr Triumphator als in der *Aeneis* selbst. In der Aeneis streiten verschiedene Regungen in ihm. Aeneas ist bis in die letzte Szene hinein der Held zwischen Pflicht und Neigung. Insofern dient das Gemälde in jedem Fall dazu, die Person des Aeneas in der Vorstellung Vergils besser zu erkennen.

2. Aeneas trägt einen blauen Umhang, die Farbe findet sich in den Wolken und in einer Figur links über ihm wieder. Auch diese Person ist in einem hellen Licht, das sogar goldfarben ist. Es ist seine Mutter Venus, die eine blaue Schärpe trägt. Ihre Körperhaltung ist parallel zu der des Kopfes des Aeneas.

Ihre rechte Hand zeigt über ihren Körper hinweg auf Aeneas oder scheint ihn zärtlich berühren zu wollen. Ihr Gesicht aber ist abgewendet, nicht unbedingt zu den beiden Figuren hinter ihr gewendet, die eventuell Zeus/Jupiter und Merkur sind (alter Mann mit entsprechender Zeuskopffrisur, junger Mann mit Andeutung eines Flügelhelms). Für Venus ist die Sache entschieden, sie hat Aeneas zum Sieger in Italien gemacht und ihren Willen gegen Juno durchgesetzt, sie scheint mit dem nahen Tötungsakt nichts zu tun haben zu wollen oder achtet auf andere Götter in ihrer wolkigen Himmelszone.

3. Das Pendant der Venus ist rechts im Bild zu sehen, eine Frau, die hektisch nach oben in die Himmelsregion flieht, ihr Gesicht mit den Händen bedeckt, um das Geschehen nicht (weiter) zu sehen. Ihr linker Fuß ist so nahe am Kopf des liegenden Turnus, dass man fast meinen könnte sie stoße sich von diesem ab in die Lüfte. Das helle Grün ihres Umhangs setzt sie etwas ins Licht, korrespondiert aber mit dem dunkelschmutzigen Grün der Rüstung und der Kopfbedeckung des Turnus, wohingegen Aeneas durch das Blau seines Umhangs mit Venus verbunden ist, die ebenfalls eine blaue Stola trägt. Wer ist die Frau? Es kann nur Iuturna sein, von deren Gewand Vergil in 885 sagt: *glauco amictu*.
Das ist nur sehr möglicherweise ein blaues Gewand, wie meist übersetzt wird. Die Farbadjektive sind nicht so einfach verständlich, wie man denken könnte. Das Lateinische kann damit oft wie das Griechische Glanzwerte meinen. Das bekannteste Beispiel ist der purpurne Schwan bei Horaz, *purpureus* meint stark glänzend. Entsprechend gibt Georges[19], Bd. 1, S. 2939 s.v. als Bedeutungen von *glaucus* an: bläulich, grünlich, blaugrün, blassblau, lichtgrau, graublau. Da Iuturna eine Wassergöttin ist, passt *glaucus* in der Bedeutung blaugrün und graublau besonders und gerade so sind die Farben der Kleidung Iuturnas in diesem Gemälde.

4. Vergil schreibt auch, dass Iuturna die Dire erkannt hat, die Turnus den Tod verkündet (Verg. *Aen.* 12,865 f.) und dass sie

---

[19] GEORGES 1962

Turnus im Geiste wohl anspricht: 872–886. Bei Vergil birgt sie sich im Flussbett (*se fluvio dea condidit alto*, 886).

5. Im Hintergrund rechts sehen die Latiner und Rutuler zu und sind so Zeugen des Ausgangs des vereinbarten Zweikampfs, der Entscheidung für Aeneas und des nahen Todes des Turnus. Zu ihnen hat Turnus laut Vergil 915 f. hingeblickt, als er sein Unterliegen ahnte. Ebenso hat er seine Schwester und ihren Wagen vermisst (918). Er weiß, dass er diesmal nicht gerettet und dem Geschehen entrissen wird.

6. Der Maler hat also zwar eine ganz bestimmten Punkt des vergilischen Textes dargestellt (931 f.), aber viele andere Ereignisse, die früher von Vergil erzählt wurden, und noch Details aus der den nachfolgenden Versen 932-952 ins Bild hineingebracht. Wer die *Aeneis* kennt, ahnt, dass auch das Ende zu sehen ist, über das die Götter entschieden haben, von dem Iuturna weiß und von dem sogar Turnus weiß. Daher ist sein Flehen ein letzter allzu menschlicher Versuch, dem Schicksal zu entgehen, das bevorsteht. Und Aeneas handelt zwar *ira commotus*, aber im Einklang mit dem göttlichen Willen. Diese letzte Ausage ist aber dem Bild nicht mehr zu entnehmen, ebensowenig kann es zeigen, wie Turnus mit seinem Vater argumentiert. Dadurch ist das Bild allgemeiner geworden und Turnus noch menschlicher. Die beiden Göttinnen erregen aber gleichzeitig zwei Aspekte der Beurteilung im Betrachter und ähneln insofern dem Streit von Göttinnen in der griechischen Tragödie.

7. Insofern kann das Gemälde auch am Ende der Lektüre der Aeneis der Gesamtdeutung der Aeneis dienen.[20]

Aeneas trägt hier tatsächlich alles auf seinem Körper und seiner Seele, was denkbar ist:

---

[20] Ähnliches nahmen Graphiker in frühen Ausgaben der *Metamorphosen* vor, wenn sie in einem einzigen Vorsatzbild zu jedem Buch der *Metamorphosen* den gesamten Inhalt des jeweiligen Buches verdeutlichten. Vgl. ALBRECHT 2014, 15–80 (Kap. 3: Bücher als Leseeinheiten: Gesamtdarstellung mit Abbildungen). Albrecht arbeitet auf S. 15–72 das mnemotechnische Ziel der Illustrationen heraus und auf S. 73–80 den Beitrag der Illustrationen zu einem Gesamtverständnis des jeweiligen Buchs und der *Metamorphosen* überhaupt.

- Rüstung, Schild, Waffen;
- das von Jupiter vorhergesagte Schicksal und die Zukunft Roms;
- die von Venus eingeleiteten Maßnahmen zu seiner Ankunft in Italien und der Gründung einer Stadt;
- den von Merkur (Hermes) im Auftrag Jupiters angeforderten Einsatz für die Schicksalsplanung, nachdem Aeneas in Karthago zu lange verweilt: *Tantae molis erat Romanam condere gentem!* (Verg. *Aen.* 1,339)

8. Und Turnus: Er trägt auf seinem Körper und in seiner Seele alles, was Aeneas trägt, und dazu noch die Missgunst der Götter und den Entzug ihrer Gunst:

- Iuturnas fehlende Hilfe (Verg. *Aen.* 12,869–884),
- der Dire grausige böse Voraussage (Verg. *Aen.* 12,865–868).
- Es sind keine Waffen des Turnus zu sehen, Steigerung einer früheren Situation (Verg. *Aen.* 9,806 f.), wo ihm Zeus schon einmal die Möglichkeit verwehrt, sich gegen die anstürmenden Trojaner zu schützen. Vergil schreibt: Rüstung und Waffen nützten ihm nicht.

Turnus wird hier tatsächlich zum Verlierer des Schicksalsspiels – so wie Cato gegen Caesar, wozu Lucan sagt: *Victrix causa deis placuit, sed victa Catoni* (Lucan, *bellum civile* 1,128). Man versteht die beiden letzten Verse Vergils jetzt noch nachhaltiger und anschaulicher (*Aen.* 12,951f.):

Ast illi **solvuntur frigore membra**   951
vitaque cum **gemitu** fugit indignata sub umbras.

Nicht nur, dass die Auflösung des Körpers beim Sterben geschildert wird, sie erinnert an die Situation, in der sich Aeneas befand, als er im Seesturm den Tod und das Ende aller Ziele befürchtete: Verg. *Aen.* 1,92: *extemplo Aeneae* **solvontur frigore membra**.
Dem war die Situationsschilderung in Verg. *Aen.* 1,91 vorausgegangen: *praesentemque viris intentant omnia mortem.*
Und dem schließt sich in Verg. *Aen.* 1,93 f. das Gebet mit ei-

nem ähnlichen Flehgestus an: *ingemit et duplicis **tendens** ad sidera palmas / talia voce refert ...*

Bei Turnus heißt es Verg. *Aen.* 12,930 f.: *dextramque precantem / **protendens**).*

Für Turnus ist es der endgültige Tod, er fleht nicht mehr Götter, sondern den Gegner an, er weiß, sein Schicksal mit dem des Aeneas zu vergleichen. Sein Leben, das sich empört (*vita indignata*, Verg. *Aen.* 12952), steht dem geduldigen Ertragen des *pius Aeneas*, aber auch der Härte des Aeneas gegenüber, die die Antwort auf des Turnus lange gezeigte Härte ist.

Tim O'Brien[21] schildert, was die amerikanischen Soldaten im Vietnamkrieg zu tragen hatten: nicht nur unendlich viel Waffen und Gerät, sondern ebenso die verinnerlichten amerikanischen Wertvorstellungen von Freiheit, Demokratie, Verteidigung dieser Werte und den absoluten Willen, sich vor Kameraden nicht zu blamieren und sich gegenseitig zu helfen.

Die physische und die seelische Last des Aeneas sind groß, werden mit Erfolg belohnt. Die physische und die seelische Last des Turnus sind fast noch größer, denn er trägt nicht nur Verantwortung für seine Familie und sein Volk, sondern muss nun als Opfer der künftigen Römer fungieren. Er ist der Verlierer nicht nur gegenüber Aeneas, sondern gegenüber den Römern und gegenüber den Göttern. Das Gemälde legt daher Sieg und Niederlage zweier „Helden" nahe, Turnus wird zum Anti-Aeneas.

9. Beim Einsatz während der Lektüre der *Aeneis* kann das Gemälde zu Folgendem dienen: a) die vielen nicht im Original gelesenen Szenen zu referieren; b) die bereits gelesenen Szenen (also wahrscheinlich die Jupiterrede in Buch 1 und das Gebet des Aeneas im Seesturm und die Mahnung Merkurs, Karthago zu verlassen (Buch 4), als Hintergrund zu sehen; c) somit die Szene am Ende der *Aeneis* nach der Lektüre besser zu verstehen und vertieft zu besprechen – mit Verständnis für die problematische Entscheidung des Aeneas, Turnus

---

21 S.o. Anm. 5.

trotz seines Flehens zu töten, und mit Verständnis für das Mitleid des Autors, das er in seiner Schlussbemerkung auch für Turnus zeigt.

10. Das Gemälde kann aber auch vor der Lektüre des Schlusses, also vor Lektüre der Verse Verg. *Aen.* 12,931 (nach *protendens*) – 952 eingesetzt werden.

Dann ist die Besprechung des Bildes durch ein Referat zu den angegebenen Stellen der *Aeneis* vorzubereiten. Die einzelnen Teile des Bildes können besprochen werden, ebenso die Bezugssetzungen, die durch Anordnung der Personen und Symbole im Gemälde, durch die möglichen Verbindungslinien sowie durch die Farbgebung bewirkt werden. Danach kann der Text gelesen werden und seine Tiefendimension erkannt werden: Tiefendimension sowohl innerhalb der *Aeneis*, weil die Szene tatsächlich der Abschluss aller Sinnlinien der *Aeneis* ist, Tiefendimension aber auch für heutige Betrachter und Beurteiler, die den Triumph des Aeneas und den Tod des Turnus nunmehr als ein Bild der Bestimmung des Menschen sehen können, der niemand so leicht entweichen kann.

Natürlich ist dies eine Aufforderung darüber nachzudenken: „Was wäre, wenn?"

Was wäre, wenn Aeneas entgegen allen gezeigten Schicksalsbestimmungen Turnus schonte? Was wäre, wenn Turnus nicht mehr als Flehender dargestellt würde? Was wäre, wenn Turnus früher Warnzeichen des Schicksals erkannt und sich anders gegenüber den Trojanern verhalten hätte?

Obwohl Aeneas triumphierend über Turnus steht, obwohl Turnus am Boden liegt: Es sieht fast so aus, als wäre nicht Aeneas, sondern Turnus die Hauptperson dieses Gemäldes. Übertragen auf die *Aeneis* bedeutet dies: Es gibt Turnus nicht ohne Aeneas, aber es gibt Aeneas auch nicht ohne Turnus. Beide sind miteinander nicht nur durch die *Aeneis*, sondern auch durch jedes Kriegsgeschehen und damit durch jede Art von Leben verbunden.

11. Das Gemälde wird auch in Lehrbüchern angeboten, z.B. im Lehrbuch *Pontes* 1, S. 93, also für Schülerinnen und Schüler

der 6. oder 7. Klasse. Es ist dort das dritte von drei Bildern zur Aeneas-Sage.

Der lateinische Text der Lektion 12 hat zum Thema „Aeneas bei der Seherin Sibylle". Was das Gemälde Giordanos angeht, so könnte man es vor der Lektüre des lateinischen Textes besprechen. Dabei ist zu erwägen, die deutschen Texte und alle Bilder in dieser Lektion vor der Lektüre des Lektionstexts 12 auf S. 91 zu lesen, zumindest aber vor dem letzten Teil dieses Textes, der Zukunftsvoraussage der Sibylle. Dann versteht man den Text leicht und ist sensibilisiert für all die Fragen: Warum tötet Aeneas den Kriegsgegner Turnus, warum schont er ihn nicht. Wie sind die Götter beteiligt, was ist deren, was ist das Ziel des Aeneas? Warum haben es die Götter so schwer gemacht (*tantae molis erat Romanam condere gentem*, Verg. *Aen.* 1,33, zitiert in *Pontes* S. 92 rechts unten ohne Stellenangabe)? Wie haben wir heute überhaupt die Vielzahl der Götter zu beurteilen? *Si vis pacem, para bellum*? Ist dies alles ein Abbild der menschlichen Bestrebungen, Neigungen, Probleme? Ist dies alles ein Abbild von Politik und Herrschaftsanspruch?

Erst recht und ganz selbstverständlich lässt sich auch eine Besprechung des Gemäldes nach der Lektüre des Textes denken. Diese Besprechung von Text und Bild im Vergleich dient dann der Festigung der Kenntnis der Einzelheiten, der Motive der Handelnden und der Hintergründe der Gründung Roms.

Für sehr junge Schülerinnen und Schüler empfiehlt sich aber einfach Folgendes: Auch sie können die einzelnen Abschnitte des Bildes feststellen und werden anhand des Erläuterungstextes deuten können, wer der Triumphierende und wer der Unterlegene ist. Sie können Kleidung und Bewaffnung beider Männer beschreiben. Sie werden die Triumphgeste des Fußaufsetzens deuten und können vom Lehrer dahingehend korrigiert werden, dass dies nicht der Darstellung Vergils entspricht. Sie werden den Flehgestus des Turnus deuten und als Hintergrund erfahren, wie oft Turnus bereits Verträge gebrochen hat und wie wenig er Pallas geschont hat. Sie werden Einzelheiten an Aeneas und Pallas entdecken, die sie nicht deuten können. Da muss der Lehrer helfen, z.B. beim Wehrgurt des Pallas und beim Schild des Aeneas. Sie werden die Göttergruppe links oben und die fliehende Person rechts oben samt dem Käuzchen entdecken.

Der Lehrer kann kurze Referate über bestimmte Passagen aus der *Aeneis* oder aus Inhaltsdarstellungen vergeben oder erzählt selbst aus der *Aeneis* und liest ausgewählte Stellen vor. In den Schülern entwickelt sich ein Imaginarium verschiedener Szenen der *Aeneis* und der komplexen Zusammenhänge. Sie fangen an zu spüren, dass es nicht – wie zunächst vom Beschreibungstext im Lehrbuch nahegelegt – um sinnloses Kämpfen und Töten geht, sondern um Fragen der Schuld, der Verstrickung, der Gerechtigkeit, der Opfer auf beiden Seiten. Sie könne sich fragen, wie die USA, wie das wiedervereinigte Deutschland, wie in der Antike die später glanzvolle Metropole Rom entstanden sind. Immer finden sie viele individuelle Opfer und selten strahlende Helden. Strahlende Helden gibt es nur im Märchen und in diktatorischer Verblendung. Mit diesem Problembewusstsein sind die Schüler bestens ausgestattet, vielerlei Lebenssituationen wenn nicht zu bewältigen, so doch zu beurteilen.

Literatur

Michael von Albrecht, Ovids Metamorphosen. Texte, Themen, Illustrationen, Heidelberg 2014, 15–80.

Karl Bayer (Hg.), Cursus Latinus für Latein als zweite Fremdsprache. Texte und Übungen Bd. I, von Gerhard Fink / Kurt Benedikter u.a., Bamberg/München 1972.

Wendy Beckett, Sister Wendy's Kunstgeschichte(n). Eine Reise zu den großen Museen Europas, Köln 1997 (engl. Original: Sister Wendy's Odyssey, 1993, und Sister Wendy's Grand Tour, 1994).

Barbara Borg, Bilder zum Hören – Bilder zum Sehen. Lukians Ekphraseis und die Rekonstruktion antiker Kunstwerke, in:

Millennium 1 (2004), 25–57; im Internet herunterladbar unter: http://archiv.ub.uni-heidelberg.de/propylaeumdok/571/1/Borg_bilder_zum_hoeren_2004.pdf.

Marie-Luise BOTHE, Textbezogener Einsatz von Abbildungen im Lehrbuch, in: AU 37.1 (1994), 86–89.

Johan Amos COMENIUS, Orbis Sensualium Pictus. Lateinisch mit deutscher Übersetzung von Sigmund VON BIRKEN (1626-1681) und Kupferstichen von Paul CREUTZBERGER, Nürnberg 1658.

Heinz CÜPPERS (Hg.), Die Römer in Rheinland-Pfalz, Stuttgart 1990.

Christoph DISSELKAMP, Das Bild als Hilfe beim Dekodieren, in: AU 33.1–2 (1990), 51–55.

Ulrich EIGLER, Zwei Wege in die Antike? Fellini-Satyricon und Ein Kampf um Rom, in: Rolf KUSSL (Hg.), Alte Texte – neue Wege (Dialog Schule – Wissenschaft. Klassische Sprachen und Literaturen; Bd. 38), München 2004, 73–101.

Philipp FILTZINGER / Dieter PLANCK / Bernhard CÄMMERER (Hgg.), Die Römer in Baden-Württemberg, Stuttgart [3]1986.

Christian FREITAG, Altsprachlicher Unterricht und Moderne Kunst. Lektüreprojekte (Auxilia; Bd. 35), Bamberg 1994.

Udo FRINGS, Comics im Lateinunterricht?, in: Gymnasium 85 (1978), 47–54.

Magnus FRISCH, Philosophische Texte. O vitae philosophia dux, ausgewählt und bearbeitet von Magnus FRISCH, Stuttgart 2010.

Karl Ernst GEORGES, Ausführliches Lateinisch-deutsches Handwörterbuch, 1. Bd., Hannover [8]1913, Nachdr. Basel [11]1962.

Albrecht GERMANN / Peter WÜLFING, Altertumskunde im Unterricht der Sekundarstufe I. Die Welt der Römer im Lateinunterricht, in: Wilhelm HÖHN / Norbert ZINK (Hgg.), Handbuch für den Lateinunterricht Sekundarstufe I, Frankfurt am Main 1987, 161–184.

Luca GIULIANI, Bilder nach Homer. Vom Nutzen und Nachteil der Lektüre für die Malerei (Rombach-Wissenschaft – Reihe Quellen zur Kunst; Bd. 7), Freiburg (Breisgau) 1998.

Hans-Joachim GLÜCKLICH, Du sollst Dir ein Bildnis machen. Das Caesar-Porträt: Textarchäologie – Filmarchäologie, in: AU 57.2–3 (2014), 93–100.

Hans-Joachim GLÜCKLICH, Texte et image dans l'enseignement des langues anciennes, in: C.N.A.R.E.L.A. Coordination Nationale des Associations Régionales des Einseignants de Langues Anciennes (Hg.): Antiquité et image. Actes du Colloque de Nîmes 3-4-5 Septembre 1991, 37–43.

Hans-Joachim GLÜCKLICH, Abbildende, kumulative und distraktive Sätze in Caesars Bellum Gallicum. Fachwissenschaftliche und fachdidaktische Aspekte, in: Angela HORNUNG / Christian JÄKEL / Werner SCHUBERT (Hgg.): Studia Humanitatis ac Litterarum Trifolio Heidelbergensi dedicata, FS Eckard Christmann, Wilfried Edelmaier u. Rudolf Kettemann, Frankfurt a.M., Berlin / Bern / Bruxelles / New York / Oxford / Wien 2004, 83–106.

Hans-Joachim GLÜCKLICH, Die ungewöhnliche Hannibal-Biographie des Nepos. Textarbeit, Bilder, Filme, in: Boris DUNSCH / Felix M. PROKOPH (Hgg.): Geschichte und Gegenwart, Beiträge zu Cornelius Nepos aus Fachwissenschaft, Fachdidaktik und Unterrichtspraxis. Mit einem Forschungsbericht und einer Arbeitsbibliographie (Philippika – Marburger Altertumswissenschaftliche Abhandlungen), Wiesbaden 2015, 209–262.

Hans-Joachim GLÜCKLICH, Compendium zur lateinischen Metrik. Wie lateinische Verse klingen und gelesen werden, Göttingen ²2009.

Hans-Joachim GLÜCKLICH, Die Hannibal-Biographie des Nepos im Unterricht. Interpretationen und Unterrichtsvorschläge (Consilia. Kommentare für den Unterricht; H. 8), Göttingen 2012.

Hans-Joachim GLÜCKLICH, Weihnachten und Augustus. Ein Wendepunkt in der Geschichte, zu Jean-Léon Gérôme, Das Zeitalter des Augustus und Christi Geburt, Klett-Newsletter 2014 (im Internet herunterladbar).

Hans-Joachim GLÜCKLICH, Abbildende, kumulative und distraktive Sätze in Caesars Bellum Gallicum. Fachwissenschaftliche und fachdidaktische Aspekte, in: Pegasus-Onlinezeitschrift 3.3 (2003), 1–24 (http://www.pegasus-onlinezeitschrift.de).

Johannes GÖTTE, Vergil, Aeneis. Lateinisch-Deutsch, in Zusammenarbeit mit Maria Götte hg. und übers. von Johannes GÖTTE, München ²1965.

Fritz GRAF, Ekphrasis. Die Entstehung der Gattung in der Antike, in: Gottfried BOEHM / Helmut PFOTENHAUER (Hgg.), Beschreibungskunst – Kunstbeschreibung. Ekphrasis von der Antike bis zur Gegenwart, München 1995, 113–155.

Peter GRAU, Texte lesen mit Bildern. Rezeptionsdokumente in den neuen Schulausgaben, in: Friedrich MAIER, Latein auf neuen Wegen. Alternative Formen des Unterrichts (Auxilia; Bd. 48), Bamberg 1999.

Herbert GUDJONS, Ein Bild ist besser als 1000 Worte. Mit den Augen lernen, in: Pädagogik 46.10 (1994), 6–10.

Tonio HÖLSCHER, Römische Bildsprache als semantisches System, Heidelberg 1987.

Tonio HÖLSCHER, Staatsdenkmal und Publikum. Vom Untergang der Republik bis zur Festigung des Kaisertums in Rom (Xenia: Konstanzer Althistorische Vorträge und Forschungen; Bd. 9), Konstanz 1984.

Niklas HOLZBERG / Friedrich MAIER u.a. (Hg.), Ut poesis pictura. Antike Texte in Bildern, Bd. 1, Essays, Interpretationen, Projekte; Bd. 2: Untersuchungen (Auxilia; Bd. 33), Bamberg 1993.

Arnd KERKHECKER, Wieland und der Zeus des Phidias, in: Jürgen Paul SCHWINDT (Hg.), Tradition und Innovation. Poetische Verfahren im Spannungsfeld Klassischer und Neuerer Literatur und Literaturwissenschaft, München / Leipzig 2000, 135–162.

Götz LAHUSEN, Schriftquellen zum römischen Bildnis I, Textstellen. Von den Anfängen bis zum 3. Jahrhundert n.Chr., Bremen 1984.

Kristina LANGE, Historisches Bildverstehen oder Wie lernen Schüler mit Bildquellen? Ein Beitrag zur geschichtsdidaktischen Lehr-Lern-Forschung (Geschichtskultur und historisches Lernen; Bd. 7), Münster 2011.
Dazu: Rezension von G. GÖTZ (Institut für Geschichte, Carl

von Ossietzky Universität Oldenburg)u in einer Rezension
für H-Soz-u-Kult (HUMANITIES – SOZIAL-UND KULTUR-
GESCHICHTE: H-SOZ-U-KULT@H-NET.MSU.EDU; Redak-
tion: E-Mail: hsk.redaktion@geschichte.hu-berlin.de; Website:
www: http://hsozkult.geschichte.hu-berlin.de).

Gotthold Ephraim LESSING, Laokoon oder Über die Grenzen der
Malerei und Poesie. Mit beiläufigen Erläuterungen verschiedener Punkte der alten Kunstgeschichte, Berlin 1766, Kapitel III, online-Ausgabe: http://gutenberg.spiegel.de/?id=19&
autorid=369&autor_vorname=+Gotthold+Ephraim&autor_
nachname=Lessing&cHash=b31bbae2c6.

Stefanie MANSECK, Antike Mythen im Text-Bild-Vergleich. Eine
Unterrichtsreihe in der Sekundarstufe I, in: Pegasus-Onlinezeitschrift 3.2 (2002), 25–43.

Horst MEUSEL, Horatier und Curiatier. Ein Livius-Motiv und seine
Rezeption, in: AU 31.5 (1988), 66–90.

Karl-HeinzNIEMANN, Archäologische Bilddokumente als Impulse
zum Textverständnis, in: Anregung 34 (1988), 370–382.

Tim O'BRIEN, Was sie trugen (Originalausgabe: The Things They
Carried, Boston), deutsche Ausgabe, München 1999.

Erwin PANOFSKY, Ikonographie und Ikonologie. Eine Einführung
in die Kunst der Renaissance, in: Erwin PANOFSKY, Sinn und
Deutung in der bildenden Kunst, Köln 1978, 36–67.

Erwin PANOFSKY, Ikonographie und Ikonologie, in: Ekkehard
KAEMMERLING (Hg.): Ikonographie und Ikonologie. Theori-
en, Entwicklung, Probleme, Köln 1979, 185–206.

Renate PIECHA, Visualisierung im Lateinunterricht. Realienkunde
und Rezeptionsdokumente in Lehrbuch- und Lektürephase,
Frankfurt am Main 1994.

Karl-Heinz VON ROTHENBURG, Geschichte und Funktion von Abbildungen in lateinischen Lehrbüchern. Ein Beitrag zur Geschichte des textbezogenen Bildes (mit CD), Frankfurt am
Main u.a. 2009 (Diss. Köln 2007).

Johanna SALSA/Stefanie MANSECK, Das Paris-Urteil. Ein Beispiel
für die Umsetzung von „Antiker Mythos in Text und Bild"
im Lateinunterricht, in: Pegasus-Onlinezeitschrift 2.3 (2001),
28–41.

Julia SCHÄFER-SCHMITT, Ich sehe was, was du nicht siehst. Praxisimpulse zur Bildarbeit im Lateinunterricht, mit CD-ROM (didaxis: Materialien für den Unterricht in Latein und Griechisch), Bamberg 2013.

Andreas SCHOPPE, Bildzugänge. Methodische Impulse für den Unterricht, Seelze 2011, ²2013.

Gerda SCHWARZ, Text und Bild. Unterrichtsbegleitende Illustrationen aus der antiken Kunst, in: IANUS 11 (1990), 63–85.

Werner SUERBAUM, Katalog der 100 Schautafeln. Beiheft 1 zur Münchner Horaz-Ausstellung 1993, München 1993.

Werner SUERBAUM (Hg.), Materialien, Kommentare, Essays. Beiheft 2 zur Münchner Horaz-Ausstellung 1993, mit Beiträgen von Georg MÜLLER, Renate PIECHA, Werner SUERBAUM, München 1993.

Werner SUERBAUM (Hg.), Q. Horatii Flacci. Disiecta membra poetae. Bilder zu Horaz, Beiheft 3 zur Münchner Horaz-Ausstellung 1993, München 1993.

Werner SUERBAUM (Hg.), Q. Horatii Flacci. Disiecta membra poetae. Texte und Publikationen zur Horaz-Rezeption in der Neuzeit. Horaz-Arbeitsgruppe. Beiheft 4 zur Münchner Horaz-Ausstellung 1993. Mit Beiträgen von Matthias FERBER, Maria RUTENFRANZ, Werner SUERBAUM, München 1993.

Boris Andrejewitsch USPENSKY, Zur Untersuchung der Sprache der alten Malerei, in: Lew Fjodorowitsch SHEGIN, Die Sprache des Bildes. Form und Konvention in der alten Kunst, Dresden 1982, 7–34.

Bernd WEIDENMANN, Informative Bilder. Was sie können, wie man sie didaktisch nutzen und wie man sie nicht verwenden sollte, in: AU 33.1–2 (1990), 44–50.

Peter WÜLFING, Altertumskunde – Die Welt der Römer im Lateinunterricht, in: Wilhelm HÖHN / Norbert ZINK (Hgg.), Handbuch für den Lateinunterricht Sekundarstufe II, Frankfurt am Main 1979, 300–333.

Paul ZANKER, Augustus und die Macht der Bilder, München 2009.

Abbildungsnachweis

Abb. 1, S. 104: http://commons.wikimedia.org/wiki/File%3AAe-
neas_and_Turnus.jpg [abgerufen am 08.09.2015; gemeinfrei].

Florian Krüpe

Alte Geschichte multimedial
Einige Bemerkungen zur allgegenwärtigen Antike
und dem Medieneinsatz im Unterricht*

> *One might ask what is the point of repeating these banalities. The answer is that it is important to keep on repeating them, again and again, because these are banalities we often find it convenient to forget; and if we forget them, and they fall into oblivion, we will be condemning our culture, that is to say ourselves, to ultimate and irrevocable ruin.*[1]

Alte Geschichte hat Konjunktur. 2013 war der Titel „Pompeii" der englischen Band „Bastille" der am zweithäufigsten gestreamte Track des Jahres. Seither hält er sogar einen Rekord in den Official Streaming Charts, kein anderer Track war so viele Wochen am Stück auf Platz 1. Als erste Band überhaupt durfte „Bastille" live im British Museum auftreten, nachdem man sie eingeladen hatte, „Pompeii" anlässlich der Eröffnung der monumentalen *Life & Death in Pompeii & Herculaneum*-Ausstellung zu spielen.[2] Der flan-

---

* Für die Möglichkeit, die folgenden Überlegungen im Rahmen der Reihe „Alte Sprachen – neuer Unterricht" vortragen zu können, danke ich den Initiatoren der Reihe, insbesondere Magnus Frisch, ihm auch und insbesondere für seine Nachsicht und Unterstützung im Vorfeld der Drucklegung. Markus Diedrich und Matthias Bode seien an dieser Stelle für viele praxisnahe Einblicke und den intensiven Erfahrungsaustausch über den Geschichtsunterricht an Schule und Universität genannt, ich habe davon sehr profitiert.

[1] "What the Past is For". Rede von Leszek KOLAKOWSKI vom 5.11.2003 bei der Verleihung des „Kluge Prize for lifetime achievement in the Humanities and Social Sciences": http://www.loc.gov/loc/kluge/news/kolakowski.html [14.11.2014].

[2] Streaming Charts: http://www.officialcharts.com/chart-news/uks-official-

kierende 3D-Film kam Anfang des Jahres 2014 in die Kinos, mit einem Gesamtbudget von rund 100 Millionen US-Dollar und dem Werbeslogan: „NO WARNING. NO ESCAPE."

Multimedialen Umsetzungen antiker Stoffe ist derzeit wahrlich schwer zu entkommen, denn „Pompeji 3D" steht als eines der jüngsten Werke in einer ganzen Kette von Verfilmungen antiker Stoffe: „Gladiator" (2000), „Troja" (2004), „Alexander" (2004), „300" (2006), „Agora – die Säulen des Himmels" (2009), „Kampf der Titanen" (2010), „Centurion" (2010), „Der Adler der neunten Legion" (2011), „Krieg der Götter" (2011), „Zorn der Titanen" (2012), „300 – Rise of an Empire" (2014), „Hercules" (2014). Nahezu jeder dieser Filme hatte ein mittleres zweistelliges Millionenbudget zur Verfügung, alle neueren setzen auf hochauflösende Bildtechnik im 3D-Format.

Daneben sind die Serien zu nennen, die uns die Antike ins Wohnzimmer bringen und mit kaum weniger Aufwand produziert wurden, darunter „Rome" (HBO; 2005–2007) oder „Spartacus – Blood and Sand" (Starz; 2010–2013). Für 2015 ist „Olympus" geplant, ein 13teiliges „Actiondrama mit Menschen und Göttern", für 2016 ein Remake von „Ben Hur".[3] Das Genre ist alles andere als tot und findet offenbar sein Publikum. Doch welches?

1 Bestandsaufnahme

Im Rahmen von universitären Hochschulerkundungstagen in Marburg zwischen 2007 und 2014 wurden stichprobenartig Schülerinnen und Schüler auf ihr Wissen rund um Namen und Ereignisse

---

singles-chart-to-include-streaming-data-for-first-time-3105/; Bastille im British Museum: http://londoncalling.com/show/bastille-perform-pompeii-at-the-british-museums-opening-night-of-life-and-d. Die Ausstellung wurde von fast einer halben Million Besuchern gesehen, allein in den ersten sechs Monaten von 250.000, und begleitet von einer Live-Schaltung in 281 Kinos in Großbritannien, in denen rund 50.000 Zuschauer Anteil nehmen konnten, darunter rund 13.000 Schülerinnen und Schüler. Vgl.: https://www.britishmuseum.org/about_us/news_and_press/press_releases/2014/record_visitor_figures.aspx [alle 14.11.2014].

3   http://www.syfy.com/olympus; http://www.imdb.com/news/ni57761709/ [14.11.2014].

aus dem Bereich Antike befragt. Sie konnten, unabhängig von der Frage eines künftigen (Geschichts-)Studiums oder der Kurswahl in der Oberstufe (altersbedingt war dieser Entscheidung bei vielen noch gar nicht gefallen), verschiedene Themen spontan namentlich benennen und (teilweise) mit Wissensinseln „unterfüttern": Troja – Perserkriege – Alexander der Große – Hannibal – Caesar und Kleopatra – Augustus – Nero. Es ist dies wahrlich keine empirische Untersuchung, dazu waren die Gruppenzusammensetzungen zu vielen Zufälligkeiten unterworfen und die Methode nicht empirisch genug, aber woher kamen die Kenntnisse dieser Schüler und Schülerinnen? Offenbar existiert „Wissen" um bestimmte Namen und Ereignisse. Aber woher rührt dieses?

Wirft man nämlich einen Blick in die Lehrpläne und Eckwertepapiere so bleibt mit Blick auf diese Frage eine gewisse Verwunderung zurück. Peter Lautzas hatte schon 2004 vom „Stiefkind Alte Geschichte" in den Lehrplänen der Länder gesprochen,[4] diese Tendenz hat sich seitdem sogar eher noch verstärkt: In den beispielsweise 2010 für Hessen[5] verankerten Plänen sind im Unterricht in Geschichte an Gymnasien für den Bereich der Alten Geschichte vorgesehen:

- 11 Stunden insgesamt in Klasse 6 für „Die Welt der Hellenen" und „Leben in Athen im Zeitalter des Perikles", nur fakultativ: „Leben im Kriegerstaat Sparta", „Die Welt des Hellenismus"
- 18 Stunden insgesamt in Klasse 7 für „Leben im republikanischen Rom", „Die Kaiserzeit", „Auflösung des Römischen Reiches und Teilung der Mittelmeerwelt", nur fakultativ: „Die Aufstände der Juden in Palästina"
- 23 Stunden insgesamt in E1 für „Die Polis der Athener" *oder* „Das Imperium Romanum"

In Summe: In G8 52 Stunden, in G9 32 Stunden in Klasse 6 sowie 32 in 11/1 für „Die Polis der Athener" oder „Das Imperium Romanum" *und* „Europa und außereuropäische Kulturen im Mittelalter"

---

4 Vgl. LAUTZAS 2004, 24.
5 LP Geschichte HE 2010.

– beides ohne jedwede Ausfälle gerechnet.[6] Dabei sind nicht die
Quantitäten das entscheidende Problem, sondern eher die Qualitä-
ten:[7] Die Gesamtzahl der Stunden vermag sicherlich einen Einblick
in Themenfelder wie die oben aufgezählten zu verschaffen, ist jedoch viel zu wenig für vertiefte Erkenntnisse, zumal dann, wenn
man sich die Altersstufe des schulischen Erstkontakts, die Notwendigkeit, systematische chronologische und strukturelle Grundlagen zu legen und die Fülle an Vorgaben („handlungsorientierter
Unterricht") vor Augen führt. Zudem werden offensichtlich einige
der oben aufgezählten Themen gar nicht im Unterricht behandelt.

Auch der Blick in die Pläne benachbarter Fächer vermag da wenig zu trösten: Im G8-Plan für Latein als erste Fremdsprache heißt
es zwar:

> Der Lateinunterricht fördert kulturelle und interkulturelle
> Kompetenz, indem er [...] die griechisch-römische Welt und
> ihre vielfältige prägende Wirkung auf das abendländische
> Denken durch die Literatur vorstellt [... und] wegen der
> zeitlichen Ferne der klassischen lateinischen Texte die Schü-
> lerinnen und Schüler Einsicht in die historische Gebunden-
> heit von Standpunkten gewinnen und so ihre Begründetheit
> kritisch erfahren lässt.[8]

Doch exemplarische Querverweise in das Fach Geschichte sollen
schon ab Klasse 5 (!) erfolgen: „Die Schülerinnen und Schüler lernen einige wichtige Bereiche des antiken Lebens und den Einfluss
der Römer auf Geschichte und Kultur ihrer näheren Umgebung
und in Europa kennen."[9] An inhaltlichen Themen sollen Beach-

---

6   Was selbst in den Handreichungen zum kompetenzorientierten Geschichts-
    unterricht als problembeladenes Feld thematisiert, aber recht beiläufig auch
    wieder abgetan wird. Vgl. BERNHARDT / GAUTSCHI / MAYER 2011, 23: „Der
    Umgang mit der zur Verfügung stehenden Unterrichtzeit scheint eines der
    Hauptprobleme von Geschichtslehrerinnen und -lehrern zu sein. Man könn-
    te als Lehrperson immer mehr Zeit brauchen, als tatsächlich zur Verfügung
    steht, und in der Regel fallen noch unerwartet Veranstaltungen aufgrund von
    Krankheit oder Sporttagen aus. Um also am Schluss des Geschichtsunter-
    richts nicht erst mitten im Programm angelangt zu sein, braucht es ein gutes
    Zeitmanagement."
7   So zu Recht schon LAUTZAS 2004, 25.
8   LP Latein HE 2010.
9   LP Geschichte HE 2010.

tung finden: Familie, Alltagsleben, Stände, Cursus honorum, Gestalten der griechischen und römischen Geschichte, trojanischer Sagenkreis, Gründungssage Roms, Götterhimmel der Griechen und Römer.

Im Lehrplan für das Fach Altgriechisch im G8-System ist vorgesehen:

> Die Schülerinnen und Schüler werden exemplarisch an den großen Kanon der Themen, Ausdrucksformen und Gegenstandsbereiche herangeführt, die Europa geprägt haben: [...] in die theoretischen Grundlagen für den Umgang mit Geschichte und Politik bei den Griechen.[10]

In Q1 und Q2 sollen explizite Querverweise in das Fach Geschichte in Form folgender Themen gegeben werden: Homer: Ilias und/oder Odyssee; Die Anfänge griechischer Geschichtsschreibung.

Im Lehrplan für das Fach Evangelische Religion sollen exemplarische Querverweise in das Fach Geschichte schon in Klasse 6 (!) erfolgen, darunter verpflichtend (!): Judentum; Entstehung des Judentums nach dem Exil. Die Bedeutung des Tempels, Fremdherrschaften, Diaspora, Zerstörung Jerusalems 70 n.Chr. In Klasse 7 vorgesehen sind: Ausbreitung und Verfolgung: Erfolgreiche Missionsarbeit im römischen Reich; Wechsel zwischen Konsolidierung und staatlichen Repressalien (Decius, Diokletian) – ferner: Anerkennung und Veränderung: Konstantinische Wende; Gewissens- und Religionsfreiheit; Rückgabe christlichen Besitzes; Stärkung des Klerus; Staatsreligion; kirchliche Prachtentfaltung; Machtgewinn; religiöse Intoleranz (Juden, Ketzer).

Jüngst wurden die Entwürfe für neue Kerncurricula für die gymnasiale Oberstufe vorgestellt,[11] die diesbezüglich eher noch mehr Anlass zur Sorge geben, denn dort sollen für das Fach Geschichte zwar im Rahmen des sogenannten „zweiten Durchgangs" attische Demokratie und römische Republik als „Wurzeln der mo-

---

[10]   LP Griechisch HE 2010.

[11]   http://lsa.hessen.de/irj/LSA_Internet?cid=c238ce0120893e0ab333cf2c32383 0b2 [20.11.2014]. Die epochale Verankerung von Antike in der Sekundarstufe I scheint unverändert geblieben zu sein. Andere Bundesländer unterscheiden sich nicht grundlegend und führen ähnliche Debatten auf einem ähnlichen Argumentationsstand.

dernen Demokratie?" verpflichtend behandelt und offenbar hinterfragt werden, doch soll man in diesem Schuljahr inhaltlich bis zur Französischen Revolution kommen – für die Unterrichtenden keine ganz leichte Aufgabe mit vermutlich schmerzhaften Kürzungen einzelner Themen und Epochen. Auch für die anderen Fächer scheinen sich die skizzierten Trends eher noch zu verstärken und hinterlassen ein Gefühl thematischer Enge. Es ist – über zehn Jahre nach der gleichlautenden Diagnose von Lautzas – nach wie vor schwer einzusehen, warum Alte Geschichte seit Jahren nahezu ausschließlich auf die schmalen Bereiche „Ägypten", „Griechenland" und „Rom" reduziert wird.[12]

Dieser kursorische und schlaglichtartige Durchgang für Hessen, das Fach Geschichte und benachbarte Fächer an Gymnasien (ein ähnlicher für den Unterricht an Realschulen und andere Bundesländer fällt nicht grundlegend anders aus)[13] wirft eine Reihe von Fragen auf: im Hinblick auf Schulen ohne Latein-, Griechisch- oder Religionsunterricht sowie darauf, welche Inhalte unter solchen Voraussetzungen überhaupt vermittelt werden können und warum die zu behandelnden Themen nicht miteinander abgestimmt, sondern in so unterschiedlichen Altersstufen behandelt werden. Er wirft vor allem Fragen auf, wie es sein kann, dass Wissen vorhanden ist um Themen, die offenbar nicht oder aber nicht systematisch in der Schule behandelt worden sind. Wenn antike Themen so exemplifiziert behandelt werden, wenn zunehmend der Kompetenzgewinn vor der inhaltlichen Vermittlung den Vorrang erhält, warum gibt es dann trotzdem so viele Versatzstücke von so unterschiedlichen Antikenbezügen in unserem Leben? Wer ist dafür die Zielgruppe?

Diese Frage soll nach einem kleinen kursorischen Durchgang durch mediale Umsetzungen jener antiken Stoffe beantwortet werden, die in Form kleiner Wissensinseln offenbar in den Köpfen vieler Schülerinnen und Schüler besetzt sind.

---

[12] Vgl. LAUTZAS 2004, 26.
[13] In der Vergangenheit schon einmal untersucht, vgl. ERDMANN 2004, 29–40.

2 Eine kleine *Tour d'horizon*

Ein „normaler" Tag beginnt für viele Menschen mit Musik aus dem Radio, im Bad, in der Küche, im Auto. In diesem Fall spielt ein beliebiger Sender zum Auftakt in den Tag „Helen and Cassandra", einen Titel des englischen Singer/Songwriters Al Stewart, veröffentlicht 1988 auf seinem Album „Last days of the century". Die kommerziell offenbar nicht sonderlich erfolgreiche Produktion überrascht dennoch mit einer bemerkenswerten Verneigung vor der historisch-kritischen Methode:

> It's funny how the story lingers
> It's probably a myth of course
> A whisper in the ear of Homer
> Perhaps there never was a horse
> She could have turned the head of Paris
> With the gentle sway of her hips
> Helen, the face that launched a thousand ships
> ...
> The Bronze Age kingdoms tumble
> The cities fade one by one
> The walls of Mycenae crumble
> The Dark Age has begun
> And the truth is lost in the ancient dust
> Yet the memory forever persists
> Of Helen, the face that launched a thousand ships
> Helen, the face that launched a thousand ships.[14]

Wolfgang Petersen fühlte sich just von dieser Passage möglicherweise sehr inspiriert, denn in seiner Verfilmung der Geschichte von 2004, die regelmäßig auf einem der vielen Free-TV-Sender ausge-

---

[14] Vgl. Hom. *Il.* 2, 484–762. In der Summe ist die Zahlenangabe bekanntlich problematisch: Homer gibt zwar eine Streitmacht von fast 1.200 Schiffen an. Zweimal nennt er mit 120 und 50 Mann die Stärke der Besatzung, so dass man unter Berücksichtigung von größeren und kleineren Schiffen bei im Durchschnitt angenommenen 80 Kriegern je Schiff auf die doch sehr erhebliche Zahl von 94.880 Kriegern käme.

strahlt wird, ist dies eine der beeindruckendsten Filmsequenzen, wobei die Landung der griechischen Schiffe an den trojanischen Gestaden diachrone Assoziationen mit der Landung der Alliierten in der Normandie evoziert. In einer der letzten Szenen der englischen Synchronisation des Films spricht Odysseus im Off die Worte:

> If they ever tell my story let them say that I walked with giants. Men rise and fall like the winter wheat, but these names will never die. Let them say I lived in the time of Hector, tamer of horses. Let them say I lived in the time of Achilles.

Viele Namen des trojanischen Krieges haben es tatsächlich in unser tägliches Leben geschafft, darunter neben der sprichwörtlichen „schönen Helena" oder dem „listigen Odysseus", der es fernab des trojanischen Krieges zu einer beachtlichen eigenen Rezeptionsgeschichte gebracht hat, auch „Ajax" als Bezeichnung für Fussballvereine, englische Kriegsschiffe, verdeckte Operationen von CIA und MI6 – oder aber Putzmittel im heimischen Küchenschrank.[15] Dabei wird – obwohl denkbar – kein Bezug zum Missionar des 5. Jahrhunderts hergestellt,[16] sondern explizit zum mythischen Helden, lautete doch der ursprüngliche Slogan des Putzmittels „Stronger than dirt!" Zuletzt wurde lautmalerisch sogar mit dessen Herkunft gespielt: „Stronger than grease [sic]".[17]

Auch wenn Al Stewart es in Frage stellte: Zu einem noch größeren Bekanntheitsgrad als Ajax, Hektor und Achill hat es das legendäre Pferd gebracht, auf das auch unausgesprochen Bezug genommen wird, heißt doch ganz selbstverständlich eine der größten Bedrohungen für den digitalen Menschen „Trojaner". Aber auch die Werbung parodiert die Vorlage, wobei nicht ganz deutlich wird, ob man vereinzelt die literarische Vorlage oder die filmische aufs Korn nimmt: Für ein Mittel gegen Sodbrennen der Firma *Bristol Myers Squibb* kreierte die brasilianische Werbeagentur TBWA 2010 eine internationale Kampagne mit dem Titel „Watch out for the

---

[15] Vgl. FREITAG 2013, 152–155.
[16] Vgl. WOLFRAM 1990, 186 u. 204.
[17] Vgl. http://www.colgate.com/app/PDP/Ajax/US/EN/dishLiquid.cwsp [14.11.2014].

unpleasant surprises!" und parodierte das Motiv u.a. in Form eines trojanischen Schweins bzw. eines trojanischen Huhns. In einer durch die bekannte Hamburger Werbeagentur Jung von Matt konzipierten bundesweiten Werbekampagne für die BILD-Zeitung 2008 mit dem Titel „BILD informiert ... leider erst seit 1952" wurden u.a. der Sündenfall („Nicht essen!"), die Titanic („Achtung: Eisberg!") – und eben das Trojanische Pferd („Vorsicht, Falle!") zum Träger mehrschichtiger Botschaften, denn die ironische Botschaft funktionierte nur bei entsprechend vorinformierten Betrachtern, die das Motiv und sein „Setting" wieder erkannten.[18]

Populärer noch als „Troja" von 2004 ist derzeit „300", die Verfilmung der Comic-Vorlage von Frank Miller durch Zack Snyder (2007). Mit Produktionskosten von 65 Millionen US-Dollar wurden bislang weltweit mit Kino, DVD/Blue-Ray, Fernsehvermarktung und Merchandising rund 456 Millionen Dollar eingespielt, dem aktuell intensiv beworbenen zweiten Teil mit dem markigen Untertitel „Rise of an Empire" wird ein ähnliches Potential nachgesagt.[19] Insbesondere eine Szene des ersten Teils, in der die persischen Gesandten in einen Brunnen gestürzt werden[20] und der spartanische König Leonidas ihnen den Satz „THIS IS SPARTA!" entgegenbrüllt, hat angefangen, in den sozialen Netzen ein Eigenleben zu führen, wobei die Grenze zwischen historischer Vorlage und filmischer Umsetzung vollkommen verwischt wird (so z.B. Abb. 1, S. 134).

---

[18] http://adsoftheworld.com/sites/default/files/images/alca-luftal-chicken.jpeg; http://adsoftheworld.com/sites/default/files/images/alca-luftal-pig.jpeg; http://theinspirationroom.com/daily/print/2008/3/bild_trojan_horse.jpg [20.4.2015]

[19] http://www.imdb.com/title/tt0416449/ [14.11.2014].

[20] Zurückgehend auf Hdt. 7,133: ἐς δὲ Ἀθήνας καὶ Σπάρτην οὐκ ἀπέπεμψε Ξέρξης ἐπὶ γῆς αἴτησιν κήρυκας τῶνδε εἵνεκα· πρότερον Δαρείου πέμψαντος ἐπ’ αὐτὸ τοῦτο, οἱ μὲν αὐτῶν τοὺς αἰτέοντας ἐς τὸ βάραθρον οἳ δ’ ἐς φρέαρ ἐμβαλόντες ἐκέλευον γῆν τε καὶ ὕδωρ ἐκ τούτων φέρειν παρὰ βασιλέα. ‚Nach Athen und Sparta hatte Xerxes gar keine Boten mit der Forderung um Erde gesandt; er tat es aus folgendem Grund nicht: Als Dareios früher zu diesem Zwecke zu ihnen gesandt hatte, hatten die einen von ihnen die fordernden Boten in eine Schlucht gestürzt, die anderen sie in einen Brunnen geworfen und aufgefordert, daraus dem König Erde und Wasser zu bringen.' (Übers. Josef Feix).

Abbildung 1: "This is Sparta" in den sozialen Netzwerken

Die Faszination setzt sich auch in anderen Gattungen fort wie ein Gang in eine Buchhandlung mit englischer Belletristikabteilung zeigt: Unter den unzähligen historischen Romanen der letzten Jahre nehmen die Romane von Steven Pressfield einen besonderen Stellenwert ein. Auf dem Klappentext der Paperbackausgabe von „Gates of Fire", der „Epic Novel (sic) of the battle of Thermopylae", veröffentlicht lange vor den jüngsten Filmen, wird dem Autor nachgesagt, er habe diese Schlacht wahrhaft zum Leben erweckt. Aktuell soll sich das Werk auch auf der Lektüreliste der Kadetten zu West Point und Quantico befinden.[21] 2005 vertonte die Metalband „Manilla Road" die Ereignisse rund um Leonidas im Rahmen ihres Albums „Gates of Fire" in Form einer epischen Song-Trilogie mit über 20 Minuten Gesamtspielzeit.[22]

Man kann den Reigen immer weiter spinnen: Über die Alexander-Verfilmungen der 50er bzw. frühen 2000er Jahre mit ihren Hauptdarstellern Richard Burton oder Colin Farrell, die wie „Tro-

---

[21] Zumindest nach Auskunft des Autors: http://www.stevenpressfield.com/about/[14.11.2014].

[22] Aus Trilogy 3: Gates Of Fire: Part 2: „Arrows block the sun out/The three hundred die/Here courage did abound/In the Gates of Fire".

ja" regelmäßig auf verschiedenen Sendern wiederholt werden, die historischen Romane in seinem Umfeld[23] oder die Brettspiele mit ihren unterschiedlichen Arbeitsaufträgen und mal mehr mal weniger historischen Konnektivitäten,[24] bis hin zu jenen multimedialen Umsetzungen der „anderen" großen Feldherrn der Antike, Hannibal oder auch Caesar, letzterer oft erwähnt in einem Atemzug mit Kleopatra, manchmal zu sehen auch in der Kühlabteilung deutscher Supermärkte (Abb.2, S. 135).

Abbildung 2: Caesar und Kleopatra am Frühstückstisch

Abgesehen von der unter Genderaspekten interessanten Frage, warum Produktentwickler und Werbeabteilung just diese Verbindungen von Geschmackssorten (Caesar: grünes Pesto, Cleopatra: milder Ziegenkäse) und Namenswahl hergestellt haben, spielt auch

---

23   So z.B. die Alexander-Trilogie von Gisbert Haefs (1992 / 1993 / 2013) oder die beiden Pressfield-Romane (1998 / 2006).

24   „Alexandros" von Winning Moves, 2003: „Alexander zieht mit seinem Heer kreuz und quer durch den vorderen Orient und erobert weite Landstriche. Die Verwaltung der neuen Provinzen überläßt er seinen Statthaltern. Von diesen möchte natürlich jeder bei der Verteilung besonders gut abschneiden und die ertragreichsten Provinzen für sich gewinnen. Denn nur dann kann er durch hohe Steuereinnahmen das Spiel gewinnen. Die Spieler übernehmen die Rolle der Statthalter und bestimmen den Weg des Eroberers und damit die Größe und die Ertragskraft der Provinzen. Das erfordert taktisches Geschick bei der Auswahl der Etappenziele und überlegten Einsatz der Symbolkarten und Statthalter." [http://www.boardgamegeek.com/boardgame/8273/alexandros] u. „Alexander" von Phalanx Games, in der deutschen Version 2004: „Die Spieler erhalten Punkte für das Besetzen von Provinzen und für das Gründen von Tempeln und Städten. Der Spieler mit der höchsten Punktezahl am Spielende gewinnt. Er darf sich Alexander der Große nen-

hier das Layout auf bestimmte Vorstellungen und Klischees rund um eines der berühmtesten Paare der Antike an – wenngleich es vermutlich weniger auf antike Stoffe zu beziehen ist als vielmehr auf die Asterix-Comics bzw. die Kleopatra-Verfilmung aus dem Jahre 1963. Potential für die Vermarktung in ganz unterschiedliche Genres bieten zwar auch die beiden historischen Personen genug, doch die schlagzeilenträchtige Verfilmung mit dem „Skandalpaar" Burton/Taylor schuf in der jüngeren Zeit neue Vermarktungspotentiale wie das Kartenspiel gleichen Namens aus dem Kosmos-Verlag oder die Römer-Serie von Playmobil zeigt, die eine sehr „tayloreske" Kleopatra-Version beinhaltet.[25] Auch der bewusst zum „Jubiläum" der Varusschlacht 2009 mit einem enormen Aufwand produzierte Zweiteiler der „Sendung mit der Maus" wäre in einem diesem Kontext zu nennen.[26]

Über die Comics und weitere Verfilmungen des Stoffes mit realen Schauspielern hinaus könnte man mit Nero fortfahren, dessen Name trotz zahlreicher anderweitiger Darstellungen[27] immer noch und scheinbar untrennbar mit dem Brand Roms verknüpft ist. Jedes Assoziationsspiel bei einem zufällig zusammengesetzten Publikum erzeugt bezogen auf ihn die stets gleichen Konnotationen: Brandstifter, Massenmörder, Christenverfolger, Wahnsinniger, Sänger.

Zu diesem in den Köpfen immer noch existenten Topos haben (multi-)mediale Umsetzungen massiv beigetragen, schon die Opern des 17. und 18. Jahrhunderts,[28] dann allen voran natürlich der Ro-

---

nen." [http://boardgamegeek.com/boardgame/12248/alexander-great] [alle 14.11.2014]

[25]   Kosmos-Spiel: „Caesar und Cleopatra liegen im Streit. Es geht um die Unabhängigkeit Ägyptens. [...] Erleben Sie das römisch-ägyptische Kartendrama und ziehen Sie den Kopf ein, wenn sich hier und da mal der Zorn der Götter über den Streitenden entlädt! Beide haben die gleichen Karten, fragt sich nur, wer sie besser einsetzt."
Playmobil: PLAYMOBIL Produktset 4651 – Special: Kleopatra (veröffentlicht: 2006).

[26]   16.000 Figuren wurden eigens auf Plastiklafetten geklebt und mit einer Auslegerkamera gefilmt, hinzu kamen Dreharbeiten in Kalkriese und am Hermannsdenkmal.

[27]   Z.B.: MALITZ 1999; GRIFFIN 2001; CHAMPLIN 2003; SCHNEIDER 2010, 77–86.

[28]   Um nur einige zu nennen: Claudio Monteverdi, „L'incoronazione di Pop-

man von Henryk Sienkiewicz mit seinen unzähligen Auflagen und Ausgaben,[29] sowie mit ungeheurer Bildgewalt jene filmische Umsetzungen wie die für acht Oscars nominierte Version von Mervyn LeRoy von 1951 (mit Robert Taylor, Deborah Kerr und Peter Ustinov), über viele Jahre hinweg mit Ausstrahlungsterminen im deutschen Fernsehen um Ostern. Diese Verbindung aus historischer Person und medialer Verklärung steckt so sehr in den Köpfen fest, dass die Google-Bildersuche nach Nero ein animated-Gif in bester Ustinov-Pose zeigt und eines der bekanntesten Softwareprodukte für das Brennen von CD/DVD „Nero" heißt: im Emblem der Versionen 7–10 das brennende Colosseum – welch' amüsanter Anachronismus mit Blick auf die Geschichte der *Domus Aurea* und des wohl bekanntesten Amphitheaters der Welt.

Aufgegriffen wurde dieses Klischee, das bis in Disneys Lustige Taschenbücher und damit eine andere schwer zu greifende Zielgruppe hinein ausstrahlt,[30] 2010 durch den damaligen SPD-Chef Sigmar Gabriel, der seinem politischen Kontrahenten Guido Westerwelle in einer mittlerweile ihrerseits topischen Diskussion rund um „anstrengungslosen Wohlstand", Hartz IV und spätrömische Dekadenz vorwarf, dieser zündele wie Kaiser Nero am Staat.[31] Auf dem Höhepunkt der Eurokrise wurde Silvio Berlusconi in entsprechender Weise karrikiert – sicherlich nicht ohne Hintergedanken auf potentielle Wirkungen und Querverbindungen bei der Leserschaft der entsprechenden Tages- und Wochenzeitungen.[32] Auch der Kantersieg des FC Bayern München gegen den AS Rom in

---

pea", Premiere 1642; Jean Racine, „Britannicus", Premiere 1669, Georg Friedrich Händel, „Nero", Premiere 1705; „Agrippina", Premiere 1710; Reinhard Keiser, „Octavia", Premiere 1705, Anton Rubinstein, „Nero", Premiere 1879.

[29] "Quo Vadis", erstmals veröffentlicht 1895. Der Roman war seit seiner englischen Übersetzung ein Bestseller (800.000 verkaufte Exemplare innerhalb des ersten Jahres) und trug mit dazu bei, dem Autor den Nobelpreis für Literatur zu verschaffen http://www.nobelprize.org/nobel_prizes/literature/laureates/1905/ press.html [14.11.2014].

[30] Walt Disneys „Lustiges Taschenbuch" Nr. 162 greift in einer Zeitreisegeschichte Neros Ambitionen als Sänger auf, spielt wohl aber eher mit der Vorlage „Quo vadis".

[31] http://www.sigmar-gabriel.de/aktuelle_themen/westerwelle-zndelt1 [14.11.2014].

[32] http://www.whatamimissinghere.com/wp-content/uploads/2011/11/100

der Champions League Saison 2014 / 15 weckte offenbar entsprechende Assoziationen in den sozialen Netzwerken, so twitterte der ehemalige englische Nationalspieler Gary Lineker seinen rund drei Millionen Followern:

> Roma hasn't been burned like this since Nero got his fiddle out.[33]

Die Verbindungen zwischen aktuellen und damaligem Freizeitvergnügen ließen sich vielfältig belegen, ein weiteres Beispiel mag jedoch genügen (Abb. 3, S. 139).

Der römische Reigen ließe sich weiter spannen: über die bereits genannten Pompeji-Verfilmungen und das gleichnamige Brettspiel für Kinder und junge Erwachsene aus dem Amigo-Verlag, die Umsetzungen des Gladiator-Stoffes in Form von Serien und Spielfilmen bis hin zu den immer realitätsnäheren PC-Spielen mit realen Schauspielsequenzen, die mittels massiv viral beworbener Trailer die Frage aufwerfen: „Wie weit würdest Du für Rom gehen?"[34]

3 „Zielgruppe"?

Tja, wie weit würde man gehen? Wer ist denn nun Zielgruppe für diese wirre Mischung aus Folk, Heavy Metal, Büchern, Filmen, Serien, Werbung, Computerspielen, Brettspielen und sich verselb-

---

554-Nero-Berlusconi-by-Tom-Janssen-The-Netherlands-515x367.jpg [14.11.2014].

[33] https://twitter.com/garylineker/status/524660281558196224 [20.11.2014]. Interessant die Reaktion von *Focus online*: Während der Hinweis, dass Nero für den Brand verantwortlich sei, nur halb thematisiert wird („soll"), bemüht man sich besserwisserisch, den Tweet anderweitig gerade zu rücken: „Anm. d. Red.: Dass Nero in seinem Heimatort Geige spielte, während die Hauptstadt abbrannte, ist eine Mär, da das Instrument erst viel später im Mittelalter erfunden wurde." (Vgl. http://www.focus.de/sport/fussball/championsleague/reaktionen-und-pressestimmen-bayern_id_4219114.html.) Amüsant ferner ein anderer historischer Vergleich, nämlich der der „Plünderung Roms": „Heftiger wurde die Stadt zuletzt von den Hunnen geschändet." (Vgl. http://www.11freunde.de/liveticker/rom-gegen-bayern-im-11freunde-liveticker).

[34] Rome Total War (2004), mit seinen Erweiterungen „Barbarian Invasion" (2005) und Rome II (2013): http://www.totalwar.com/en_us/rome2/

Abbildung 3: Bengalos im Colosseum

ständigenden Versatzstücken antiker Stoffe im täglichen Leben?
Welche Wirkung entfalten diese Produkte? Wie geht man um mit
massiv beworbenen und prominent im Vorabendprogramm des
Wochenendes platzierten Produktionen wie „Unterwegs durch die
Weltgeschichte" (ZDF 2011) mit Hape Kerkeling, in denen Odysseus' Irrfahrt nicht nur thematisiert, sondern auch noch mit „Sai-
ling" von Rod Stewart unterlegt und die Sirenen mit Lady Ga-
ga verglichen werden? In denen die Perserkriege immer noch als
Freiheitskampf der Griechen zur Rettung ihrer großen Kultur benannt werden? Jedes Klischee wird dort bedient, keine (unsinnige)
Verallgemeinerung ausgelassen, historisch-kritische Methode und
aktuelle Forschungsergebnisse fehlen fast vollends, die Trennung
von literarischen Stoffen und historischen Fakten verschwimmt, alte Vorurteile werden weiter bedient – aber, zugegeben: Man gibt
der Epoche, ihren Personen und Themen eine Bühne und „holt"

[14.11.2014], mit diversen Download-Packs, darunter „Hannibal ante Por-
tas" (2014), auf diversen Videokanälen mittels mehrminütiger spielfilmarti-
ger HD-Trailer beworben. Immerhin rund 10% aller Computerspiele thematisieren antike Stoffe; vgl. SCHWARZ 2012, 14–15.

die vermeintliche Zielgruppe quer durch alle Altersstufen dort ab, wo sie sich möglicherweise auch tatsächlich befindet.[35]

Wie unterschiedlich diese Zielgruppe aber ausfällt wird deutlich, wenn man in dem bemerkenswerten Katalog zum Thema Nachleben der Antike in alltäglichen Gegenständen der Ausstellung „Archéopub" des Musée Archéologique in Straßburg blättert.[36] Wir könnten den Blick auch noch weiter schweifen lassen hin zu Fantasy-Büchern wie der Percy-Jackson-Reihe von Rick Riordan, Comics wie der „Cartoon History of the Universe" von Larry Gonick und Science-Fiction-Serien wie Star Trek mit ihren vielfältigen Rezeptionen antiker Stoffe,[37] die uns dann eines endgültig klar werden lassen: *Die* Zielgruppe gibt es nicht, vielleicht kann es sie auch gar nicht geben.

Es fällt aber bei eingehender Betrachtung auf, dass so mancher „sidekick", so mancher versteckte Humor vertiefte Kenntnisse voraussetzt, da die Anspielungen in Namensgebungen, Hintergrund-

---

[35] KORENJAK / TÖCHTERLE 2002, 7 nennen die filmische Umsetzungen das „wirkungsmächtigste Rezeptionsmedium der Antike", das je existiert habe. So auch LOCHMANN 2008, 12; ebenso JUNKELMANN 2002, 21: „Film hat sich also im 20. Jahrhundert nicht nur als ein Vehikel für vereinfachende und entstellende, für falsch romantisierende und nicht minder falsch aktualisierende Geschichtsfiktion erwiesen, sondern auch als ein Medium, das unsere Vision von der Vergangenheit erweitern und ergänzen kann und dem, wie auch immer der konkrete Informationswert beschaffen sein mag, das Verdienst zukommt, wieder und wieder das Interesse an historischen Themen entzündet und wachgehalten zu haben."

[36] Wobei herauszustreichen ist, dass diese Ausstellung in Zusammenarbeit mit dem Altphilologenverband entstanden war; vgl. SCHNITZLER / SCHNITZLER 2006. Ziel der Ausstellung war es ausdrücklich, „auf sehr konkrete Art den bedeutenden Einfluss des vorgeschichtlichen Erbes auf die moderne Welt verdeutlichen; anhand bestimmter, für Werbezwecke genutzter Themen die heutige Wahrnehmung von Vorgeschichte und Antike untersuchen; Notwendigkeit und Bedeutung der Weitergabe von Wissen für das Verständnis des vorgeschichtlichen Erbes verdeutlichen und bewusst machen, dass sowohl geschichtliche Grundkenntnisse als auch die Altsprachen Griechisch und Latein erforderlich sind, damit die Schlüssel zur Deutung dieses Teils unseres kulturellen Erbes nicht auf immer verloren gehen." (http://www.musees.strasbourg.eu/sites_expos/ARCHEOPUB/RESOURCES_ARCHEOPUB/dp_archeopub_d.pdf; [14.11.2014]).

[37] Als Einführung zu Comics empfohlen: KOVACS / MARSHALL 2011, zu *Star Trek*: WENSKUS 2009.

geschichten oder musikalischen Untermalungen nicht aus sich heraus verständlich sind.[38] Mit Blick auf die Art der Produkte, ihren teilweise recht hohen Preis und ihre Marktsegmente ist die Zielgruppe somit nicht die aktuelle Generation der jetzigen Schülerinnen und Schüler – sondern wohl eher die derjenigen, die heute als sog. „werberelevante Zielgruppe der 20–59jährigen" definiert werden.

Es wäre noch systematisch zu untersuchen, ob diese Gruppe mehr „Wissen" auf den Weg bekommen hat, wenn aber – was zu erwarten steht – dies nicht unbedingt der Fall ist, dann funktionieren viele Rezeptionen deswegen, weil sie Themen und Namen berühren, die wir als Teil eines gemeinsamen kulturellen Gedächtnisses verstehen können, dürfen und müssen.[39] Solche Themen werden letztlich schulunabhängig vermittelt – auch dort, ja, aus Sicht des Althistorikers nur leider vielleicht in der falschen Phase, auf die falsche Altersgruppe und vielleicht zu einseitig den Kom-

---

38 So z.B. WENSKUS 2009, 224–225: „Auch wer sämtliche Star Trek-Folgen kennt, erspart sich nicht ein Philologie- oder Philosophiestudium, und selbstverständlich ist es nicht erforderlich, Star Trek zu kennen, um ein guter Philosoph oder Philologe zu sein. Dennoch, [...] so manch ein Sachverhalt wird klarer, wenn er aus einem anderen Blickwinkel betrachtet wird. Auch bieten Unterhaltungen über Star Trek goldene Gelegenheiten, nicht nur für die naturwissenschaftlichen, sondern auch für die geisteswissenschaftlichen Fächer Verständnis und Interesse zu wecken: Gespräche über Phänomene der Populärkultur mit Fans gehören zu den wenigen Gelegenheiten, andere zu belehren, ohne als arroganter Fachidiot zu wirken. Gerade für Star Trek gilt, dass es nicht großer Anstrengungen bedarf, um echten Freunden von Spock, Picard und Janeway folgendes klar zu machen: Wenn die Vergangenheit selbst in der von euch so geliebten Zukunft eine so wichtige Rolle spielt, dann lohnt es sich doch sicher, sie auch für die Gegenwart zu entdecken."

39 So auch BERNHARDT / GAUTSCHI / MAYER 2011, 12: „Es gibt unterschiedliche Vorstellungen darüber, was historisches Wissen ist. [...] Auf der einen Seite gibt es das historische Wissen eines Kollektivs, einer Gesellschaft, einer Kultur, das gewissermaßen in archivierter, jedenfalls statischer Form vorliegt. Andererseits gibt es den an der Wissenspsychologie orientierten Wissensbegriff, der die individuelle Wissensrepräsentation in den Vordergrund stellt. Kurz gesagt, wir kennen eine archivierte Form historischen Wissens, die uns im Rahmen der Geschichtskultur als fertiges Produkt gegenübertritt. Und es besteht eine dynamische Form historischen Wissens, die sich im historischen Denken einer Person bildet und in einer historischen Erzählung ihren Ausdruck findet."

petenzerwerb ausgerichtet. Eine Lösung könnte daher sein, sich systematisch auf fächerübergreifende Konzepte, Ideen und Umsetzungen einzulassen:[40]

- Warum nicht über ein fächerübergreifendes „Shakespeare-Cluster" nachdenken, in dem „Iulius Caesar", Plutarch, Sueton, Cicero und andere samt Robert Harris' Roman(en) und aktuellen Monographien in Englisch, Geschichte, Latein, Griechisch und Deutsch ihren Platz finden?
- Warum nicht „Troja" in Geschichte behandeln, Jean Giraudoux mit seinem bemerkenswerten Bühnenstück „La guerre de Troie n'aura pas lieu"[41] hingegen in Französisch – und Geschichte?!
- Warum nicht Lokal- und Regionalgeschichte mit dem Beispiel „Limes" oder „Die Römer in Hessen" in Erdkunde und Geschichte?
- Warum nicht die uralten Klischees von „Gute Kaiser – schlechte Kaiser" hinterfragen, und sei es mit der bissigen Interpretation der „Evil Roman Emperors (BAD)" aus den „Horrible Histories"?[42]

Fächer, Themen und Herangehensweise würden davon ebenso profitieren wie die Schülerinnen und Schüler im Hinblick auf Wissensvermittlung und Methodik – von den Lehrenden gar nicht erst zu

---

[40] So schon Lautzas 2004, 26.

[41] Giraudox, Paris 1935. Dt.: „Kein Krieg in Troja. Schauspiel in zwei Akten", Wien 1936. Nebenbei ein bemerkenswertes Beispiel für das Zusammenspiel von fiktionaler Geschichte und Zeitkritik. In der zentralen 14. Szene, einem Dialog zwischen Hektor und Odysseus, schlägt letzterer vor, den Krieg doch noch abzuwenden: „Gebt mir Helena. Ich werde sie Menelaos zurückführen. Ich verfüge über viel mehr Beredsamkeit, als nötig ist, um einen Gatten von der Tugend seiner Frau zu überzeugen. Ja! Ich werde Helena sogar dazu bringen, selbst an ihre Tugend zu glauben. Und ich breche sofort auf, um jeden Überfall zu vermeiden. Sind wir erst auf dem Schiff, dann gelingt es uns vielleicht, den Krieg zu vereiteln." (Übers. Annette Kolb)

[42] Vgl. http://www5.scholastic.co.uk/zone/book_horr-histories.htm [14.11.2014]. Zu den bekanntesten Titeln zählen „Groovy Greeks" und „Rotten Romans", die Serie erhielt neue Fans durch die preisgekrönte TV-Umsetzung auf *CBBC* (2009–2013) und wurde „The Telegraph" zufolge zeitweise von 50% der 6–12jährigen gesehen – und

reden, die mit dieser Herangehensweise vielleicht ihrerseits verkrustete Traditionen und Lehrmeinungen erst überwinden lernen. Gestärkt würden so zudem verschiedene Kompetenzen, allen voran die narrativen.[43]

4 Die „Macht der Bilder"

Lässt man die eingangs benannten „Klassikerthemen" und ihre unterschiedlichen medialen Umsetzungen noch einmal innerlich Revue passieren, dann stellt sich am Ende dieser Überlegungen noch eine letzte, eine Grundsatzfrage: Braucht man eigentlich die „Macht der Bilder", geht es gar nicht mehr ohne?

Nein, es bräuchte eigentlich keine Medien, um diese Inhalte zu vermitteln, weil „die Stoffe" an sich gut sind, sie seit Jahrhunderten Faszination ausstrahlen und Wissen transportieren. Die mediale Umsetzung hilft ungemein, sie prägt allerdings auch enorm vor. Wir leben nun einmal in einer multimedialen Welt, die Wucht der Bilder erleben wir regelmäßig in den Nachrichten, in denen selbst seriöse Sender mittlerweile Bilder retuschieren und gegeneinander montieren, um deren Wirkungen zu verstärken. Umso wichtiger ist es dann allerdings, dass die stets immanente didaktische Reduktion, die „Bio-picture"-artige Präsentation in all den Geschichtsdokumentationen (ZDF History u.a.), die „Prime-Time"-taugliche Umsetzung (Terra X), die animierte 2D/3D-Action-Variante in Filmen und Videospielen seitens der Lehrkräfte an Schulen, Hochschulen und freien Bildungseinrichtungen mit entsprechender Medienkompetenz begleitet wird, denn die dortige Klientel schaut

---

damit zu einem Zeitpunkt, zu dem sie auch in England noch keinen systematischen Kontakt mit der jeweils behandelten Epoche hatten (http://www.telegraph.co.uk/culture/tvandradio/7765195/How-Horrible-Histories-grew-up-to-be-a-hit-comedy-show.html). Evil Roman Emperors: „The famous Roman Empire / Was the biggest, meanest neighbourhood. / We four were the baddest emperors, / And by Bad we don't mean Good!" Am Ende gewinnt Nero gegen Caligula, Elagabal und Commodus; auf die Musik von Michael Jacksons „BAD" vertont auf diversen Videokanälen zu finden.

43   Vgl. dazu Bernhardt/Gautschi/Mayer 2011, *passim*.

so etwas an, unabhängig von etwaigen FSK-Freigaben und zudem höchst unkritisch![44]

Ignoriert man alle diese Formen medial vermittelter Geschichte und bettet man sie nicht in ein entsprechend aufbereitetes und hoffentlich fächerübergreifendes Lehrkonzept ein, läuft man Gefahr, dass Topoi auch noch in das 22. Jahrhundert weitergetragen werden und dieser Form der Wissensvermittlung vollends das Feld überlassen wird. Die Arbeit am Text, an den Quellen, möglichst in der Originalsprache, ggf. mit mehreren Übersetzungen, multiperspektivisch, unter Anwendung unterschiedlicher Methoden muss nach wie vor im Zentrum stehen. Man muss immer noch zeigen, dass Geschichte immer wieder neu geschrieben, neu konstruiert wird, oft aber eben auf der Basis eigentlich bekannter Texte.[45]

Man darf die Lehrenden bei diesem hehren Ziel nicht alleine lassen: Ihnen helfen zahlreiche aktuelle monographische Medienanalysen, didaktisierte Medienbroschüren, die Arbeiten des FWU und kleinere DVD-Produktionen einzelner Lehrstühle[46] – denn diese haben meist auch einen aufbereiteten Materialteil, der den Zugriff auf die entsprechenden Texte vergleichsweise einfach macht. Der Notwendigkeit, sich auf solche Formen der Geschichtsvermittlung einlassen zu müssen, tragen zunehmend auch Programme zur Me-

---

[44] Vgl. dazu CUSTEN 1992.

[45] Vgl. George Santayana (Philosoph und Schriftsteller; 1863–1952): „History is always written wrong, and so always needs to be rewritten." (SANTAYANA 1950, 71 [E45]). Auf multimediale Geschichtsdarstellungen übertragen: Ähnlich MEIER / TIMOSCHENKO 2008, 244–45.

[46] Z.B. SOLOMON 2001; JUNKELMANN 2002; HUGHES-WARRINGTON 2007; LINDNER 2007; LOCHMANN / SPÄTH / STÄHLI 2008; THEODORAKOPOULOS 2010. Medienproduktionen: z.B. http://www.antike-multimedial.de [14.11.2014] mit den Projekten „Römer und Germanen", „Konstantin" bzw. „Nasser Limes". Vgl. dazu Sven Günther in seiner Besprechung von „Römer und Germanen" auf hsozkult: „In nuce, diese DVD ist deshalb so wertvoll, weil klassische Geschichtsarbeit an Quellen nicht durch moderne Medien ersetzt wird, sondern beides zusammenwirkt und so ein einheitliches Ganzes, einen modernen wie fundierten Geschichtsunterricht, hervorbringt." (http://hsozkult.geschichte.hu-berlin.de/rezensionen/2006-1-064.pdf; 14.11.2014)

dienkompetenz Rechnung, so bspw. das 10-Punkte-Programm aus Rheinland-Pfalz:[47]

> Aufgrund der technologischen, jugend-, arbeitsmarkt-, gesellschafts- und bildungspolitischen Veränderungen kommt der Förderung von Medienkompetenz eine entscheidende Bedeutung zu. Bedenkt man, wie rasch sich Handy und Internet in allen Bereichen der Gesellschaft ausgebreitet haben, so ist Medienkompetenz die entscheidende Grundlage lebenslangen Lernens.

Darunter werden gerechnet: Unterrichtsqualität mit neuen medialen Lerninhalten und -methoden erhöhen, technische Infrastruktur für Medienkompetenz ausbauen, hochwertige Bildungssoftware und Medien bereitstellen Im Rahmen des Landesprogramms wurden bisher 472 Schulen mit Notebook-Wagen (incl. Präsentationeinheiten) und standardisierten pädagogischen Netzwerklösungen ausgestattet. Seit dem Schuljahr 2009/2010 wurden die aufgenommenen Projektschulen zusätzlich mit Interaktiven Wandtafeln ausgestattet, seit 2013/14 sechs Pilotschulen mit Tablet-PCs.[48] Durch die Festlegung von Standards im Rahmen von landesweiten Lizenzen, den Abschluss von Rahmenverträgen unter Einbeziehung der Zuständigkeit der Schulträger sowie durch Nutzung weiterer Angebote sollen kostengünstig Software und Medien zur Verfügung gestellt werden. Der Einsatz von kostengünstigen Open-Source-Lösungen wird hierbei berücksichtigt. Nur ein Einzelfall? Nein:

Im Schulgesetz von Nordrhein-Westfalen[49] heißt es in § 2(6) („Bildungs- und Erziehungsauftrag der Schule"), dass Schüler/innen insbesondere lernen sollen, „mit Medien verantwortungsbewusst und sicher umzugehen." Im Rahmentext gesteht man ein, dass die Förderung von Medienkompetenz die Vermittlung von Schlüsselqualifikationen fördert, mit deren Hilfe Kinder und Ju-

---

47 http://medienkompetenz.bildung-rp.de/10-punkte-programm.html [14.11.2014].

48 http://medienkompetenz.bildung-rp.de/10-punkte-programm/ infrastruktur.html [14.11.2014].

49 http://www.schulministerium.nrw.de/docs/Recht/Schulrecht/Schulgesetz/ Schulgesetz.pdf [14.11.2014].

gendliche auf das Leben in einer dynamischen Informationsgesellschaft und zahlreiche (neue) Berufe vorbereitet werden können. Grundsätzliche Unterstützung bei der Entwicklung und Umsetzung von medienpädagogischen Angeboten finden Schulen und Lehrkräfte bei der Medienberatung NRW.[50]

Medienkompetenz-hessen.de, das Informationsportal für Eltern, Lehrer, Polizei und sozialpädagogische Fachkräfte, erhebt Medien mit Recht zu „Miterziehern": Neben Familie, Freundeskreis, Schule oder Kirche beeinflussten sie erheblich Wertvorstellungen und Verhaltensweisen. Junge Menschen wachsen mit Medien auf. Umso mehr sind Eltern, Lehrkräfte und Erziehungsverantwortliche in der Pflicht, sich mit diesen im Interesse ihrer Kinder auseinanderzusetzen:

> Es gehört deshalb zu den grundlegenden Erziehungsaufgaben, Kinder und Jugendliche zu einer sachgerechten und umsichtigen Mediennutzung zu befähigen. Diese Medienkompetenz muss wie das Lesen und Schreiben gelernt werden. So wie man Kinder nicht ohne Handlungsanweisungen am Straßenverkehr teilnehmen lässt, müssen sie auf die Möglichkeiten, Gefahren und Regeln der Medienwelt vorbereitet werden. Doch nur wer sich selbst einigermaßen auskennt, kann diese Medienkompetenz auch an Kinder und Jugendliche weitergeben.[51]

Diese Liste ließe sich leicht fortsetzen, doch leitet sie auch über zu den „Bildungsstandards", die oft den Eindruck vermitteln, als stünden Kompetenzen vor Inhalten. Diese Standards beinhalten *per definitionem* das, was alle Kinder und Jugendlichen am Ende ihrer schulischen Laufbahn (bzw. nach bestimmten Abschnitten ihres Bildungsweges) können und wissen sollen, mit dem Anspruch einer umfassenden Persönlichkeitsbildung und in der Erwartung eines Kompetenzgewinns im Sinne einer Verbindung von Wissen und Können. Sie sollen immer [!] anhand bestimmter Inhalte ver-

---

[50]   www.medienberatung.nrw.de [14.11.2014]. Ein gemeinsames Angebot des LVR-Zentrums für Medien und Bildung und des LWL-Medienzentrums für Westfalen im Auftrag des Landes NRW und der Landschaftsverbände Rheinland und Westfalen-Lippe. Die Medienberatung NRW unterstützt auch die Arbeit der 53 Kompetenzteams des Bundeslandes. Hier finden sich Ansprechpartner/innen vor Ort, die unter anderem auch zum Thema „Medien in der Schule" beraten.

[51]   http://www.medienkompetenz-hessen.de [14.11.2014].

mittelt werden.[52] Für jedes Fach werden hier Inhaltsfelder und inhaltliche Schwerpunkte definiert. Und weiter:

> Kompetenzen werden – im Sinne vernetzten Lernens – an geeigneten Inhalten in lebensweltlich bedeutsamen Zusammenhängen erworben. Als dritte wesentliche Komponente rücken überfachliche Kompetenzaspekte besonders in den Blick.
>
> Das neue Kerncurriculum kann von den Schulen um ein Schulcurriculum erweitert werden. Dadurch nutzen die Schulen den mit dem Kerncurriculum ermöglichten Spielraum bei der Unterrichtsgestaltung in der Schule, ohne aber festgelegte Bildungsstandards und wichtige Inhalte zu vernachlässigen.[53]

Hier gilt es anzusetzen, denn wie eingangs gezeigt wurde und auch in der kleinen *Tour d'horizon* zum Ausdruck kam, sind es immer noch die kleinen Geschichten, aus denen Geschichte besteht. Sie setzen sich in den Köpfen fest, sie transportieren Wissen, sie stellen auf der Zeitleiste der Geschichte kleine Ankerpunkte dar, an denen Wissen *und* Kompetenzen festgemacht werden können und schlagen damit wichtige Brücken in die Vergangenheit.[54] Umso wichtiger wären daher solche fächerübergreifenden Konzepte rund um Themencluster wie die oben vorgestellten. Ihre Miniaturbausteine, die Geschichten dahinter, weiter zu erzählen, sie nahe zu bringen und trotzdem kritisch zu hinterfragen, darin besteht eine der zentralen Aufgaben der Geschichtsvermittlung im Unterricht, mit der wie Heribert Pandel gezeigt hat eine Vielzahl von (Teil-)Kompetenzen herausgebildet werden können.[55]

Multimedia kann und darf dabei unterstützen, ist jedoch – wie jede Übersetzung – *nolens volens* immer auch eine Form von Interpretation. Demzufolge sind auch Spielfilme, wie Pandel präzisiert

---

52 http://verwaltung.hessen.de/irj/HKM_Internet?cid=d9e3cb9937795a59b94 6005aae13ea0b [14.11.2014].

53 Ebd.

54 Vgl. auch PANDEL 2010, 15.

55 PANDEL 2010 listet 13 Komponenten narrativer Kompetenzen, darunter: Kohärenzen fest- und herstellen, Widersprüche entdecken, Verlaufsmodelle anwenden, auf empirische Triftigkeit analysieren, perspektivisches Schreiben, diskursive Elemente einfügen und begründen, etc.

hat, letztlich „verfilmte Historiographie mit fiktionalen Mitteln".[56] Auch wenn sein Ansatz etwas radikaler ist, hat Leszek Kolakowski doch Recht, wenn er sagt:

> Der kleinen heiligen Geschichten, die uns ermöglichen ein solches – einerseits scheinbar empirisch wahres, andererseits aber unzulässiges – Bild zu vermeiden und ein wohlgeordnetes Gebäude aus dem Müllhaufen zufälliger Ereignisse zu errichten, können wir uns nicht entledigen. [...] So haben wir unsere Gründe, unsere „fabulae mundi" zu erdichten oder wenigstens sie auf eine „okkasionelle Ursache" zu reduzieren. Die einzige bescheidene Moral, die daraus folgt, ist die, daß wir stets die genaue Unterscheidung zwischen der Tatsache und der „fabula", die jene verschlingt, wahren müssen. Niemals dürfen wir vorgeben, die Tatsachen könnten abgeschafft und in einer höheren Synthese verloren werden. Kurz: Wir müssen die „fabulae" und die Tatsachen bei ihren Namen nennen. Daraus folgt gleichfalls, daß jede „fabula" mit der traditionellen Einschränkung enden sollte: „Quod tamen potest esse aliter."[57]

Sollte einem diese didaktische Vermittlung gelingen, nach der Lektüre eines Textes, nach dem Ansehen einer Dokumentation, dem Anspielen eines Video- bzw. Handygames oder der Sichtung eines abendfüllenden Films dann, ja dann ist die Verschmelzung neuer Medien mit traditionellem Geschichtsunterricht wahrlich gelungen.[58]

Noch nie war Antike im täglichen Leben präsenter, noch nie war es daher leichter, antike Stoffe in ihrem Gegenwartsbezug zu thematisieren: gleichzeitig spielerisch, seriös *und* hinterfragend. Die

---

56 PANDEL 2010, 210: „Belletristik füllt die semantischen Leerstellen aus, die die Quellen hinterlassen. Im Kontrast zu solchen Gattungen wird der Unterschied zur Historiographie deutlich. Spielfilme und historische Romane gehören nicht zur Geschichtswissenschaft, aber zur Geschichtskultur." Ähnlich: MEIER / TIMOSCHENKO 2008, 240 (Konstruktion einer subjektiven Ikonographie).

57 KOLAKOWSKI 1977, 61.

58 BERNHARDT / GAUTSCHI / MAYER 2011, 24: „Das Thema sorgfältig bestimmen, die zur Verfügung stehende Zeit gut nutzen, gestufte und differenzierte Kompetenzziele festlegen sowie Gegenwarts- und Schülerbezüge anbieten:

Themen liegen wahrlich auf der Straße, das notwendige Rüstzeug sollte vorhanden sein. Es liegt „nur" noch uns, was wir daraus machen.

Literatur

Quellen

Herodot, Historien, hg. u. übers. Josef FEIX, Düsseldorf 2006.
Homer, Ilias, hg. u. übers. von Hans RUPÉ, München [10]1994.

Literatur

Markus BERNHARDT/Peter GAUTSCHI/Ulrich MAYER, Historisches Lernen angesichts neuer Kerncurricula. Von Bildungsstandards und Inhaltsfeldern zur Themenbestimmung und Unterrichtsplanung im Geschichtsunterricht (2011), abrufbar unter: http://lsa.hessen.de/irj/LSA_Internet?cid=bb6249e77 1f441692adfaace4298f834.

Edward CHAMPLIN, Nero, London 2003.

George Frederick CUSTEN, Bio/Pics. How Hollywood Constructed Public History, New Brunswick 1992.

Elisabeth ERDMANN, Alte Geschichte in den neuen Lehrplänen für Realschule und Gymnasien in Bayern, in: Katja GORBAHN/ Linda-Marie GÜNTHER/Hans KLOFT (Hgg.), Alte Geschichte und ihre Vermittlung. Schulen – Hochschulen – Medien, Münster 2004, 29–40.

Klaus FREITAG, Antikenrezeption im Spiegel der Namensgebung von modernen Fussballvereinen, in: Martin LINDNER (Hg.), Antikenrezeption 2013 n.Chr. (Rezeption der Antike; Bd. 1), Heidelberg 2013, 143–161.

Jean GIRAUDOUX, La Guerre de Troie n'aura pas lieu, Paris 1935. Dt.: „Kein Krieg in Troja. Schauspiel in zwei Akten", Wien 1936. (Übers. Annette KOLB).

Miriam GRIFFIN, Nero. The End of a Dynasty, ND London 2001.

wem dies bei der Entwicklung einer Unterrichtseinheit gelingt, hat große Chancen, dass Geschichtsunterricht Erfolg hat."

Sven GÜNTHER, Römer und Germanen: http://hsozkult. geschichte.hu-berlin.de/rezensionen/2006-1-064.pdf [14.11.2014].

Gisbert HAEFS, Alexander. Der Roman der Einigung Griechenlands. Hellas, Zürich 1992.

Gisbert HAEFS, Alexander. Der Roman der Eroberung eines Weltreichs. Asien, Frankfurt 1993.

Gisbert HAEFS, Alexanders Erben. Alexander 3, München 2013.

Marnie HUGHES-WARRINGTON, History goes to the movies: studying history on film, London 2007.

Marcus JUNKELMANN, Hollywoods Traum von Rom: „Gladiator" und die Tradition des Monumentalfilms (Kulturgeschichte der antiken Welt; Bd. 94), Mainz 2002.

Leszek KOLAKOWSKI, Fabula mundi et le nez de Cléopatre (1975), übers. von Christa STORCK in: Leszek KOLAKOWSKI, Zweifel an der Methode, Stuttgart u.a. 1977.

Leszek KOLAKOWSKI, „What the Past is For". Rede vom 5.11.2003 der Verleihung des „Kluge Prize for Lifetime Achievement in the Humanities and Social Sciences": http://www.loc.gov/ loc/kluge/news/kolakowski.html [14.11.2014].

Martin KORENJAK/Karlheinz TÖCHTERLE, Vorwort, in: Martin KORENJAK/Karlheinz TÖCHTERLE (Hgg.), Pontes II – Antike im Film (Comparanda; Bd. 4), Innsbruck 2002, 7.

George KOVACS/C.W. MARSHALL (Hgg.), Classics and Comics, Oxford 2011.

Peter LAUTZAS, Alte Geschichte in der schulischen Vermittlung: Bestandsaufnahme und Perspektiven, in: Katja GORBAHN/ Linda-Marie GÜNTHER/Hans KLOFT (Hgg.), Alte Geschichte und ihre Vermittlung. Schulen – Hochschulen – Medien, Münster 2004, 24–29.

Martin LINDNER, Rom und seine Kaiser im Historienfilm, Frankfurt a.M. 2007.

Thomas LOCHMANN, Antike im Kino. Eine Einleitung, in: Thomas LOCHMANN/Thomas SPÄTH/Adrian STÄHLI (Hgg.), Antike im Kino. Auf dem Weg zu einer Kulturgeschichte des Antikenfilms. Begleitband zur gleichnamigen Sonderausstellung April – November 2008, Basel 2008, 10–18.

Thomas LOCHMANN / Thomas SPÄTH / Adrian STÄHLI (Hgg.), Antike im Kino. Auf dem Weg zu einer Kulturgeschichte des Antikenfilms. Begleitband zur gleichnamigen Sonderausstellung April – November 2008, Basel 2008.

Jürgen MALITZ, Nero, München 1999.

Angelika MEIER / Tatjana TIMOSCHENKO, Historiker schaffen antike Bilder für den Einsatz in der Schule, in: Thomas LOCHMANN / Thomas SPÄTH / Adrian STÄHLI (Hgg.), Antike im Kino. Auf dem Weg zu einer Kulturgeschichte des Antikenfilms. Begleitband zur gleichnamigen Sonderausstellung April – November 2008, Basel 2008, 238–246.

Heribert PANDEL, Historisches Erzählen: Narrativität im Geschichtsunterricht, Schwalbach 2010.

Steven PRESSFIELD, The Virtues of War, New York 1998.

Steven PRESSFIELD, The Afghan Campaign, London 2006.

George SANTAYANA, Atoms of Thought, selected and edited by Ira D. CARDIFF, New York 1950.

Helmuth SCHNEIDER, Nero, in: Manfred CLAUSS (Hg.), Die römischen Kaiser, München [4]2010, 77–86.

Bernadette SCHNITZLER / Francoise SCHNITZLER (Hgg.), Archéopub. La survie de l'antiquité dans les objets publicitaires, Straßburg 2006.

Angela SCHWARZ, Computerspiele – ein Thema für die Geschichtswissenschaft?, in: Angela SCHWARZ, „Wollten Sie auch immer schon einmal pestverseuchte Kühe auf Ihre Gegner werfen?". Eine fachwissenschaftliche Annährung an Geschichte im Computerspiel, Münster [2]2012, 14–15.

Jon SOLOMON, The Ancient World in the Cinema, Yale 2001.

Elena THEODORAKOPOULOS, Ancient Rome at the Cinema. Story and Spectacle in Hollywood and Rome, Bristol 2010.

Otta WENSKUS, Umwege in die Vergangenheit, Star Trek und die griechisch-römische Antike, Innsbruck 2009.

Herwig WOLFRAM, Die Goten: Von den Anfängen bis zur Mitte des sechsten Jahrhunderts. Entwurf einer historischen Ethnographie, München [3]1990.

Elektronische Ressourcen

- http://www.antike-multimedial.de [14.11.2014].
- G8/G9-Pläne für Hessen: http://lsa.hessen.de/irj/LSA_Internet?cid=c238ce0120893e0ab333cf2c323830b2 [20.11.2014].
- Kerncurricula für die gymnasiale Oberstufe:
    - Baden-Württemberg: http://www.bildung-staerkt-menschen.de/service/downloads/arbeitsfassung/sek1/Sek1_G_Arbeitsfassung_140908.pdf [20.11.2014].
    - Niedersachsen: http://nline.nibis.de/cuvo/forum/upload/public/jensbol/E348jens-20141020_kc-geschichte-arbeitsfassung-netz.pdf [20.11.2014].
    - Nordrhein-Westfalen: http://www.schulentwicklung.nrw.de/lehrplaene/lehrplannavigator-s-i/gymnasium-g8/geschichte-g8/ [20.11.2014].
- http://www.medienberatung.nrw.de [14.11.2014].
- http://medienkompetenz.bildung-rp.de/10-punkte-programm.html [14.11.2014].
- http://www.medienkompetenz-hessen.de [14.11.2014].
- http://www.musees.strasbourg.eu/sites_expos/ARCHEOPUB/RESOURCES_ARCHEOPUB/dp_archeopub_d.pdf [14.11.2014]
- http://www.schulministerium.nrw.de/docs/Recht/Schulrecht/Schulgesetz/Schulgesetz.pdf [14.11.2014].

Abbildungsnachweis

Abb. 1, S. 134: http://upload.wikimedia.org/wikipedia/commons/thumb/f/fe/THIS_IS_SPARTA.svg/2000px-THIS_IS_SPARTA.svg.png [abgerufen am 14.11.2014; gemeinfrei].

Abb. 2, S. 135: Brunch Brotaufstrich; Saisonpaar Caesar und Kleopatra. Mit freundlicher Genehmigung der Edelweiß Gmbh & Co KG.

Abb. 3, S. 139: Bengalos im Colosseum (2012). Mit freundlicher Genehmigung von Greser & Lenz.

Peter Kuhlmann

Wortschatzlernen im Lateinunterricht
Didaktische Überlegungen und empirische Befunde

1 Wortschatzkönnen und Textverstehen

Für das Verstehen von sprachlichen Äußerungen spielt das Verstehen der lexikalischen Einheiten (bzw. des „Wortschatzes") eine – wenn nicht die – zentrale Rolle. Dies machen insbesondere Situationen aus dem Alltag klar, bei denen einer der Gesprächspartner eine Fremdsprache nur mangelhaft beherrscht, sich aber aufgrund seiner lexikalischen Äußerungen durchaus verständlich machen kann. So sind für das Gelingen von Kommunikation mögliche Äußerungen wie: „ich Uni gehen" oder: „heute kalt und Regen, ich Mantel vergessen, dumm" trotz fehlender Grammatikalität hinreichend. Die Kommunikation gelingt allein aufgrund der (verstandenen) Lexeme. In vergleichbaren grammatikalisch ‚korrekten', aber mit einigen unbekannten Vokabeln versehenen Äußerungen wie: „ich hurze in die Schlimpf" oder: „hurne ist es sehr kritz und es schlipselt, und ich habe den Frutz gekliesen" gelingt Kommunikation hingegen nicht.

Man kann den Test auch für lateinische Äußerungen machen wie:

> *Theseus – in – insula – Naxus – Ariadne – dormire – clam – relinquere – Bacchus – amare – in – coniugium – abducere …*

Auch wenn diese Wortsammlung ohne grammatikalische Struktur bleibt, stellt sich hier ein gewisser Textsinn allein aufgrund der (verstandenen) Wortbedeutungen und der mit den einzelnen Wörtern bzw. Namen assoziierten Inhalte ein, zumal wenn der Hörer / Leser den Mythos von Ariadne, Theseus und Dionysos präsent hat.

Die empirische Leseforschung hat im Übrigen gezeigt, dass tatsächlich auch bei der muttersprachlichen Textrezeption primär das lexikalische Verstehen und erst sekundär die Dekodierung formalgrammatischer Merkmale aktiviert wird. Von daher kann man ohne Weiteres von einem Primat der lexikalischen Informationsaufnahme beim Textverstehen sprechen. Gestützt wird dies auch aus der Perspektive der Fehlerdiagnostik im Lateinunterricht, denn bei Leistungsnachweisen lässt sich der überwiegende Teil der festzustellenden Fehler auf lexikalische Defizite zurückführen.[1] Untersucht man wiederum die Strategien von Schülern bei der selbständigen Dekodierung bzw. Erschließung lateinischer Texte ohne Anleitung durch eine Lehrkraft, stellt man hier ebenfalls eine Fokussierung auf die Bedeutungssuche der Vokabeln fest, d.h. in der Praxis ermitteln die meisten Schüler lediglich die Bedeutung der im Text vorhandenen Vokabeln und erschließen hieraus einen Textsinn. Die grammatikalischen Merkmale werden von vielen Schülern erst dann in den Blick genommen, wenn aufgrund der lexikalischen Dekodierung allein kein befriedigender Textsinn zu finden ist.[2]

Diese unbewusst von Schülern bevorzugten lexikalisch basierten Dekodierungsstrategien dürften sich durch die Ergebnisse der empirischen Leseforschung erklären lassen, wonach eben der Rezeptionsprozess beim Textverstehen intuitiv zunächst auf Wortbedeutungen fixiert ist und erst sekundär durch formalgrammatische Dekodierungen gesteuert wird. In der Sprachwissenschaft gibt es sogar die These, wonach Sprache überhaupt ein primär lexikalisch definiertes Zeichensystem darstelle, in dem die lexikalischen Einheiten („Vokabeln" bzw. „Wörter") als Träger grammatikalischer Merkmale fungierten. Hiernach seien die grammatikalischen Merkmale lediglich sekundäre Eigenschaften der als primär zu verstehenden Wörter. Der englische Sprachwissenschaftler Michael Lewis hat es zugespitzt so formuliert: „Language consists of grammaticalised lexis, not of lexicalised grammar."[3] Im Latein-

---

[1] Dazu KUHLMANN 2014, 142–147.
[2] Dazu FLORIAN 2014.
[3] LEWIS 1993, VI.

unterricht könnte man hingegen den Eindruck haben, die Grammatik bzw. die formalgrammatische Struktur des Lateinischen sei der primäre Bedeutungsträger und die Vokabeln bzw. Wörter seien lediglich lexikalische Füllungen grammatikalischer Merkmale.

Das Textverstehen resultiert ferner zum größten Teil nicht nur aus einem ganz pauschalen Verstehen der im Text auftauchenden Lexeme (*insula* ‚Insel' – *dormire* ‚schlafen' – *clam* ‚heimlich' etc.), sondern bei vielen Texten auch aus dem richtigen semantischen Verstehen mehrdeutiger (polysemer) Lexeme. Dies kann ein kleines Beispiel aus Senecas Briefen (*ep.* 92,2) verdeutlichen:

> *Si de hoc inter nos convenit, sequitur, ut de illo quoque conveniat in hoc uno positam esse vitam beatam, ut in nobis ratio perfecta sit; haec enim sola non summittit animum.*

Eine „richtige", d.h. die kontextuell passende Bedeutung der Lexeme berücksichtigende Rekodierung ins Deutsche wäre hier etwa:

> Wenn hierüber zwischen uns Übereinstimmung besteht, folgt daraus, dass auch darüber Übereinstimmung besteht, dass das glückselige Leben allein darauf beruht, dass die Vernunft in uns vollkommen ist; sie allein nämlich drückt die Seele nicht nieder.

Da ein großer Teil der im Text befindlichen Lexeme allerdings in verschiedener Weise übersetzt werden kann, wäre auch folgende grammatikalisch korrekte Übersetzung denkbar:

> Wenn er von diesem unter uns sich einigt, folgt er, damit er sich von jenem auch einigt, dass in diesem einzigen ein reiches Leben angelegt ist, damit eine vollkommene Rechnung bei uns ist. Diese richtet die Lust nämlich als einzige nicht auf.

Wer die Bedeutungen der sinntragenden Lexeme nicht kennt und sie in einem Wörterbuch nachschlägt (die typische Schülersituation im Oberstufenunterricht), findet etwa unter *convenire* ‚zusammenkommen; sich einigen, etc.', unter *beatus* ‚reich; glücklich', unter *ratio* ‚Rechnung, Berechnung; Vernunft; Art und Weise; Methode', unter *summittere* ‚niederlegen; Hilfe schicken; emporheben' und unter *animus* ‚Geist, Herz, Mut; Verlangen, Lust'. Schwierig ist auch je nach Kontext *ut* (+ Konj.) mit den Bedeutungen ‚dass' und ‚damit', was vielfach eine starke Änderung des Satz- bzw. Textsinns nach sich ziehen kann. Um hier auf die richtige Übersetzung zu kommen, muss man mit den seneca-spezifischen Bedeutungen der philosophischen Termini vertraut sein, die aufgrund der Textgattung passen. Das Beispiel zeigt also: Nicht allein die Zahl der überhaupt bekannten oder unbekannten Vokabeln in einem Text ist für das Textverstehen relevant, sondern auch – und das ist selbst für professionelle Philologen ein bleibendes Problem – die an der jeweiligen Textstelle passende Bedeutung eigentlich bekannter Lexeme.

Die hier beschriebenen Befunde sollten eigentlich zur Folge haben, dass im Lateinunterricht die Wortschatzarbeit einen großen Raum einnimmt und in der Fachdidaktik das Thema des Wortschatzlernens einen hohen Stellenwert besitzt. Allerdings lassen Befragungen von Lehrkräften Anderes vermuten, und auch in der fachdidaktischen Literatur überwiegen Handreichungen zur Grammatikvermittlung diejenigen zum Wortschatzerwerb. Dies könnte mit der vielfach sicher unbewussten, aber bei Lehrerfortbildungen durchaus explizit genannten Grundannahme zusammenhängen, wonach Vokabellernen einfacher sei als Grammatiklernen und daher auch als mehr oder weniger mechanisch durchführbares Listenlernen in den Bereich der Hausaufgaben delegiert werden könne. Im Folgenden wird zu zeigen sein, warum Wortschatzerwerb durchaus eine komplexe Angelegenheit ist, warum sie im Lateinunterricht vielfach misslingt und welche Möglichkeiten sinnvoller Wortschatzarbeit realistisch sind.

2 Was genau heißt „Wortschatz beherrschen"?

Aus der Sicht von Schülern ist die Beherrschung von Wortschatz in der Regel mit dem sog. „Listenwissen" gleichzusetzen. Konkret bedeutet dies das abfragbare Benenn-Wissen von Vokabelgleichungen wie z.B.: *debere* = ‚müssen, sollen; schulden; verdanken'. Dieses Bild entsteht nicht zuletzt durch die Unterrichtspraxis, in der Schülern Vokabellisten zum Lernen als Hausaufgabe aufgegeben und anschließend im Unterricht abgefragt werden. Doch auch bei vielen Lehrkräften dürfte dies das klassische Bild sein, das sich unwillkürlich bei der Frage aufdrängt, wie sich das Beherrschen von Wortschatz definieren lässt. Entsprechend gilt diese Art von Wort-schatzbeherrschung im Wesentlichen als reine Fleißsache und die Nichtbeherrschung von Wortschatz als Produkt selbstverschulde-ter Faulheit. Interessant wäre auch eine Befragung von Schülern und Lehrkräften dazu, ob sie Wortschatzbeherrschung oder Gram-matikkönnen für intellektuell anspruchsvoller halten. Bei Göttin-ger Lateinstudierenden gilt mehrheitlich das Grammatikkönnen als schwerer und die Beherrschung von Wortschatz als prinzipiell einfacher, weil man ja hier nichts „verstehen" müsse. Entsprechend besitzt das (vermeintlich stupide) Vokabellernen weder eine beson-ders hohe Reputation als Lernleistung noch gilt es unter vielen Schülern als besonders motivierend. Auf der anderen Seite wirkt allerdings eine gute Wortschatzbeherrschung sehr motivierend auf Schüler, wenn sie lateinische oder überhaupt fremdsprachige Texte lesen, weil dies den Verstehensprozess erheblich vereinfacht.

Die wenigen o. g. lateinischen Sprachbeispiele können im Gegen-satz zu verbreiteten Urteilen zeigen, wie komplex das Verstehen von Wortschatz sein kann:[4] So sind etwa die o. g. Eigennamen The-seus, Ariadne, Bacchus und Naxus für einen Leser antiker Literatur nicht einfach nur Benennungen bestimmter Personen oder Lokali-täten, sondern auch mit bestimmten mythischen Geschichten ver-bunden. Doch auch die übrigen Lexeme setzen im Kopf verstehen-der Leser / Hörer mentale Prozesse in Gang, die zwar unbewusst, aber durchaus komplex sind: So kann sich ein Verb wie *dormire* ‚schlafen' nur auf eine Person beziehen, nicht auf eine Insel. In Verbindung mit *clam* und *relinquere* wird – auch ohne grammatika-lische Merkmale – eine ganze Handlungssequenz assoziiert, in der eine schlafende Person heimlich verlassen und damit geschädigt wird, selbst wenn man den Mythos nicht kennt. Die Verben bzw. Kollokationen *amare* und *in coniugium abducere* schließlich bilden ebenfalls eine für menschliches Verhalten typische Handlungsse-quenz, nach der auf einen Moment der Verliebtheit als nächster logischer Schritt eine Hochzeit folgt. Diese in der Sprachwissen-

---

4 Dazu schon ausführlich und fundiert Steinthal 1971; vgl. auch gut Schi-rok 2010.

schaft sogenannte „Schemata" im Sinne von mental assoziierten Handlungsabläufen oder Situationen sind fest mit einzelnen Lexemen und natürlich mit ihrer Verknüpfung untereinander verbunden und führen im Kopf von Rezipienten zu einer Konstruktion von entsprechenden Geschichten hinter den Wörtern. Wörter verstehen bedeutet also auch meistens: bestimmte Handlungsschemata nachvollziehen können. Insofern müssen in der realen Sprachpraxis einzelne Wörter in isolierter Form nur selten dekodiert bzw. verstanden werden. Vielmehr sind sie fast immer in einen situativen Kontext eingebunden.

Doch um auf die eigentliche Bedeutung einzelner Vokabeln und das traditionelle Verständnis von Vokabel-Können zurückzukommen, sei die Bedeutungsproblematik des o.g. *debere* kurz erläutert. Hier handelt es sich um eine typische „polyseme" Vokabel mit – je nach Lehrbuch – drei bis vier „Lernbedeutungen" (müssen, sollen, schulden, verdanken). Hier reicht es nicht, alle diese Lernbedeutungen in einem Vokabeltest reproduzieren zu können, sondern man muss schon im Text-Kontext entscheiden, welche Bedeutung jeweils am besten passt, was allerdings ein klassischer Vokabeltest nicht abfragt. Man kann noch weiter gehen und fragen, ob die vermeintlich verschiedenen drei bis vier Bedeutungen nicht eine durch den Zwang der Rekodierung bedingte Schein-Polysemie darstellen. Zumindest lassen sich die unterschiedlichen Bedeutungen relativ leicht voneinander ableiten, denn wer etwas tun ‚muss / soll', ‚schuldet' es zugleich (jemandem), dieses zu tun; wer wiederum jemandem Geld ‚schuldet', ‚verdankt' demselben natürlich zugleich den vorherigen Erhalt dieses Geldes. Insofern hängen die verschiedenen Bedeutungen logisch miteinander zusammen und könnten von lateinischen Muttersprachlern sogar als einheitliches semantisches Konzept verstanden worden sein.

Damit sind wir im Bereich des sog. „mentalen Lexikons", d.h. der mentalen Verankerung von Lexemen im Kopf kompetenter Sprachbenutzer. Zu den Elementen des mentalen Lexikons gehören bei flektierenden Sprachen wie Latein und Deutsch die vielen grammatikalischen Merkmale flektierbarer Wörter, aber auch die lautliche und in schriftsprachlichen Kulturen die graphische Seite: Ein Lexem *Baum* weist im Deutschen und Lateinischen die graphische Seite Baum bzw. *arbor* sowie die in phonetischer Umschrift darstellbare lautliche Seite [baʊm] bzw. [ˈarbor] auf, die beide beim Lernen miterworben werden müssen. Dass diese Trennung von Lautung und Graphie für das mentale Lexikon nicht trivial ist, zeigt die Beobachtung von Dialektsprechern bei der Lektüre dialektaler Texte: Wenn sie die Graphie ihres nur mündlich gebrauchten Dialekts nicht gewohnt sind, haben sie meist Mühe, im Dialekt schriftlich abgefasste Texte beim Lesen flüssig zu verstehen und müssen sie sich erst laut vorlesen. Hier ist nur die lautliche, nicht die graphische Seite der sprachlichen Zeichen mental verankert.

Zur grammatikalischen Seite gehören das Genus (der Baum; *arbor* f.) und die Flexionsmerkmale wie der dt. Umlaut-Plural *Bäume* bzw. die konsonantische Flexion (Gen. Sg. *arbor-is*, Abl. Sg. *arbor-e*, Gen. Pl. *arbor-um* etc.). Teil des mentalen Lexikons ist weiter die semantische Seite bzw. das im Kopf evozierte Bild eines „Baumes", das bei deutschen Sprechen von einem deutschen Wald (Prototypen: Eiche, Buche) und von italienischen Sprechern eher von mediterranen Gehölzen (Prototypen: Olive, Pinie) geprägt ist: Hier täuscht die Vokabelgleichung *Baum = arbor* über im Detail verschiedene Konzepte aufgrund unterschiedlicher Prototypen hinweg. Ferner gehören auch die Ableitungen innerhalb einer Wortfamilie zur mentalen Vernetzung von Lexemen, z. B. hier dt. *baum-eln*, *auf-bäum-en*, *Stamm-baum* etc.

Schließlich gehören zum mentalen Lexikon noch die weiteren syntaktischen Konstruktionen, die sich an viele Lexeme anschließen, so etwa beim deutschen Verb *helfen* (+ Dat.), das im Kopf des muttersprachlichen Benutzers unbewusst ein Handlungsschema mit zwei Personen evoziert, von denen die eine im Nominativ (Subjekt), die andere im Dativ (Objekt) genannt werden kann. Beim lateinischen Verb *adiuvare* ist das Schema zwar in etwa gleich, allerdings tritt die zweite beteiligte Person im Akkusativ hinzu. Dies lässt im Übrigen doch eine gewisse Unterschiedlichkeit im Konzept vermuten, weil der Akkusativ meist eine unmittelbarere Beteiligung oder Betroffenheit im Gegensatz zum (indirekten) Dativ ausdrückt – ähnlich wie dt. *jemanden/etwas unterstützen* vs. *jemandem helfen*. Insofern ist lat. *adiuvare* (+ Akk.) übrigens nicht gänzlich mit dt. *helfen* (+ Dat.) bedeutungsgleich, sondern teilweise auch mit *unterstützen* (+ Akk.) oder *(be)fördern* (+ Akk.), denn man kann auf Latein z.B. sagen: *ignem/maerorem adiuvare*, aber nicht auf Deutsch: *dem Feuer/der Trauer helfen*, weil in diesen Kontexten ein unterschiedliches semantisches Konzept der jeweiligen Verben vorliegt.

Die Beispiele führen zu der Frage, inwiefern Lexeme überhaupt eine Bedeutung im doppelten Sinne haben: Haben Sie nur eine und nicht mehrere Bedeutungen oder kann überhaupt eine spezifische Kernbedeutung festgestellt werden? Hierzu kann man durchaus verschiedene Auffassungen vertreten, und es hängt zudem von den jeweiligen Lexemen ab. Teilweise stellt sich das Problem auch erst bei der Übersetzung von einer Sprache in die andere, wie es im Lateinunterricht üblich ist. Hierzu einige Beispiele: Das dt. Verb *abnehmen* ist aus der Sicht anderer Sprachen polysem, d.h. es scheint mehrere ganz unterschiedliche Bedeutungen aufzuweisen, was man z.B. bei einer Übersetzung ins Französische berücksichtigen müsste:

> dt. *abnehmen* ⟶ frz.?
> soll ich dir das Gepäck abnehmen? (*ôter*)
> das nehme ich dir nicht ab! (*croire*)
> hast du im Urlaub abgenommen? (*maigrir*)
> jetzt ist abnehmender Mond (*décroître*)

Auch das englische *to have* scheint keineswegs vollständig mit dt. *haben* bedeutungsgleich zu sein, wie die Beispiele zeigen:

> engl. *to have* ⟶ dt. *haben*?
> she has blue eyes (*haben*)
> let's have a tea/snack (*trinken/essen*)
> let's have a bath (*nehmen*)

Das englische Beispiel macht – gerade wegen der etymologischen Ähnlichkeit zum Deutschen – aber klar, dass für den englischen Muttersprachler nicht unbedingt unterschiedliche semantische Konzepte in den einzelnen Sätzen vorliegen müssen, sondern sich die (vermeintliche) Polysemie eher aus der hier vorgenommenen Übersetzung ins Deutsche ergibt. Möglicherweise wäre also *to have* nur aus deutscher Perspektive polysem.

Ähnlich liegt der Fall bei vielen „polysemen" lateinischen Vokabeln wie etwa dem Klassiker *petere*:

> lat. *petere* ⟶ dt. „erstreben"?
> Aeneas Italiam petit (*fahren nach/aufsuchen*)
> Cicero consulatum petit (*sich bewerben um*)
> victi pacem petunt (*bitten um*)
> Caesar hostes petit (*angreifen*)
> iuvenes virginem petunt (*freien um*)

Letztlich geht es in allen Beispielen um eine Art „an-/er-streben", allerdings legt die zielsprachenorientierte Übersetzung ins Deutsche je nach Objekt ein anderes deutsches Verb nahe. Für den lateinischen Muttersprachler dürfte es sich vermutlich um das immer gleiche semantische Konzept gehandelt haben, wie schon oben am Beispiel des aus deutscher Sicht „polysemen" *debere* wahrscheinlich gemacht wurde.

Besonders schwer fassbar ist die Bedeutung bei vielen sehr häufigen Lexemen und den sog. „kleinen Wörtern", was schon das englische Verb *to have* nahelegt. Im Lateinischen sind das u.a. die Präpositionen wie *in*:

> in cubiculo esse (*in*)
> in mensa iacere (*auf*)
> in hostes impetus facere (*gegen*)

Die Konjunktion *cum* kann auf geradezu gegensätzliche Weise ins Deutsche übersetzt werden (,weil; obwohl; als, nachdem, während, immer wenn'). Für den lateinischen Muttersprachler markierte die Konjunktion *cum* offenbar lediglich den Beginn eines Nebensatzes, der (im klassischen Latein) bei indikativischen Prädikaten eine temporale, bei konjunktivischen Prädikaten eine eher logische Unterordnung implizierte. In solchen Beispielen scheinen die Lexeme tatsächlich keine spezifische Bedeutung an sich aufzuweisen, sondern erst durch den Kontext zugewiesen zu bekommen. Die „Bedeutungen" solcher Lexeme sind entsprechend im Rahmen einer reinen Vokabelliste mit isolierten Wortgleichungen kaum sinnvoll zu lernen. Allerdings gehört in diese Gruppe von schwierigen Vokabeln mit eher unspezifischer Bedeutung ein erheblicher Teil des hochfrequenten Basiswortschatzes, d.h. viele Präpositionen (*ab, ad, de, ex, in, pro* etc.) und Verben (*agere, esse, facere, ferre, habere* etc.), die je nach Kontext bzw. Objekt anders zu übersetzen sind.

In vielen Fällen sind Wortbedeutungen wiederum stark kulturspezifisch kodiert, d.h. eine Sprechergemeinschaft hat eine für ihre Kultur eigentümliche Sichtweise auf die Welt, die sich in der Semantik von Lexemen niederschlägt. Dies betrifft v.a. Nomina (Substantive, Adjektive) und in gewissem Umfang auch Verben (s.o. *debere*).

Einfache Beispiele hierfür sind relativ konkrete Appellativa (Sachbezeichnungen) wie etwa *domus*, das bekanntlich nicht unserem prototypischen Einfamilienhaus mit Giebeldach, sondern einem großzügigen Stadtpalais mit Atrium und Peristyl / Garten-Innenhof entspricht, oder *familia*, was keine ‚Familie' in unserem Sinne, sondern die gesamte Hausgemeinschaft (einschließlich Sklaven) unter der Verfügungsgewalt eines *pater familias* bezeichnet. Hier können bloße Vokabelgleichungen bei Schülern zunächst falsche Bilder im Kopf erzeugen, die durch Abbildungen oder Erläuterungen als integrativer Teil von Wortschatzarbeit revidiert werden müssen.

Ein besonders komplexes Beispiel ist das lateinische Substantiv *gratia*, das je nach Kontext als ‚Charme, Anmut; Beliebtheit, Einfluss; Freundschaft; Gefälligkeit; Dank' ins Deutsche rekodiert werden kann. Auf den ersten Blick haben diese Übersetzungsmöglichkeiten kaum etwas gemein, so dass sich scheinbar kein Bedeutungskern ermitteln lässt. Wenn man allerdings von einer reziproken Bedeutungskodierung mit zwei beteiligten Personen(gruppen) ausgeht, ergibt sich ein übersichtliches und in sich stimmiges semantisches Konzept:[5]

Das heißt: Eine Person A besitzt *gratia* (‚Charme, Anmut') und erlangt so bei Person B ‚Beliebtheit / Einfluss', was wiederum zu einer ‚Freundschaft' führt, aus der ‚Gefälligkeiten' gegenüber Person A resultieren, die dann zu ‚Dank' veranlassen. Im Kopf eines Römers war dieser gesamte Beziehungskomplex zwischen zwei Personen in dem einen Lexem *gratia* konzeptuell zusammengefasst.

---

5   Zu diesem reziproken Konzept vgl. gut WIRTH / SEIDL / UTZINGER 2006, 219–221.

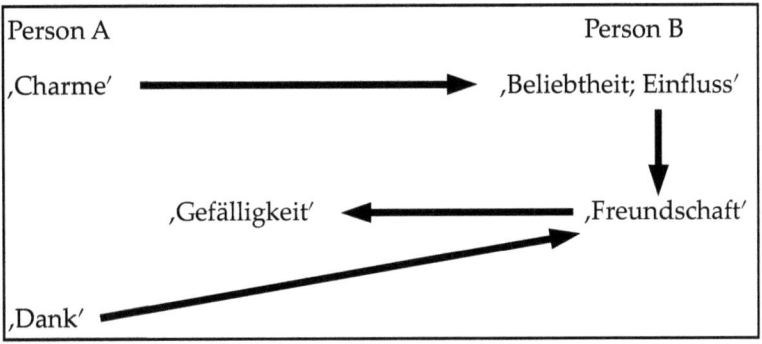

Abbildung 1: römisches Konzept *gratia*

Vergleichbare kulturspezifische Bedeutungskodierungen gibt es ebenso bei folgenden Substantiven und Adjektiven:

> *virtus* (‚alles, was einen richtigen Mann ausmacht'⟶ ‚Tapferkeit, Leistung, Tugend, gute Eigenschaft'),
>
> *res publica* (‚öffentliche Angelegenheit <der Bürger>'⟶ ‚Staat, Politik'),
>
> *civitas* (‚das Bürger-Sein im weitesten Sinne'⟶ ‚Staat, Gemeinde, Bürgerschaft; Verfassung; Bürgerrecht'),
>
> *religio* (‚starkes Verhaftet-Sein an etwas Höheres'⟶ ‚Gewissenhaftigkeit, Skrupel; Götterfurcht, Gottesdienst, Kult; Aberglaube'),
>
> *ratio* (‚das richtige Überlegen/Berechnen'⟶ ‚Rechnung; Überlegung; Vernunft; Methode, Verfahren; Art und Weise'),
>
> *sacer/sacrum* (‚in der Gewalt des Göttlichen befindlich' ⟶ ‚heilig; verflucht; geweiht; Opfer, Kult; Heiligtum').

Diese Nomina sind selbst für Studierende des Faches Latein schwierige Vokabeln, weil die kulturspezifische Semantik auch nicht annähernd deckungsgleich mit einem deutschen Lexem ist, so dass sich im Kopf eines deutschen Muttersprachlers keine rechte Kernbedeutung festsetzen kann. Hier lassen sich höchstens mithilfe umständlicher Umschreibungen einigermaßen treffende Definitionen geben.

Kulturspezifisch bedingt können auf den ersten Blick bedeutungsgleiche oder -ähnliche Bezeichnungen schließlich andersartige Konnotationen bei Sprachbenutzern erzeugen. Dies ist bei dem o.g. *res publica* = *Staat* (?) der Fall, denn für antike Polisbürger war der „Staat" kein Obrigkeits-, Verwaltungs- oder Nationalstaat im Sinne eines Gegenüber. Stattdessen fühlten sich die Bürger tatsächlich als Teile des „(Stadt-)Staates" im Sinne einer Bürgerschaft, die entsprechend als „öffentliche Angelegenheit" empfunden wurde: Die Bürger in ihrer Gesamtheit waren im Grunde der Staat. Ein anderes Beispiel ist das Substantiv *(rerum) natura*, das relativ neutral das ‚Wesen der Dinge' bezeichnet, aber in den meisten Kontexten durchaus mit dt. *Natur* wiedergegeben werden kann. Allerdings ist das deutsche Substantiv Natur für heutige Muttersprachler mit positiven Konnotationen wie: ökologisch, rein oder gesund verbunden und steht in einem Gegensatz zu Technik oder Chemie. Für den antiken Sprachbenutzer hingegen gab es diese Konnotationen nicht. Im Gegenteil wurde die ungezügelte Natur eher negativ als feindliche Bedrohung aufgefasst.

Um ein Zwischenfazit zu ziehen: Wortschatzbeherrschung erschöpft sich nicht im Auswendigkönnen bloßer Vokabelgleichungen, sondern bildet einen hochkomplexen Teilbereich der Sprachkompetenz, der vielfach mit der Text- und Kulturkompetenz verbunden ist. Wenn man dies in Operatoren abbildet, müssen Schüler im Lateinunterricht:[6]

- lateinische Lexeme lesend verstehen (d.h. richtiges Bild / Konzept im Kopf assoziieren),
- deren Bedeutung(en) nennen und kontextuell richtig übersetzen;

---

[6] Vgl. auch STEINTHAL 1971 u. GLÜCKLICH 2008, 119–122.

- passende Bedeutungen aus dem Kontext ermitteln (inferieren);
- Vokabeln beim Hören verstehen (z.B. mündliches Abfragen),
- flektierte Formen auf die „Grundform" zurückführen und im Wörterbuch finden (*abest* —→ *absum/abesse*),
- die richtige Orthographie kennen (z.B. bei der Wörterbuchnutzung);
- Wörter richtig aussprechen (z.B. beim Vorlesen);
- grammatikalische Merkmale von Lexemen kennen.

Da gerade die ersten drei Kompetenzen – wie oben gezeigt – bei vielen Lexemen keine trivialen Kenntnisse darstellen, sondern nur im Rahmen eines allmählichen Prozesses und durch anwendungsbezogene Praxis zu erwerben sind, sollte folglich auch die bewusste Wortschatzarbeit einen entsprechenden Raum im Lateinunterricht einnehmen. Zugleich müssen Schüler selbst wissen, dass sich Vokabelkönnen nicht auf Listenwissen beschränkt, sondern Strategien für eine erfolgreiche Bedeutungssuche im Umgang mit der lateinischen Sprache entwickeln. Schüler sollten ebenfalls wissen, dass es sich bei den Gleichungen der Vokabellisten häufig um Konstrukte aus Gründen der Lerneffizienz handelt, in Wirklichkeit aber viele lateinische Lexeme kein für alles Kontexte genau passendes Äquivalent im Deutschen besitzen. Wortschatzbeherrschung bedeutet von daher auch immer das Verstehen semantischer Konzepte, das hinter bestimmten Lexemen steckt.

3 Wie viele Vokabeln sollen/können Schüler lernen?

Die Frage, wie viele Vokabeln Schüler lernen sollten, lässt sich aus zwei Perspektiven heraus beantworten: Zum einen stellt sich die Frage, wieviele Vokabeln man benötigt, um die im Lateinunterricht gelesenen Autoren und Texte einigermaßen flüssig verstehen zu können. Zum anderen könnte man die Frage stellen, wie viele Vokabeln durchschnittliche Lateinschüler im Laufe ihrer Schulzeit realistischerweise erwerben können, d.h. man geht von der Gedächtniskapazität der Lernenden aus.

Während der erste Punkt in den vergangenen Jahrzehnten immer wieder Gegenstand fundierter Untersuchungen und wissenschaftlicher Unternehmungen war, liegen für den zweiten Punkt bislang kaum Erhebungen vor. Zugegebenermaßen ist die potentielle Gedächtniskapazität von Schülern nicht ohne Weiteres quantifizierbar: Wie oben gezeigt, erfordert nicht jede lateinische Vokabel dieselbe Lernleistung von deutschen Muttersprachlern, d.h. Vokabeln mit komplexen grammatikalischen Merkmalen und unscharfer oder polysemer Semantik (z.B. *tollere*) erfordern eine höhere Lernleistung als Vokabeln ohne grammatikalische Merkmale und mit leicht möglicher Bedeutungsgleichung (z.B. *nunc*).

Die Semantik führt zu einem dritten Aspekt, der in fachdidaktischer Literatur ebenfalls nur wenig Beachtung findet, nämlich der Auswahl der Lernbedeutungen. Ein gutes Beispiel für diesen Aspekt ist lat. *licet*: Der *Klett-Grundwortschatz*[7] gibt hier als Bedeutung ‚es ist erlaubt' an, im *adeo-Wortschatz*[8] findet sich ‚es ist erlaubt; es ist möglich', im *Thesaurus Latinus*[9] stehen die Bedeutungen ‚es ist erlaubt; es ist möglich; *mit Konj.* wenn auch, selbst wenn'. Bei der Lektüre kommt es sehr auf den Autor an, welche Bedeutungen benötigt werden: So braucht man bei Seneca z.B. meist die Bedeutung ‚es ist möglich', die im *Klett-Grundwortschatz* jedoch nicht ausgewiesen ist. Zahl und Auswahl der zu lernenden Bedeutungen bestimmen also zusätzlich sowohl den zu bewältigenden Lernaufwand als auch das Gelingen oder Misslingen des Textverstehens und Übersetzens. Dies führt dann weiter zur Frage, wann man eigentlich eine Vokabel wirklich beherrscht bzw. wie viele der in den Wörterbüchern ausgewiesenen Bedeutungen man hierfür potentiell kennen muss. Dazu müsste statistisch erhoben werden, welche Bedeutungen eines ausgewählten Lernwortschatzes in der schulrelevanten Lektüre am häufigsten gebraucht werden, was freilich eine kaum zu bewältigende Aufgabe wäre.[10]

---

[7] MEUSEL / HERMES 1993.

[8] UTZ 2008.

[9] HENGELBROCK 2009.

[10] Unter den gängigen Wortkunden haben nach meinem persönlichen, auf mehrjähriger Erfahrung in den lateinisch-deutschen Bachelor-Klausurenkursen und bei der Erstellung von Textausgaben (Reihe *Classica*,

Für die erste Frage nach dem für eine flüssige Lektüre notwendigen Vokabelquantum gibt es das bekannte Paradoxon, wonach man mit immer größerem Lernaufwand einen immer geringeren Nutzen für die Lektürefähigkeit erreicht. Wer alle Vokabeln aller schulrelevanten Autoren kennen möchte, müsste die rund 30.000 in Langenscheidts Großem Schulwörterbuch Lateinisch-Deutsch[11] erfassten Lexeme und ihre Bedeutungen kennen. Wer hingegen nur durchschnittlich 50% der Wörter in diesen Texten kennen möchte, kommt mit den 100 häufigsten Lexemen aus; für 70% Textabdeckung benötigt man 650 Vokabeln (also mehr als sechsmal soviel für 20% mehr Textverständnis).[12]

Das Phänomen wurde für den (v.a. bayerischen) Schulgebrauch zuletzt von Clement Utz fundiert untersucht und führte zu dem rasch gängig gewordenen „Bamberger Wortschatz" (bzw. *adeo-Wortschatz*),[13] der rund 1.250 lateinische Lexeme enthält, die zu einer Textabdeckung von 83% bei den (v.a. in Bayern gelesenen) lateinischen Schulautoren führt. Dies bedeutet praktisch: In einem Text dieser Autoren mit 100 Wörtern kennt man bei Beherrschung des Bamberger Wortschatzes durchschnittlich 83 Wörter und müsste lediglich die fehlenden 17 Wörter entweder als Schüler nachschlagen oder als Lehrer für Schüler mit entsprechenden Angaben versehen. Ausgewertet für den Adeo-Wortschatz wurden folgende Autoren in Auszügen: Caesar, Cicero (Reden), Ovid, Nepos, Plautus, Terenz, Phaedrus, Plinius, Sallust, Catull, Martial, Curtius, Gellius, Vergil.[14]

Vandenhoeck Verlag) fußenden Eindruck VISCHER (2007; rund 4.500 Lemmata) und besonders HENGELBROCK (2009; rund 3.500 Lemmata) die beste Bedeutungsauswahl getroffen: Dort sind im Gegensatz zu den Wörterbüchern nur wenige Grundbedeutungen aufgeführt, allerdings tatsächlich genau die für die klassischen Autoren notwendigen; defizitär sind dagegen im Einzelnen die Bedeutungsangaben im *Klett-Grundwortschatz* (MEUSEL / HERMES 1993). Leider ist die Wortkunde von VISCHER für Schüler vermutlich kaum brauchbar, weil sie die Lemmata nicht alphabetisch, sondern etymologisch nach Wurzeln sortiert.

[11] PERTSCH 1971.
[12] KUHLMANN 2009, 55.
[13] UTZ 2008.
[14] UTZ 2008, 164–165.

Diese Liste zeigt, wie sehr solche Lernwortschätze nicht zuletzt von bildungspolitischen Vorgaben abhängen, denn z.B. in Niedersachsen werden bestimmte hier genannte Autoren (Plautus, Terenz, Curtius, Gellius) gar nicht gelesen; andere in Niedersachsen gelesene (Pflicht-)Autoren (Apollonius-Roman, Ciceros philosophische Schriften, Seneca, Livius) sind nicht berücksichtigt. Dies kann nicht nur für die Auswahl der Lexeme, sondern auch für die Auswahl der Lernbedeutungen relevant sein. Je fortgeschrittener Schüler oder Studierende sind, umso eher bleibt jedoch als Ursache von Vokabelfehlern die Wahl einer unpassenden Bedeutung für eigentlich bekannte Lexeme übrig. Gleichwohl bildet der Adeo-Wortschatz eine wertvolle statistische Grundlage sowohl für die Erfassung eines lektürerelevanten Grundwortschatzes als auch für die Definition eines Lernwortschatzes, denn Utz hat farblich innerhalb des Gesamtwortschatzes die 500 häufigsten Lexeme des Basiswortschatzes ausgewiesen und gezielte Hilfen zum Aufbau eines mentalen Lexikons durch vielfältige Vernetzungen, Kontexte und Kollokationen beigefügt.

Die Zahl der Lernvokabeln hat sich im Lateinunterricht der letzen Jahrzehnte ständig verkleinert: In dem alten Traditions-Lehrwerk *Ianua Nova* (Vandenhoeck-Verlag) betrug der Lernwortschatz noch rund 1.800 Vokabeln, mittlerweile hat sich der Wert in den neuesten Lehrwerken bei rund 1.200 Vokabeln (Bamberger Wortschatz) eingependelt. Zum Vergleich: Im Fach Englisch werden in Bundesländern mit mehrgliedrigem Schulsystem noch rund 4.000 Vokabeln vermittelt[15] (in den 70er Jahren des letzten Jahrhunderts noch rund 6.000), für den Haupt- und Realschulzweig allerdings nur etwa 2.000 Vokabeln. Die aktuellen Französisch-Lehrwerke weisen etwa 1.800 Lernvokabeln aus.[16] In der Didaktik des Deutschen als Fremdsprache (DaF) unterscheidet man präziser zwischen dem rezeptiven und dem produktiven bzw. aktiv zu beherrschenden Wortschatz: Dabei geht man für die Grundstufe von einem produktiven Wortschatz von 2.000 Vokabeln und einem nur rezeptiv

---

[15] Die Zahlen ergeben sich aus den aktuellen Lehrwerken, z.B. *English G 21* (Cornelsen Verlag).

[16] Z.B. das verbreitete Lehrwerk *À Plus* (Cornelsen Verlag).

zu verstehenden Wortschatz von beachtlichen 8.000 Vokabeln aus, die man benötigt, um sich problemlos im deutschsprachigen Alltag bewegen zu können.[17] Die Zahlen zeigen weniger, wie viele Vokabeln Schüler tatsächlich behalten können – im Gegenteil weist die in allen Sprachfächern spürbare Tendenz zur Reduzierung auf nicht erreichte Ziele hin –, sondern eher, wie viele Vokabeln man für ein gelungenes Textverstehen und eine problemlose Kommunikation eigentlich benötigt. Dass Lateinschüler solche Mengen an Vokabeln wie in Englisch nicht lernen können, liegt aufgrund der kürzeren Spracherwerbsphase und der andersartigen Umwälzung auf der Hand. Andererseits verlangt man von Lateinschülern doch einen annähernd so großen Wortschatzerwerb wie im Fach Französisch.

Wie viele lateinische Vokabeln Lateinschüler tatsächlich am Ende der Lehrbuchphase beherrschen, haben Anna Störmer und Matthias Korn in Sachsen und anderen Bundesländern stichprobenartig erhoben.[18] Danach kennt die überwiegende Mehrzahl der Schüler die Bedeutungen von rund 400 bis 500 Lernvokabeln des Lehrbuchs; von den intendierten 1.200 Vokabeln ist die Realität offenbar weit entfernt. Allerdings lassen sich im Einzelnen große individuelle Unterschiede bei den Schülern feststellen, so dass ein Durchschnittswert zwar ermittelbar wäre, aber nur eine begrenzte Aussagekraft hätte. Zum Vergleich die Daten von Studierenden: An der Universität Göttingen werden am Ende der Bachelor-Phase für den Lateinisch-Deutschen Klausurenkurs die Bedeutungen von rund 2.000 Vokabeln des Vischer-Wortschatzes[19] vorausgesetzt und von meisten Studierenden auch tatsächlich beherrscht. Für Studierende der Anglistik hat Siepmann in Sachsen und Nordrhein-Westfalen

---

[17] BOHN 1999.

[18] Die Erhebung fand im Rahmen einer nicht publizierten Masterarbeit (2012) von Anna Störmer an der Universität Leipzig statt und wurde anschließend stichprobenartig fortgeführt.

[19] VISCHER 2007; es handelt sich um wichtigsten Vokabeln für die Autoren: Cicero, Caesar, Sallust, Livius, Tacitus, Terenz, Vergil, Horaz, Ovid und (mit Einschränkungen) Seneca. Erreicht wird damit eine tatsächliche Textabdeckung von 85-90% in den Göttinger Klausurenkursen; allerdings müssen gelegentlich textstellenspezifische Sonderbedeutungen angegeben werden, die Vischer in seiner Wortkunde nicht erfasst hat.

die Vokabelkenntnis erhoben und konnte eine Beherrschung von unter 3.000 englischen Lexemen bei 70% der Studierenden feststellen. Bei den aktiven Englisch-Lehrkräften lag die Zahl der beherrschten Vokabeln etwas höher.[20]

Diese Vergleichszahlen weisen darauf hin, dass die in früheren Zeiten angestrebte Vokabelbeherrschung von 1.800 Lexemen für Lateinschüler offensichtlich unrealistisch war. Selbst die heute intendierte Zahl von 1.200 Vokabeln scheint für die Mehrzahl der Lateinschüler zu hoch gegriffen. Dann stellt sich allerdings das Problem eines für die flüssige Lektüre notwendigen Vokabelquantums, das offenbar für viele Lateinschüler nicht mehr realistisch erreichbar ist. Wie man auf dieses Dilemma reagieren sollte, muss die weitere fachinterne Diskussion zeigen.

Auf der einen Seite wäre zu überlegen, wie das Quantum der tatsächlich beherrschten Vokabeln durch gezielte und effektive Wortschatzumwälzung erhöht werden kann und wie viele Vokabeln mit welchen zugehörigen Bedeutungen noch zum obligatorischen Basiswortschatz gehören. Denkbar wäre dann eine bewusste Trennung von möglicherweise 500 bis 600 Kernvokabeln und Wurzeln, Wortstämmen, Suffixen und Präfixen, die wiederum zur selbständigen Herleitung eines weitaus höheren potentiellen Wortschatzes von vielleicht 1.500 bis 2.000 Lexemen zur Verfügung stünden. So lassen sich von den sechs lexikalischen Elementen *ad-, con-, re(d)-ven-(i)-, -tio, -tus* viele weitere Lexeme als potentieller Wortschatz ableiten, auch wenn sie nicht zu einem expliziten Lernwortschatz gehören sollten (14 Lexeme: *venire, ire, advenire, convenire, adire, coire, redire, adventus, conventio, conventus, coetus, coitus, reditio, reditus*). Es müsste überhaupt erst einmal erhoben werden, wie wenige solcher Wurzeln bzw. lexikalischer Elemente man kennen muss, um z.B. die rund 2.000 Lexeme des Grund-Wortschatzes von Klett und Vischer ableiten zu können. Doch auch hier müsste im Detail untersucht werden, ob die formale morphologische Ableitung auch zur richtigen Bedeutungsfindung führt, denn z.B. Senecas *convenit* ,es besteht Übereinstimmung' lässt sich nicht automatisch aus den Bestandteilen *con-* + *venire* herleiten.

---

[20]   Vgl. SIEPMANN 2006.

Für einen zu postulierenden Lernwortschatz ist die Frage der Umwälzung ein entscheidender Faktor. Allerdings gibt es wiederum keine zuverlässigen Daten für die Frage, wie häufig eine Vokabel umgewälzt sein muss, um im Langzeitgedächtnis abgespeichert zu bleiben, zumal auch hier große individuelle Unterschiede zu berücksichtigen sind – sowohl was die Lernkapazität einzelner Schüler als auch den Schwierigkeitsgrad der zu lernenden Vokabeln angeht. Nimmt man die von Störmer und Korn erhobenen Daten als Grundlage, ergibt sich Folgendes: Die Masse der Lateinschüler scheint am Ende der Lehrbuchphase rund 400 bis 500 Vokabeln des Lehrbuchwortschatzes sicher zu beherrschen; erworben wurde dieses Quantum in rund vier Lernjahren mit ca. 150 Lateinstunden pro Jahr bzw. 600 Lateinstunden insgesamt, so dass pro Lateinstunde etwa eine Vokabel erworben wird. Geht man weiter von einer umgewälzten Textmenge von durchschnittlich vielleicht 50 lateinischen Wörtern in einer Lateinstunde aus, so ergibt sich eine potentiell gelesene Textmenge von:

600 x 50 Wörter = 30.000 Wörter (Gesamttextmenge / Lehrbuchphase)
30.000 : 500 behaltene Wörter = 60 (potentielle) Umwälzungen / Wort

Demzufolge wurde eine Vokabel bis zu 60mal umgewälzt, um im Langzeitgedächtnis der meisten Lateinschüler abgespeichert zu sein.[21] Die tatsächliche Zahl mag niedriger sein, weil in den realen Texten natürlich nicht alle Lexeme gleichmäßig häufig umgewälzt werden: Hochfrequente Lexeme wie *et, aut, esse, facere* etc. dürften in jeder Lateinstunde vorkommen und somit mehrhundertfach umgewälzt werden, während andere Lernvokabeln zufalls- bzw. lehrbuchbedingt unter Umständen nur ein oder zweimal in den Lektionstexten und Übungen umgewälzt werden.

Dass es individuelle Unterschiede zwischen den Vokabeln selbst gibt, lässt sich an Vokabeln wie *habere, mater, pater, familia* einerseits und *enim, autem, etiam, tandem, tamen, tam, tum* andererseits beobachten: Die erste Gruppe ähnelt den deutschen Entsprechungen *haben, Mutter, Vater, Familie* stark und benötigt daher eigentlich keine umfassende Umwälzung, um behalten zu werden; die zwei-

---

[21] Zu den Zahlen vgl. KUHLMANN 2009, 54–59.

te Gruppe wird in eigentlich allen Lehrwerken und Originaltexten sehr häufig umgewälzt, aber trotzdem oft schlecht behalten, weil diese „kleinen Wörter" als leicht verwechselbar empfunden werden. Man müsste entsprechend auch einmal empirisch untersuchen, welche Vokabeln gut und welche schlecht behalten werden, und natürlich die Ursachen hierfür erforschen.

Man kann an den genannten Zahlen – so wenig valide sie im Einzelnen sein mögen – immerhin erahnen, dass eine Vokabel, die von allen Schülern wirklich behalten werden soll, mindestens etwa in jeder 10. Lateinstunde oder alle 2 bis 3 Wochen umgewälzt bzw. wiederholt werden muss. Interessant wären aber weitere empirische Untersuchungen dazu, ob bestimmte Formen der Umwälzung hier eine höhere Abspeicherungsrate auch bei niedrigerer Umwälzfrequenz ermöglichen und das Vokabellernen damit effektiver machen.

Für die in diesem Kapitel gestellte (und nicht beantwortete) Frage, wie viele Vokabeln unsere Schüler lernen können bzw. sollen, ist schließlich noch der Aspekt des Vorratslernens diskussionswürdig. Die in den Kerncurricula häufig genannten Wortschatzquanten gehen ebenso wie die Lehrbuchvokabeln von dem Axiom aus, bereits vor der Lektürephase selbst müssten die Schüler genügend Vokabeln erworben haben, um in der Lektüre eine durchschnittliche Textabdeckung von 83% der dort vorkommenden Wörter zu erreichen. Doch diese Abdeckung kann je nach Autor sehr unterschiedlich ausfallen: So kommt man in Caesars *Bellum Gallicum* mit nur rund 800 Vokabeln aus, was deutlich unter dem Durchschnittswert des Gesamtkorpus aller (bayerischen) Schulautoren liegt. Zudem sind oberhalb des Basiswortschatzes z.B. für Caesars *Bellum Gallicum* ganz andere Vokabeln relevant als für Catull oder Ovids *Metamorphosen*. Insofern müsste auch in Zukunft stärker diskutiert werden, ob ein zu ausgiebiges Vokabellernen auf Vorrat schon vor der Lektüre überhaupt lohnt. Wer z.B. nach der Lehrbuchphase weder Caesar noch Sallust liest, was in manchen Bundesländern vorkommt, braucht das entsprechende autorenspezifische militärische Vokabular nicht zu lernen.

4 Wie lernt und vermittelt man Wortschatz?

Die Vermittlung bzw. das Lernen von Wortschatz im Lateinunterricht kann prinzipiell in folgende Phasen untergliedert werden:[22]

- neuen Wortschatz im / vor dem Text darbieten ⟶ semantisieren
- Vokabeln im (Kon-)Text anwenden
- (Vokabeln üben: Wortschatzübung)
- Vokabeln zu Hause „lernen" / wiederholen
- Wortschatzkenntnis kontrollieren (Test, Klassenarbeit, Diagnosebogen)
- (Vokabeln wiederholen/üben: Wortschatzübung, Anwendung)

Im Einzelnen können diese Phasen natürlich variieren oder ineinander übergreifen. Prinzipiell müssen die Schüler für eine neue Vokabel eine Bedeutung bzw. ein semantisches Konzept erwerben, das dann durch Anwendung und Übung zum einen gefestigt und zum anderen semantisch weiter ausdifferenziert wird – v.a. bei polysemen bzw. bedeutungsunscharfen Lexemen. Problematisch ist im Übrigen die gängige Praxis, polyseme Vokabeln einmal in einer Lektion mit allen unterschiedlichen Lernbedeutungen einzuführen. Sinnvoller wäre eine mehrfache (spiralcurriculare) Einführung z. B. von *debere* mit den jeweils neu hinzutretenden Bedeutungen: zuerst ‚sollen, müssen', in einer späteren Lektion ‚schulden, verdanken'. Für Grammatikphänomene ist ein solches spiralcurriculares Vorgehen schon immer üblich gewesen.

Die Einführung neuer Vokabeln erfolgt in der Lehrbuchphase in der Regel im Zusammenhang mit einem neuen Lektionstext.[23] Hier können die unbekannten Lexeme variabel präsentiert werden, z.B. durch einen Bild-Verweis (*domus, atrium, hortus, ianua* anhand einer Abbildung eines römischen Hauses), so dass die Schüler tatsächlich das richtige Bild mit der Vokabel in ihrem mentalen Lexikon assoziieren. Vokabelbedeutungen können auch von den Schülern

---

[22]   Dazu auch SCHIROK 2010, 18–34.
[23]   Übersicht bei SCHIROK 2010, 21.

selbst auf verschiedene Weise inferiert, d.h. abgeleitet bzw. ermittelt werden, z.B. durch Ableitung (*convenire* < *con-* + *venire*), durch Fremdwörter und Wortähnlichkeit (*mater* ~ *Mutter, templum* ~ *Tempel*), durch kulturelles Vorwissen (z.B. *forum, senator*) oder durch Kontexte (Bild, Text). Empirische Untersuchungen haben gezeigt, dass Sprachenlerner eine unbekannte Vokabel intuitiv und spontan in ihre Muttersprache übersetzen, sobald sie die Bedeutung verstanden haben: Dies sollte man im Unterricht nutzen und die deutsche Bedeutung explizieren, sofern dies möglich ist. Dieses zweisprachige Verfahren führt jedenfalls zu einer tieferen Verankerung des Vokabelwissens als die im neusprachlichen Unterricht noch häufig übliche Einsprachigkeit in der Fremdsprache.

Günstig für das Behalten kann die Nachbereitung der Vokabelliste im Vokabelverzeichnis sein, indem die Schüler selbständig erläutern, wie sie sich die neuen Lernvokabeln merken können – z.B. durch Eselsbrücken. Man kann Schüler sogar explizit beauftragen, sich Eselsbrücken für schwierige Vokabeln auszudenken, was zu einer besonders intensiven Umwälzung bzw. Auseinandersetzung mit der Vokabel und ihrer Semantik führt und nachweislich die Behaltensleistung erhöht.[24] Als Hausaufgabe geeignet ist auch die Vokabelgeschichte, d.h. die Schüler schreiben eine im Prinzip deutsche Geschichte, streuen aber lateinische Lernvokabeln in den deutschen Text ein (z.B. „*Ego* ging an einer *via* mit *multi* Autos vorbei. *Duo* Polizisten stoppten einen Autofahrer: Er war *non* angeschnallt ... ").[25] Dieses kreative und zugleich motivierende Verfahren macht Schülern natürlich mehr Spaß als reines Listenlernen und führt zu einer guten Semantisierung der neuen Vokabeln in einem sinnvollen Kontext.

Generell ist für das Behalten sprachlicher Phänomene die mehrkanalige Darbietung günstig, d.h. bei Vokabeln, dass Schüler sie nicht nur lesen, sondern auch hören, sprechen und schreiben. Manchen Schülern hilft bereits das bloße Abschreiben von Vokabeln und ihren Bedeutungen in signifikantem Maße, allerdings nur, wenn sie es konzentriert und unter bewusster Wahrnehmung der

---

[24] Vgl. STORCK 2003 u. TERLINDEN 2009.
[25] Dazu BAPTIST 2010.

Vokabelbedeutung tun.[26] Das Aufschreiben von Vokabeln ist nicht zuletzt deswegen sinnvoll, weil die Kenntnis der Orthographie die Arbeit mit dem Wörterbuch erleichtert: Viele Fehlleistungen (Vokabelverwechslungen) resultieren aus der nicht sorgfältig beachteten Orthographie von nachgeschlagenen Vokabeln.[27] Besonders wichtig wäre eigentlich das Hören und Sprechen aller neu zu lernenden Vokabeln und ihrer Bedeutungen, z. B. durch die im neusprachlichen Unterricht bekannte sog. „Sandwich-Technik":[28] Schüler hören dazu entweder eine Vokabel, dann die deutsche Übersetzung und zuletzt wieder die neue Vokabel (*„scribere* – schreiben – *scribere")* oder nach demselben Verfahren eine ganze Kollokation (*„orationem habere* – eine Rede halten – *orationem habere")*. Auch dieses Verfahren führt zu einer deutlich tieferen Verankerung im Gedächtnis als bloßes Lesen; in der Praxis müssten die Schüler allerdings auditives Material hierzu erhalten, was man innerhalb eines Lehrerkollegiums erstellen und z. B. über ein Schulintranet als Audio-Dateien zur Verfügung stellen könnte.

Motivierender als reines Listenlernen kann auch die Wiederholung von Lernvokabeln in kleinen Kontexten sein, z. B. in Form einer Tabelle:[29]

insula	*Insel*	Theseus et Ariadne ad insulam Naxum veniunt.
dormire		Ariadne in insula dormit.
clam		Theseus Ariadnem clam relinquit.
in matrimonium ducere		Dionysus Ariadnem amat et in matrimonium ducit.

In dieser Übung müssen die Schüler die Vokabelbedeutungen in der mittleren Spalte eintragen, erhalten aber durch die Sätze der rechten Spalte einen inhaltlichen Kontext, was der realen Leistungskontrolle (Klassenarbeit, Klausur) auch mehr entspricht als ein rei-

---

[26] Vgl. KIMM 2014.
[27] Vgl. FLORIAN 2014, 123–137.
[28] In Anlehung an BUTZKAMM 2012, 56–57.
[29] Das Verfahren ist angelehnt an das Fördermaterial des Lehrwerks *Via Mea* (Cornelsen Verlag).

ner Listentest. Gerade zur Einübung neuer und alter Vokabeln ist ein solches Verfahren motivierender als reines Listenlernen.

Die hier präsentierten Vorschläge für sinnvolle Vokabelwiederholung im Rahmen von Hausaufgaben soll im Übrigen kein Plädoyer gegen die bekannte und bequeme Methode des Listenlernens sein. Aber sie können diese Art des Lernens zusätzlich unterstützen oder mit ihr abwechseln. Das Listenlernen bekannter und gut eingeführter bzw. semantisierter Vokabeln kann selbstverständlich die Festigung der Lernvokabeln fördern, wenn es in richtiger Dosierung geschieht. Hierzu ist zu beachten, dass der Gedächtnisspeicher des Menschen begrenzt ist. Es ist daher unsinnig, zweimal im Schuljahr riesige Listen von mehreren hundert Vokabeln auf einmal aufzugeben. Viel sinnvoller sind kleine, aber regelmäßig getestete Portionen, z.B. alle zwei Wochen eine Lektion: Das ist für Schüler wegen des geringen Quantums leichter zu bewältigen und führt rein rechnerisch zu einer schnelleren und damit höheren Umwälzung. Von Unter- und (pubertierenden) Mittelstufenschülern zu verlangen, sich selbst über mehrere Monate ein Lernpensum einzuteilen, das nur selten abgetestet wird, ist realitätsfern.

Neben diesen für die Hausaufgaben verwendbaren Wiederholungsformen gibt es weitere gezielte Übungsformen zur Semantisierung des Wortschatzes, die sich für die Unterrichtsstunden selbst (aber auch für Hausaufgaben) eignen. Ein praktisch erprobtes Verfahren ist das sog. „Rondogramm":[30] Hier geht es um das kognitive Verstehen komplexer semantischer Konzepte bei polysemen und bedeutungsunscharfen Lexemen wie etwa *ratio*. Hierzu erhalten die Schüler in Form eines graphischen Schemas die Vokabelbedeutungen für *ratio* und müssen selbst eine eigene Kernbedeutung entwickeln; dies könnte z.B. „Denkvorgang" sein. Die Suche nach der Kernbedeutung zwingt die Schüler dazu, die Semantik des Lexems intensiv zu durchdringen und die scheinbar verschiedenen Bedeutungen von einer Kernbedeutung logisch abzuleiten. Dies bedeutet einmal eine intensive Form der Umwäl-

---

[30] Ausführlich bei WIRTH / SEIDL / UTZINGER 2006, 209–219.

zung und führt zum anderen zu einer besonders großen mentalen Verarbeitungstiefe bezüglich der Semantik (vgl. Abb. 2, S. 177).

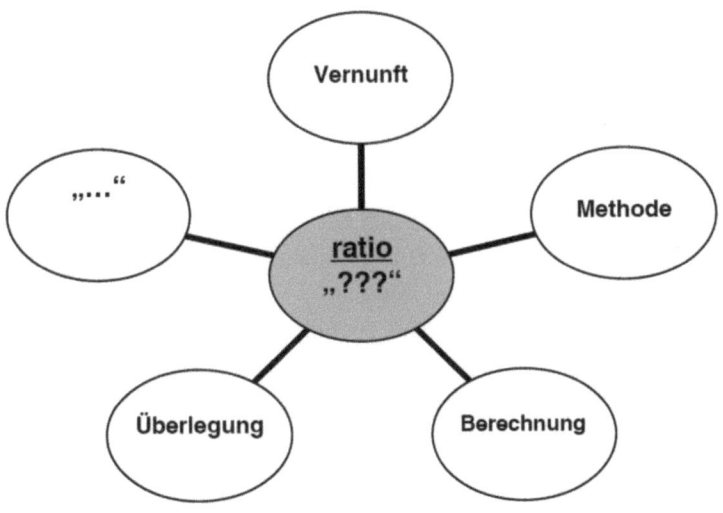

Abbildung 2: Rondogramm (Th. Wirth)

Es geht hier nicht unbedingt darum, die eine „richtige" Lösung zu finden, sondern eine für einen selbst nachvollziehbare Kernsemantik zu konstruieren. Dies kann man analog bei polysemen Verben wie *petere* durchführen, indem man Schülern Beispiele von *petere* mit unterschiedlichen Objekten und den dann passenden deutschen Übersetzungen in den äußeren Rondos vorgibt (*pacem petere* ‚um Frieden bitten'; *consulatum petere* ‚sich um das Konsulat bewerben' etc.); die Schüler müssen dann im inneren Rondo in der Mitte eine Kernbedeutung eintragen, die nicht unbedingt schön und klassenarbeitstauglich ist, aber als Arbeitsgrundlage für alle Fälle passt (die Lösung von Zürcher Schülern war ‚anpeilen'). Dieses Verfahren ist auch deswegen so wertvoll, weil es Schülern die o.g. semantischen Merkmale vieler Lexeme in natürlichen Sprachen demonstriert, nämlich die häufige Bedeutungsunschärfe und erst durch den Kontext erfolgende Bedeutungszuweisung – oder andersherum ausgedrückt: das häufige Fehlen einer präzisen, im Deutschen einfach wiederzugebenden Bedeutung.

Eine anderer, aber mit dem Semantisierungsprinzip des Rondogramms vergleichbarer Übungstyp liegt in der Auswahl einer kontextbezogenen deutschen Bedeutung für polyseme Lexeme:

> Suche eine treffende dt. Übersetzung für *per* ‚durch, ...‘:
> Marcus *per portam* in oppidum nostrum intravit.
> *per multos dies* apud nos habitavit.
> saepe mecum *per oppidum* ambulabat.
> *per noctes* semper in tabernis vinum bibebamus.

Hier kann man, um den Übungscharakter stärker gegenüber der Testform abzugrenzen, die möglichen deutschen Rekodierungen der zu übenden Vokabel in der Aufgabenstellung angeben, aus der die Schüler dann in den Anwendungsbeispielen je nach inhaltlichem Kontext die passende Bedeutung auswählen müssen. In den Beispielen der Übung werden typische Rekodierungsprobleme von Schülern und Studierenden (in Latinumskursen) aufgegriffen, die sich mit der Übersetzung von temporalen Ausdrücken wie *per multos dies* (‚durch viele Tage‘ statt: ‚viele Tage lang‘) oder *per noctes* (‚durch die Nächte‘ statt: ‚nachts‘) schwer tun. Diese Übungen, die stärker auf die praktische Umwälzung lexikalischen Materials und seiner kontextuellen Bedeutungen zielen, kann man im Unterricht geradezu komplementär zu den vorher behandelten Rondogrammen einsetzen. Ein wichtiger Effekt dieses Übungstyps ist schließlich die Umwälzung aller Lernbedeutungen der Vokabeln, denn in den Lehrbüchern wird von allen angegebenen Lernbedeutungen häufig nur eine in Texten und Übungen wirklich umgewälzt.

Das in der Lektürephase und im Abitur nützliche Strategiewissen, d.h. die methodische Fähigkeit, auch scheinbar unbekannte Vokabeln herzuleiten (potentieller Wortschatz) lässt sich mithilfe von Übungen zur Wortbildungslehre trainieren. Ein Beispiel für das Ableiten von suffigierten Substantivierungen wäre etwa:

> Leite folgende Vokabeln ab und nenne ihre Bedeutung:
> -(t)or, -(t)ōris m.: *orator* (< *orare* ‚reden‘) ‚Redner‘
> *liberator, victor, lector, scriptor, amator*
> -tās, -tātis f.: *liberalitas* (< *liberalis* ‚freigiebig‘) ‚Freigiebigkeit‘
> *iucunditas, bonitas, aequitas, celeritas*

Die vielfältigen Möglichkeiten, wie Wortschatz geübt und mental vernetzt werden kann, lassen sich durch das „Wortnetz"[31] – hier am Beispiel *amare* – übersichtlich darstellen (Abb. 3, S. 179).

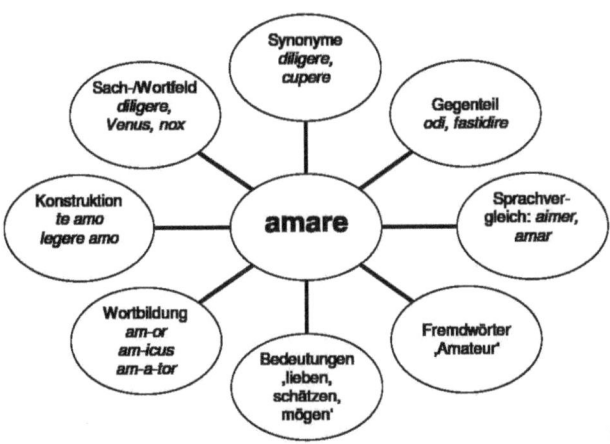

Abbildung 3: Wortschatz mental vernetzen: Wortnetz
(Ch. Neveling)

In diesem Modell sind die weiteren Möglichkeiten auch textbezogener Wortschatzarbeit zusammengefasst, z.B. die gezielte Suche nach oder die Zusammenstellung von Synonymen, Gegensätzen, Sach- und Wortfeldern, was Schüler anhand von übersetzten Texten durchführen können.[32] Dabei können sie sich entweder auf die Zusammenstellung der im jeweiligen Text vorkommenden Vokabeln nach diesen Kategorien beschränken oder wahlweise noch zusätzlich ältere bekannte Vokabeln zur Wiederholung mit einbeziehen. Diese Art von Vokabelumwälzung führt zu einer guten Systematisierung des mentalen Lexikons und verbessert nachweislich die Behaltensleistung.[33] Zudem ist bei praktisch jedem Text eine Wort- oder Sachfeldübung ohne größeren Zeitaufwand für Schü-

---

[31] Der Begriff ist angelehnt an Christiane Nevelings Begriff der „Wörternetze" (NEVELING 2004).

[32] Weiteres Material auch bei: STEINTHAL 1971; MEUSEL 1987; DRUMM 2007; SCHIROK 2010; AU-Hefte 42.4 (1999) und 48.6 (2005) zur Wortschatzarbeit.

[33] Vgl. TERLINDEN 2009.

ler wie für Lehrkräfte möglich. Im Übrigen enthalten bereits die gängigen Wortkunden wie der *Klett Grund- und Aufbauwortschatz* oder der adeo-Wortschatz bewährte und effiziente Übungstypen und Lernhilfen, die den Wortschatzerwerb erleichtern.[34]

Schließlich sei noch auf eine Möglichkeit verwiesen, die effektiv und motivierend das Behalten der meist als schwierig empfundenen „kleinen Wörter" steigern kann, nämlich durch *Latine loqui*. Hierzu können Lehrkräfte die o. g. Sandwich-Technik für vielfältige Bemerkungen zum Unterrichtsablauf nutzen, d. h. sie kommunizieren partiell zweisprachig latein-deutsch mit ihren Schülern. Denkbare Äußerungen dieser Art sind etwa:

> *quid vultis?* – Was wollt ihr?
> *quid dixisti?* – Was hast du gesagt?
> *quis ille est?* – Wer ist er dort?
> *num hoc vultis?* – Wollt ihr das wirklich?
> *fenestram aperite, nam calidum est!* – Macht das Fenster auf, es ist nämlich heiß!
> *utrum hoc rectum an falsum est?* – Ist das richtig oder falsch?
> *tandem finis lectionis est!* – Endlich ist die Stunde zu Ende!
> *tamen hoc facere debetis!* – Trotzdem müsst ihr das machen!
> *feriae nondum adsunt!* – Noch sind keine Ferien!
> *non iam possum!* – Ich kann nicht mehr!
> *hoc non est tam difficile!* – Das ist gar nicht so schwer!…

Wenn Schüler anhand solcher zweisprachiger Äußerungen in jeder Lateinstunde die schwierigen lateinischen Vokabeln *quis, quid, num, nam, utrum – an, tamen, tandem, nondum, non iam, tam* etc. mit ihrer deutschen Übersetzung gehört haben, werden sie deren Bedeutung garantiert mehr oder weniger unvergesslich in ihrem Langzeitgedächtnis abspeichern. Dazu brauchen sie selbst die Vokabeln nicht aktiv anzuwenden und sie müssen auch nicht lateinisch antworten, sondern sie werden allein dem auditiven Reiz ausgesetzt.

Aus den bisherigen Ausführungen ergibt sich nicht nur die Notwendigkeit eine starken Gewichtung und variablen Methodik von

---

[34] Besonders benutzerfreundlich ist dabei der Bamberger Wortschatz von UTZ 2008: Die linke Hälfte der Doppelseiten enthält vielfältige Möglichkeiten zu Ableitung und kontextgerechter Semantisierung, die rechte Hälfte die eigentliche Wortliste.

Wortschatztraining im laufenden Unterricht, sondern sinnvoller-
weise auch ein Überdenken von Testformen, um die o.g. Kompetenzen im Bereich des Wortschatzes zuverlässig und passgenau
abzuprüfen. Die klassischen Vokabeltests decken nämlich die von
den Schülern zu erwartenden Kompetenzen nur teilweise ab, z. B.
wenn Stammformen abgefragt werden und der Test sich auf das
kontextlose Nennen von Bedeutungen beschränkt. Sinnvoller wäre
bei flektierbaren Wörtern die Nennung flektierter Formen, die die
Schüler dann auf die Grundform zurückführen müssen. Bei mehrdeutigen Vokabeln sollte, sofern möglich, ein Minikontext geboten
werden, durch den sich dann die richtige Bedeutungswahl valide testen lässt. So könnten neben dem traditionellen Testverfahren
etwa bestimmte flektierte Wortarten und polyseme Vokabeln folgendermaßen abgefragt werden:

tulerunt	< *ferre/fero*	*tragen, bringen, berichten*
genere	< genus, generis n.	Geschlecht
donum petere		um ein Geschenk bitten
ad templum (ire)		zum Tempel (gehen)
ad templum (stare)		beim Tempel (stehen)
in monte (stare)		auf dem Berg (stehen)
in silva (esse)		im Wald (sein)

5 Fazit

Der Beitrag hat in vielen Punkten eher noch zu diskutierende Fragen aufgeworfen als Antworten gegeben und in mehreren Punkten Desiderata für weitere Untersuchungen und Forschungen auf-
gezeigt. Die positiv formulierbaren Ergebnisse lassen sich jedoch
folgendermaßen zusammenfassen:

- Die Fähigkeit, Wörter in einem konkreten Text zu verstehen und zu übersetzen, ist nicht gleichbedeutend mit dem
  für den Fremdsprachenunterricht typischerweise vermittelten und abgetesteten Listenwissen von Vokabeln; dies muss
  auch den Latein Lernenden klar sein und muss entsprechend
  im Unterrichtsprozess von den Lehrkräften so vermittelt werden.

- Das aktuell gängige Lernwortschatz-Quantum der Lehrbuchphase muss auf den Prüfstand: Es ist zu prüfen, ob in dem gegenwärtig üblichen Maß Vokabeln für die Lektürephase auf Vorrat gelernt werden müssen; zudem müsste klar zwischen einem kleineren, sicher beherrschten (rezeptiven) Wortschatz auf der einen Seite und einem größeren potentiellen, durch gezielte Ableitung erschließbaren Wortschatz unterschieden werden.

- Es müssten noch mehr als bisher abwechslungsreiche und effiziente Wortschatzübungen zur gezielten Semantisierung der lateinischen Lexeme in den Unterricht integriert werden. Die hierfür notwendigen Übungstypen liegen vor und müssen nicht eigens entwickelt werden. Allerdings sind für bestimmte Vokabelprobleme jeweils besondere Übungstypen zielführend. Ebenso müssen für die einzelnen Phasen der Wortschatzarbeit (Einführung, Übung im Unterricht, Hausaufgaben) passgenaue und motivierende Übungstypen ausgewählt werden.

- Gute Wortschatzarbeit bedeutet auch, den Schülerinnen und Schülern sinnvolle Strategien zum Semantisieren, Ableiten bzw. Inferieren und Lernen von Vokabeln zu vermitteln. Ebenso gehört hierzu der hier wegen seiner eigenen Komplexität nicht weiter behandelte Umgang mit dem Wörterbuch.

- Schließlich kann die bewusste Beschäftigung mit dem lateinischen und deutschen Wortschatz im Sinne eines kontrastiven Vergleichs von Wortformen und Semantik ein motivierender und allgemeinbildender Beitrag zur Sprachreflexion sein.

Literatur

Anne BAPTIST, Vokabelgeschichten – Produktion von Deutsch-Latein. Eine Anregung für die Vokabelarbeit, in: MDAV Niedersachsen 60.2 (2010), 51–53.

Rainer BOHN, Probleme der Wortschatzarbeit, Berlin 1999.

Wolfgang BUTZKAMM, Lust zum Lehren, Lust zum Lernen. Fremdsprachen von Anfang an anders unterrichten, Tübingen [3]2012.

Gerhard FINK / Friedrich MAIER, Konkrete Fachdidaktik Latein, München 1996.

Lena FLORIAN, Übersetzen und Verstehen im Lateinunterricht. Ergebnisse einer empirischen Untersuchung, Diss. phil. Göttingen 2014.

Hans-Joachim GLÜCKLICH, Lateinunterricht. Didaktik und Methodik, Göttingen ³2008.

Matthias HENGELBROCK, Thesaurus Latinus, Göttingen 2009.

Katharina KIMM, Vokabeln lernen im lateinischen Anfangsunterricht, unpubl. Masterarbeit Göttingen 2014.

Peter KUHLMANN, Fachdidaktik Latein kompakt, Göttingen ³2012.

Peter KUHLMANN, Fehlertypen, Diagnostik und übersetzungsorientierte Grammatikübungen, in: Peter KUHLMANN (Hg.), Lateinische Grammatik unterrichten. Didaktik des lateinischen Grammatikunterrichts, Bamberg 2014, 142–151.

Michael LEWIS, The Lexical Approach. The State of ELT and a Way Forward, Hove 1993.

Horst MEUSEL, Wortschatzarbeit, in: Wilhelm HÖHN / Norbert ZINK (Hgg.), Handbuch für den Lateinunterricht I, Frankfurt / Main 1987, 139–160.

Horst MEUSEL / Eberhard HERMES, Grundwortschatz Latein nach Sachgruppen, Stuttgart 1993.

Christiane NEVELING, Wörterlernen mit Wörternetzen, Tübingen 2004.

Erich PERTSCH, Langenscheidts Großes Schulwörterbuch Lateinisch-Deutsch, Berlin 1971 u.ö.

Edith SCHIROK, Wortschatzarbeit, in: Thomas DOEPNER / Marina KEIP (Hgg.), Interaktive Fachdidaktik Latein, Göttingen 2010, 13–34.

Dirk SIEPMANN, Der nativ-nahe aktive Wortschatz des Fremdsprachenlehrers, in: Zeitschrift für Fremdsprachenforschung 17 (2006), 69–98.

Hermann STEINTHAL, Zum Aufbau des Wortschatzes im Lateinunterricht, in: AU 14.2 (1971), 20–50.

Anna STÖRMER, Überlegungen zu Umfang, Inhalt und Aufbau eines Lernwortschatzes im Fach Latein, unpubl. Masterarbeit Leipzig 2012.

Antje STORK, Vokabellernen. Eine Untersuchung zur Effizienz von Vokabellernstrategien, Tübingen 2003.

Nina TERLINDEN, Wortschatzarbeit im Lateinunterricht. Eine empirische Studie, unpubl. Masterarbeit Göttingen 2009.

Clement UTZ, Adeo Norm mit Lernhilfen. Das lateinische Basisvokabular, Bamberg 2008 (zuerst 2001).

Rüdiger VISCHER, Lateinische Wortkunde, Berlin ⁴2007.

Theo WIRTH / Christian SEIDL / Christian UTZINGER, Sprache und Allgemeinbildung, Zürich 2006.

Tobias Brandt

Römischer Alltag aus unterschiedlichen Perspektiven

Hor. *epod.* 2 als Einstieg in eine Unterrichtseinheit zum römischen Alltag

1 Vorbemerkungen

Schon viele Jahre lang betreue ich Studentinnen und Studenten, die ihr fachdidaktisches Praktikum in Latein an meiner Schule[1] absolvieren. So ergab sich ein immer engerer Kontakt zum Studienseminar in Marburg in Person von Herrn Magnus Frisch, der die Praktikanten vorbereitet, vor Ort besucht und auch ihre Unterrichtsversuche bespricht. Als er von seinem Vorhaben berichtete, den Kontakt von der Universität hin zu den Schulen durch eine Vortragsreihe zu vertiefen bzw. neu aufzubauen, bei der sowohl Fachdidaktiker als auch Kolleginnen und Kollegen zu Wort kommen sollten, sagte ich meine Mitarbeit gern zu.

Mit dem gewählten Thema möchte ich einige Problemfelder ansprechen, die mir seit längerem auf der Seele liegen. Da ist zum einen die inhaltliche Werbung für ein Fach, das schon länger – meist formal und retrospektiv – eher verteidigt als beworben wird. Zum anderen möchte ich ein Thema behandeln, das völlig zu Unrecht auf dem „Abstellgleis" des Lehrplans steht. Eng verknüpft damit sind einige konkrete Ziele, nämlich ein Beispiel zu präsentieren, wie man Schüler motivieren kann, Latein auch in der Oberstufe (und evtl. sogar bis zum Abitur hin) zu betreiben, wie man

---

[1] Es handelt sich um die Stiftsschule St. Johann in Amöneburg (Hessen), ein altsprachliches Gymnasium mit neusprachlichem Zweig. Träger ist der Bischöfliche Stuhl in Fulda.

den größten Dichter Roms, Horaz, vielleicht auch Grundkursschü-
lern näher bringen kann und drittens, wie man die gestalterische
Perfektion und gedankliche Tiefe lateinischer Literatur aufzeigen
kann, die es auch nach 2000 Jahren verdient, mit uns heutigen Menschen in Auseinandersetzung zu treten.

Man müsste außerdem ein Thema wählen, das Schülerinnen und
Schüler in genau diesem Alter nicht tendenziell einseitig erreicht
(wie z.B. Cäsars Britannienüberfahrt die Jungen oder Catulls Les-
bia-Zyklus die Mädchen), sondern in ihrer ganz konkreten Lebenssituation (noch zu Hause wohnend aber mit der Perspektive, einen
ganz eigenen Lebensweg einzuschlagen) anspricht. Weiterhin sollte es nicht zu schwierig sein, z.B. philosophisch oder natur- oder
rein fachwissenschaftlich, damit die Originallektüre (und nur die
ist aus den genannten Gründen sinnvoll) keine unüberwindbaren
Hindernisse vorprogrammiert.

Ein Blick in den hessischen Lehrplan in seiner aktuellen Fassung[2] zeigt, dass genau ein solches Thema in der gymnasialen
Oberstufe unterrichtet werden soll, allerdings nicht in der Quali-
fikationsphase, sondern „nur" in der Einführungsphase. Aber der
Einführungstext[3] reduziert die vielfältigen Aspekte des Themas
„Antike Kultur und Gegenwart" bedenklich, wenn das Thema
schon im ersten Satz nicht nur auf den politischen Alltag, sondern
auch noch auf das Leben und Wirken bedeutender Persönlich-
keiten und dann auch noch auf eine bestimmte Epoche reduziert
wird. Verständlich wird diese Reduzierung auch nicht dadurch,
dass als verbindliche Autoren für die Lektüre ausgerechnet Cicero
und Ovid benannt werden.

Wenn man dann noch einen genauen Blick auf die inhaltliche
Entfaltung dieses Themas wirft (es werden sechs Themenblöcke
skizziert), erkennt man, dass es sich eher um ein Sammelsurium
früher oft behandelter Themen (wie z.B. die Rolle der Frau oder
die Schilderung des Vesuvausbruchs durch Plinius – was daran ist
alltäglich?)[4] handelt, als einen ernsthaften Versuch, den Alltag ei-

---

2   LP Latein HE 2010.
3   LP Latein HE 2010, 61.
4   Auch die (sonst lohnenswerte, aber ganz anders orientierte) Behandlung des
     Lesbia-Zyklus bietet doch eher einen Einblick in eine spielerisch-intellektuell

nes römischen Menschen zu beschreiben. Dazu nur noch eine provokante Frage: Wie kann ich die römische Kultur begreifen, ohne mich mit ihrem religiösen (Selbst-)Verständnis auseinanderzusetzen?

Nehmen wir daher die Formulierung des Themas „Antike Kultur und Gegenwart" im Lehrplan als eine Anregung, uns mit den vielfältigen Facetten des römischen Alltags auseinanderzusetzen und die Schüler zum Vergleich mit ihrer Lebenssituation und -perspektive herauszufordern.

2 Horaz, *Epode* 2

2.1 *Epode* 2: Übersetzung und Interpretation – Stufe 1[5]

Sobald der Umfang eines ersten gedanklichen Abschnitts über das schlussfolgernde *ergo* in Vers 9 erkannt ist, beginnt die Übersetzungsphase mit dem ersten Ziel einer sehr genauen, manchmal wortwörtlichen Übertragung, um ein Vorverständnis zu erzielen:

> Glücklich jener, der fernab von Verpflichtungen
> wie das alt(ehrwürdige) Geschlecht der Sterblichen
> die väterlichen Länder mit seinen Rindern bestellt   3
> gelöst von jedem Zins

Schon an dieser Stelle bietet es sich an, an das Vorwissen der Schülerinnen und Schüler zum Leben auf dem Land anzuknüpfen und das römische Prinzip der Selbstversorgung noch einmal zu erläutern. Mit einem Grundriss und den Bildern des Landhauses von Boscoreale habe ich das Zusammenleben von Tier und Mensch veranschaulicht und auf die harte Arbeitswelt eines Bauern der damaligen Zeit aufmerksam gemacht.

---

agierende „Szene" innerhalb einer sowieso schon kleinen gesellschaftlichen Gruppe als einen Blick auf den gesellschaftlichen Alltag der ausgehenden Republik!

5   Für die folgende Einzelinterpretation verweise ich auf die aufbereitete Doppelseite, die ich meinen Lerngruppen für die Übersetzung vorlege (siehe Material 1, S. 210). Der lateinische Text folgt der Ausgabe von KIESSLING/HEINZE 1960.

> weder wird er als Soldat vom grimmigen Signalruf
> aufgescheucht, noch schreckt er zurück vor dem   6
> zornigen Meer und er meidet das Forum und die stolzen
> Schwellen der mächtigeren (oder: allzu mächtigen) Bürger.

Auch hier erfahren wir über die prädikative Stellung des *miles* noch etwas Neues über den Landmann, der in der frühen Zeit tatsächlich vom Feld weg einberufen werden konnte, weil es ja noch kein stehendes Heer gab. Die prägende Angst vor der See legten die Römer letzten Endes erst in den Punischen Kriegen ab, weil sie es mussten. Das Meiden des (politischen) *forum* wird ebenso als Wesenszug des *agricola* beschrieben wie das Meiden eines Klientelverhältnisses (diese die römische Gesellschaft prägende Struktur muss zumindest noch einmal kurz gesichert werden). Die Enallage (*superba* gehört eigentlich zu *civium*) sollte als besonderes Ausdrucksmittel vermittelt werden, das benutzt wird, um besonders feine inhaltliche Akzentuierungen vorzunehmen. Der Komparativ *potentiorum* macht zuerst einmal deutlich, dass sich diese gesellschaftliche Schicht dem Bauern eigentlich entzieht (sie ist mächtiger als der Bauer), bringt aber auch eine Abwertung mit hinein (sie ist aus Sicht des Bauern „allzu" mächtig). Die drei Berufsbilder (*miles, mercator, senator* (bzw. allgemeiner ein einflussreicher Vertreter der Stadt) werden in einem triadischen Kompositionsprinzip miteinander verbunden (*neque – neque -que*) – als minderwertige Alternativen gegenüber dem Landleben. Diese triadischen Gliederungen werden das gesamte Gedicht hindurch immer wieder als (hilfreiches) Konstruktionsprinzip begegnen. Mit diesen „kleinen" Beobachtungen kann man die Aufmerksamkeit der Schülerinnen und Schüler für ein genaues Hinschauen schulen und spätere Interpretationen vorbereiten.

Den nächsten Abschnitt grenzt man am besten durch eine sprachliche Beobachtung ab, die zugleich syntaktisch weiterhilft: das *aut* dominiert die Verse 9–16 und vermittelt den Schülern gleichzeitig, dass es sich nur um eine Aufzählung handelt, also keine besonderen sprachlichen Schwierigkeiten zu erwarten sind.

> also vermählt er entweder hoch gewachsene Pappeln   9
> mit dem herangewachsenen Ableger der Weinreben

> oder er hält von oben herab Ausschau nach den in einem
> zurück-
> gezogenen Tal umherirrenden Herden von Rindern (laut Mu-
> henden) 12
> oder aber er pfropft – unfruchtbare Zweige mit der Sichel
> abschneidend –
> ertragreichere auf
> oder er birgt gepressten Honig in reinen Amphoren 15
> oder er schert die schwachen Schafe.

Nachdem die Schülerinnen und Schüler die Idylle dieser Beschreibung herausgearbeitet haben, muss in einer näheren Analyse dieser Aufzählung deutlich werden, dass über das ‚oder' eine völlig selektive Tätigkeit des Bauern beschrieben wird, als ob er sich wirklich aussuchen könnte, was er denn tun wollte (*aut – aut* ist ja eigentlich ausschließend – im Gegensatz zum alternativen, beschreibenden *vel – vel*). Es muss hinterfragt werden, wo der gepresste Honig und die neue Amphore eigentlich herkommen sollen, wenn nicht er, der Bauer, den Honig irgendwann geerntet und geschleudert hat und die Amphore selbst hergestellt oder (deutlich wahrscheinlicher) gekauft hat.

Auf jeden Fall wird schon hier der Kontrast zum realen Betätigunsfeld und Arbeitsumfang (*alle* oben beschriebenen Arbeiten müssen durchgeführt werden) deutlich. Das triadische Kompositionsprinzip taucht hier gleich zweifach auf: Während die ersten drei Tätigkeiten (*aut ... maritat, aut ... prospectat, ve ... inserit*) den Ertrag vorbereiten, beschreiben die anderen drei (*aut ... condit, aut ... tondet, vel ... gaudet*) dann das Einbringen des Ertrags bzw. die Freude daran.

> oder aber – sobald der Herbst sein mit reichem Obst
> verziertes Haupt aus den Äckern erhebt – 18
> wie freut er sich, während er veredelte Birnen pflückt
> und die Traube, die sich bemüht, purpurne Färbung
> anzunehmen, mit der er dich, Priapus, und dich, Vater 21
> Silvanus, du Schützer der Grenzen, beschenkt.

Bei der Interpretation dieses Abschnitts darf man sicherlich eine kleine Hilfestellung geben, indem man auf die *personificatio* des *autumnus* verweist, z.B. durch eine Projektion einer originalen Darstellung auf einem Mosaik oder Fresko.[6]

Daraus können die Schülerinnen und Schüler folgende Überlegungen ableiten: Die Personifizierung des Herbstes, der seine Früchte geradezu präsentiert, führt zur zunehmenden Passivität des Sprechers: an Handlungen dominieren Freude (während des Erntens) und das dankbare Beschenken (selbst das Opfern scheint nicht mehr mit Arbeit verbunden); die *uva* zeigt quasi Eigeninitiative, sie braucht keine Hilfe durch einen Menschen mehr!

Den nächsten Schritt muss man mit einem kurzen Lehrervortrag vorbereiten, indem man die beiden im Zusammenhang des Dankens erwähnten Gottheiten kurz vorstellt:

Priapus wird bei Kießling und Heinze ganz unverdächtig als Spender und Hüter der Früchte beschrieben und auch die Bemerkungen in Nachschlagewerken lassen sich wie folgt zusammenfassen: Man opferte Priapus die ersten Erträge von Feld und Garten. Statuen des Priapus, ausgestattet mit einem gewaltigen und oft bemalten Phallus, sollten in Obst- und Weingärten als Glücksbringer eine reichhaltige Ernte garantieren.

Auch die Erwähnung des uralten Gottes Silvanus ist zunächst ganz unverdächtig. Denn Silvanus gilt als altitalische Gottheit, die dann von den Etruskern als Selvans übernommen und später von den Römern zu *silvanus* umgedeutet wurde. Als halbnackter Feldgott hielt er meist die *falx*, das Winzermesser, in der Hand und schmückte sich mit Feldfrüchten.

An dieser Stelle muss man die (vorläufige) Interpretation mit der Beobachtung abschließen, dass also ausschließlich Gottheiten erwähnt werden, die mit dem Opfern von Feldfrüchten und Tieren in Verbindung gebracht werden. Da stellt sich schon die Frage (die können die Schülerinnen und Schüler aber von ihrem Wissensstand her nicht stellen), was diese Dopplung soll, zumal andere alte Gottheiten wie Poma oder Ceres nicht erwähnt werden. Doch weiter:

---

[6] Kiessling / Heinze 1960, 494 zu dieser Stelle: „Der Dichter sieht hier, bildlichen Darstellungen des Autumnus entsprechend, das reife Obst als Schmuck des persönlich gedachten Herbstes."

> Es gefällt [ihm] zu liegen – bald unter einer alten
> Steineiche, bald im festhaltenden Gras   24
> es gleiten inzwischen dahin in hohen Ufern die Wasser,
> es klagen (zwitschern) in den Wäldern die Vögel
> und Quellen tönen den fließenden Wassern   27
> entgegen, was zu leichten Schlummern einlädt.

Durch den Verweis auf das starke *at* zu Beginn des nachfolgenden Verses 29 wird dieser Abschnitt als nächste Sinneinheit herauspräpariert. Interessant ist hier zunächst einmal die unpersönliche Formulierung des Anfangs, die einen konkreten Schreiber bzw. Sprecher dieser Verse nicht notwendig macht, so dass sich der Leser unwillkürlich (aber von Horaz beabsichtigt) in diese idyllische Szenerie hineinziehen lässt.

Denn diese wird mit „verweilender Liebe" (so KIESSLING / HEINZE 1960, 494) ausgemalt. Nach der Phase ‚harter Arbeit' folgt nun die Phase der Erholung (wovon eigentlich?) und Muße – die Ironie wird für die Schülerinnen und Schüler offenkundig: ein breit angelegter Parallelismus *modo sub antiqua ilice / modo in tenaci gramine* unterstreicht die Beschaulichkeit der Szenerie, die durch die Metapher von *tenax* (das Gras ist so weich und bequem, dass es festhalten kann – dazu aber später noch mehr) noch verstärkt wird.

Die folgenden interpretatorischen Schwierigkeiten lassen sich am besten mit Hilfe eines längeren Zitates von KIESSLING / HEINZE 1960 zur Stelle verdeutlichen:

> In das friedliche Bild passt nicht ein wild strudelndes Gewässer, das sein Bett ausfüllt oder zu übersteigen droht, sondern der ruhig zwischen ‚hohen' Uferrändern (*ripis*, nicht *rivis*, da die Tiefe des Gewässers kein anschauliches Bild gibt, auch der Plural sich nur erklären ließe, wenn man Bewässerungsrinnen denken wollte, auf die doch nichts im ganzen Zusammenhange hinweist) dahingleitende Bach, mit dessen Murmeln das Zwitschern der Vögel und das Säuseln der Blätter im nahen Walde – natürlich auch kein Sturmesrauschen – wetteifert [...]. Marklands Besserung *frondesque* scheint unausweichlich: zu dem überlieferten *fontes* wäre *lymphis manantibus*, das dann als Abl. aufgefasst werden müsste, überflüssi-

ger Zusatz, und der Plural, der nur eine Mehrzahl von Quellen meinen könnte, würde das Bild unnatürlich überladen.[7]

Wir können an dieser Stelle nur festhalten, dass das gewählte Vokabular für die Beschreibung einer echten Idylle insgesamt merkwürdig ist, besonders dass *obstrepere* überhaupt nicht zu den Bildern passen will (auch *queri* dürfte den Schülerinnen und Schülern nur als ‚klagen' bekannt sein), die man so im Kopf hat, wenn man an ein lauschiges Plätzchen an einer Quelle denkt. Da für die Schülerinnen und Schüler die Gesamtheit der Darstellung aber schon als ironisch gefärbt erkannt ist, könnte die eine oder zielführende Idee bereits an dieser Stelle geäußert werden.

> Aber sobald die winterliche Jahreszeit des donnernden Jupiter
> Regen und Schnee(massen) mitbringt,   30
> treibt er entweder von hier und von da mit viel Hund
> wilde Eber in bereitstehende Fangnetze
> oder spannt mit glatter Stellgabel weitmaschige Netze   33
> als Fallen für die gefräßigen Drosseln
> und fängt den feigen Hasen und ankommenden Kranich
> mit einer Schlinge – als willkommene Beute.[8]   36

Der scharfe Neueinsatz in v. 29 mit *at* erklärt sich aus der veränderten Situation: Der Winter bricht herein. Doch wo in den Oden eine Zeit der Kälte und Erstarrung beschrieben wird, ist es hier plötzlich ganz anders: eine Triade der Aktivität wird als Gegenbild zur Passivität vorher beschrieben: Der Sprecher greift wiederum selektiv auf die Gegebenheiten zu und wird zum Jäger. Dies ist ein typischer Wunschtraum eines Städters, wie man an zahllosen Fresken in römischen Villen, die Jagdmotive verschiedenster Art zeigen, erkennen kann. Auch hier zeigt ein genauerer Blick, dass die Arbeit nicht schwer von der Hand geht: die Eber werden mit

---

7   KIESSLING / HEINZE 1960, 494–495. Ausnahmsweise irren Kießling und Heinze hier, weil sie unbedingt das „friedliche Bild" halten wollen. Erstens sind die Bewässerungsrinnen sehr wohl denkbar, wenn man an das konkrete Sabinum denkt. Die Vokabel *rivus* taucht auch im Zusammenhang mit Horazens Beschreibungen deutlich häufiger auf als *ripa*. Zweitens ist Marklands Konjektur in der englischsprachigen Literatur überhaupt nicht rezipiert worden, soweit ich das überprüfen konnte; in vielen französischen und italienischen Kommentaren wird große Skepsis ihr gegenüber geäußert; mehr dazu in 2.3., S. 203.

8   Wörtl.: Belohnungen.

Hilfe einer Hundemeute gejagt (*multa cane* ist ein gewagter, aber grandioser Ausdruck), die Fangnetze stehen schon bereit (wer hat sie aufgestellt?), die Drosseln fangen sich durch ihre Gier gleichsam selbst, weil durch ihre Bewegungen die Netze an den glatten Stellgabeln hinunterrutschen, der Kranich macht Rast in der Gegend und ist daher leichte Beute und der Hase lässt sich mit einer Schlinge fangen – in der Realität sicherlich nicht beim ersten Versuch.

> Wer vergisst bei diesen Beschäftigungen nicht die üblen   37
> Dinge, die die Liebe als Sorgen mit sich bringt?   38

An diesen beiden Versen lassen sich gleich mehrere Funktionen erarbeiten. Erstens: Der Blickwinkel der Beschreibung verändert sich. Nachdem bisher ein *ille* in seinem Glück beschrieben wurde und die Darstellung ab v. 23 ins Allgemeingültige abglitt (zu *libet iacere* lässt sich ein *ille, omnes* oder auch *ego* denken), wird jetzt deutlich, dass es sich tatsächlich um ein Gedankenspiel handelt, das die Funktion hat, von anderen Sorgen abzulenken. Worin diese Sorge konkret besteht, bleibt streng genommen unklar. Allerdings erhärtet die Art und Weise der Formulierung den Verdacht, dass die ganze Schilderung aus dem Mund eines bestimmten Menschen, eines Städters stammt. Denn von literarischen Topoi ausgehend, argumentieren Kießling und Heinze zur Stelle: „Der Sprecher, der wohl als Junggeselle zu denken ist, hat als Städter natürlich sein ,Verhältnis', das ihm Eifersuchtsqualen, vielleicht auch Vermögenssorgen bereitet; wie bequem ist dem Landmann das remedium zur Hand!"[9] Zweitens: Schließlich bringt die indirekte Frage einen Einschnitt auf inhaltlicher und struktureller Ebene. Sie fasst den vorangegangenen Blick auf das Landleben mit *haec inter* zusammen und unterbricht die Kompositionstechnik der triadischen Gestaltung. Drittens und letzens: Das Distichon der vv. 37–38 hat aber nicht nur zusammenfassende, sondern auch überleitende Funktion. Denn aus der Erwähnung eines unglücklichen Liebesverhältnisses ergibt sich ungezwungen der Gedanke an die *pudica mulier*, die statt Sorgen zu bereiten, jegliche Sorgen fernhält.

> Wenn sich aber die keusche Ehefrau für ihren Teil   39
> um Haus und die süßen Kinder kümmert, wie eine
> Sabinerin oder eine von Sonnen(strahlen) verbrannte
> Gattin des ausdauernden Apuliers,   42

---

9 KIESSLING / HEIZE 1960, 495.

(wenn sie) mit alten Hölzern den heiligen Herd errichtet
unter der Ankunft ihres erschöpften Mannes
und (wenn sie) das frohe Vieh in geflochtenen Zäunen   45
einschließend die prall gefüllten Euter melkt
und (wenn sie) die diesjährigen Weine aus einem süßen
Fass hervorholend selbstgezogene Speisen zubereitet, [dann
    . . .]   48

Das Idealbild der *mulier*, die alte römische Tugenden an den Tag
legt, weil sie sittsam ist, sparsam, fleißig und liebevoll zu ihren
Kindern, erhält nur dadurch einen Riss, aber einen heftigen, dass
sie als *perusta solibus* beschrieben wird. Nach stadtrömischem Ideal
soll die Gattin eine vornehme Blässe aufweisen, die darauf hin-
weist, dass sie nicht arbeiten und sich der Sonne aussetzen muss.
Horaz überzeichnet also mehrfach: ein *usta* allein ist schon zu stark,
um eine gesunde Bräune zu beschreiben, die Steigerung *perusta*
parodiert die Vorstellung endgültig. Wie die Gattin nun unermüd-
lich arbeitet, wird – wie schon gewohnt – in triadischer Komposition aufgelistet, allerdings hier mit der Variation, dass zu den
(Haupt-)handlungen immer weitere Handlungen (parallel) ergänzt
werden, so dass ein Bild intensivster Aktivität entsteht, das zu der
Passivität des Hausherrn / Sprechers einen größtmöglichen Kontrast entstehen lässt. Auch die reihende Satzkonstruktion weist darauf hin, dass es keine Unterbrechung ihrer Arbeit gibt!

Der Sprecher allerdings denkt nur an sich, bzw. daran, was ihm
in Bezug auf das Essen entgeht:

dann . . . werden mich nicht lucrinische Austern erfreut ha-
    ben oder
Steinbutte oder Papageifische, falls der donnernde Winter ir-
    gendwelche
mit Fluten von Osten zu diesem Meer heranträgt, dann soll
    nicht ein
Perlhuhn in meinen Magen hinabsteigen, dann soll nicht das   51
    Frankolin-
huhn schmackhafter sein als eine von den fettesten Zweigen
    der Bäume
gelesene Olive oder der Halm eines Sauerampfers, der die
    Wiesen liebt,   54

und Malven als Heilmittel für einen schweren / verdorbenen
  Magen
oder ein Lamm, das an den festlichen Terminalien geopfert
  wurde
oder ein Ziegenbock, der einem Wolf entrissen wurde.　　57

Auf diese Gegenüberstellung von Leckerbissen und einfacher Kost
werde ich später noch näher eingehen. Entscheidend ist hier zunächst nur, dass die Schülerinnen und Schüler den enormen Kontrast erkennen und eine Fragehaltung entwickeln, warum die
(Stadt-)Römer versuchten, von überall her exotische Speisen zu im-
portieren und ganz besondere und neue lukullische Genüsse zu
entdecken. Wie sehr sich der Sprecher nach solchen Gaumenfreu-
den sehnt, zeigt das Bild vom *afra avis*, der in den Magen hinab-
steigt, also selbst den Vorgang des Essens zu einem großartigen,
aber passiven Erlebnis werden lässt.

Abschließend (und vorbereitend) muss noch auf das Fest der
Terminalien am 23. Februar hingewiesen werden, das das Kalen-
derjahr gemeinsam mit den Nachbarn feierlich abschließt. Eine nahe liegende Deutung wäre, dass damit die Tätigkeiten von Mann
und Frau im Ablauf des Arbeitsjahres endgültig abgeschlossen sei-
en und man sich nun – gemeinsam – ganz der Behaglichkeit (und
vielleicht auch der Zweisamkeit) hingeben könne. Aber schon der
nächste Abschnitt zeigt, dass es mit der Beschreibung der Behaglichkeit weitergeht, allerdings nur aus einer Perspektive, nämlich
der des inzwischen völlig passiven Landmanns. Damit bleibt der
Hinweis auf die Terminalien zunächst eine Randbemerkung.

Wie freut es ihn, zwischen diesen Speisen die geweidet
habenden Schafe nach Hause eilen zu sehen,
zu sehen die erschöpften Rinder, die den gewendeten　　63
Pflug am schlaffen Hals ziehen und die aufgestellten
Haussklaven, der Bienenschwarm des reichen Hauses,
ringsherum um die glänzenden Laren!　　66

Die Verse 61 bis 66 bilden eine letzte Triade, deren Glieder grammatikalisch alle von *iuvat* abhängen; die Verbindung der ersten beiden geschieht durch die Anapher von *videre*, das dritte Bild wird
mit -*que* angehängt. Der Bezug zu dem vorangegangenen wird ei-

nerseits über das *has inter epulas* hergestellt, zum anderen über den Gedanken des Zuhauses: Wie Hausfrau und Hausherr eine *domus* haben, so auch das Vieh und die Hausklaven. Über die Bedeutungsnuancen, die in *mulier iuvet* einerseits und *iuverint conchylia* bzw. dem *iuvat* in v. 61 versteckt sind, wird das Motiv der zweiten Hälfte ganz deutlich. Denn bei der *mulier* bezeichnete *iuvare* noch ein Stützen oder Helfen – jedenfalls eine aktive Tätigkeit, beim Sprecher hingegen gibt es nur den Akzent der Freude beim Anschauen. Die Untätigkeit, die bloße Freude am Schauen und Betrachten, das scheint das letzte Ziel des Landlebens in der Vorstellung des Sprechers zu sein, der sich immer mehr als Stadtmensch gezeigt hat. Vom hohen Anspruch des *exercere paterna rura* ist nichts mehr geblieben als Passivität und ein sich bedienen Lassen, das Nichtstun ist nicht mehr retardierendes Moment wie in der ersten Hälfte das Nickerchen unter dem Baum, sondern steht mit Nachdruck am Ende des zweiten Hauptteils. Damit könnte das Gedicht eigentlich schließen.

> Sobald dies gesprochen hat der Zinsverleiher Alfius   66
> schon fast, schon fast ein zukünftiger Landmann,
> treibt er an den Iden das ganze Geld ein und
> versucht es an den Kalenden (wieder) anzulegen.   69

Horaz gelingt jedoch mit diesem Schluss eine doppelte Überraschung. Der „Clou" liegt zunächst einmal darin, dass nicht irgendein Städter diesen Wunschtraum vom Landleben geäußert hat, sondern ein *fenerator*, ein Zinsverleiher, der ja gerade auf die Stadt und ihre Bewohner als Klienten angewiesen ist.[10] Aber die Geschichte wird ja noch weiter gesponnen zu einem zweiten Höhepunkt: Alfius zieht das ganze Geld von seinen Schuldnern ein und ... kauft nicht etwa, wie es das *iam iam futurus* nahe legt, an den Kalenden eine *villa rustica*, sondern versucht sein Vermögen (noch gewinnbringender) wieder anzulegen. Dabei gelingt es Horaz, das entscheidende *ponere* ganz an den Schluss des Gedichtes zu stellen,

---

[10] Stellvertretend für viele Ausleger zitiere ich KIRN 1935, 39–40: „Aus dem einseitigen Lob des Landlebens in der Epode geht schon hervor, dass ein Vertreter der Stadt spricht: man preist das, was man nicht hat. Die Überraschung liegt – immer noch stark genug – in der speziellen Kategorie des fenerator."

die Entscheidung des *fenerator* für ein Beibehalten des bisherigen Lebensstils bis zum letztmöglichen Zeitpunkt aufzuschieben.

Horaz parodiert also mit diesem Gedicht nicht das Landleben selbst, sondern die falschen und allzu schwärmerischen Vorstellungen eines Städters vom bequemen und einfachen Leben auf dem Land. Die Epode richtet sich also gegen Leute wie Alfius, dessen Existenz durch Columella 1,7 belegt ist. Sie erweist sich als ein Jambus gegen ein bestimmtes, moralisch verwerfliches Verhalten (wie die anderen Epoden dies auch tun); ein solcher Jambus muss aber nicht aus persönlich erlittenem Unrecht erwachsen sein. Diese Parteinahme als *vates* unterscheidet Horaz und sein dichterisches Anliegen übrigens deutlich von seinen klassischen Vorbildern.[11]

Aber darf man – und damit komme ich auf die eingangs beschriebenen Ziele dieses Beitrags zurück – an dieser Stelle des Interpretierens wirklich stehen bleiben? Wird man damit einem Horaz gerecht, dessen Oden sich meist erst über eine – oft erst zu entschlüsselnde – Mythologie verstehen lassen? Haben wir bei der bisherigen Lektüre und Interpretation etwas übersehen, bzw. die kleinen Störungen, die wir notiert haben, genügend beachtet?

2.2 *Epode* 2: Interpretation – Stufe 2

Deswegen habe ich meine Kurse eingeladen, einen zweiten Durchgang zu unternehmen und diese Epode genauer unter die Lupe zu nehmen. Die Vorbereitung dazu geschah mit Hilfe einer ausführlicheren Gruppenarbeit (ca. drei Unterrichtsstunden), die arbeitsgleiche und arbeitsteilige Aufgaben miteinander verknüpfte (vgl. Material 2, S. 214).

In der Auswertungsphase[12] haben die Schüler in einem ersten Schritt den bisherigen Interpretationsstand abgesichert und ergänzt, indem sie zunächst die Textblöcke voneinander getrennt und damit die Rahmenkomposition erkannt haben (Aufgabe 1.a). Dabei wurde noch einmal deutlich, dass die beiden Verse in der

---

[11] Vgl. zur Ausgestaltung und Bewertung der Idylle die Ausführungen von BÜCHNER 1970, 82–83.

[12] Vgl. zum Folgenden das Schaubild zur Komposition der Epode (Material 3, S. 216.

Mitte nur zur Überleitung dienen, nicht aber das formale und inhaltliche Zentrum des Gedichtes bilden. Außerdem erkannten sie, dass die exakt gleiche Länge des Blicks auf das Landleben außerhalb und innerhalb des Hauses eine ganz bewusste Spiegelkomposition des Horaz vermuten lässt.

Daran anschließend bot sich die Auswertung der Aufgaben 1.b, 2.a und 2.d an. Die bewussten formalen (→ Textlänge) als auch inhaltlichen Quer- bzw. Binnenbezüge (vgl. die farbig markierten Felder innerhalb des Schaubildes S. 217) wurden ebenso herausgestellt, wie die These Carrubbas widerlegt, dass im ersten Teil ein Jahresrhythmus beschrieben sei.[13] Die Triaden passten jeweils nicht nur genau zu den erkannten Versabschnitten, sondern ließen sich auch inhaltlich sehr gut aufeinander beziehen: Alle drei „Themen" aus dem ersten Teil werden wieder aufgenommen!

Die Zusammenstellung der häufig verwendeten Stilmittel (2.e) belegte die sorgfältige Ausgestaltung der ländlichen Idylle durch Horaz, insofern im ersten großen Block tatsächlich zu jedem Substantiv ein schmückendes Adjektiv (sehr oft als Hyperbaton konstruiert) hinzugefügt ist, wobei sogar eine Enallage benutzt wird (*dulci* gehört zum Wein nicht zum Fass), um dieses Prinzip durchzuhalten.

Die Analyse der Speisen (2.b) brachte dann für die Schülerinnen und Schüler ein echtes Aha-Erlebnis, weil nicht nur die Zeilenlänge der beiden Abschnitte identisch ist (jeweils sechs), sondern darüber hinaus jeweils fünf Leckerbissen genannt sind, von denen jeweils zwei (durch Anapher hervorgehoben) die jeweils letzten beiden Zeilen umfassen. Dazu wurde noch die feine Ironie erkannt, dass Horaz die Fische im Plural benennt, die kargen Mahlzeiten jedoch im Singular, was den Kontrast weiter steigert. Man könnte dann noch anbringen, dass das geschlachtete Lamm eigentlich den Göttern gehört, also zumindest nicht komplett verzehrt werden kann und der Bock bereits von einem Wolf angeknabbert worden ist ...

Aber die entscheidende Frage lautet ja: Wer vergleicht so genau, wer führt quasi eine Strichliste darüber, was er bekommt, was nicht? Die Antwort ist jetzt völlig klar: es ist ein *fenerator*, der mit

---

[13]   Vgl. Carrubba 1969. Die Argumentation in Stichworten: nur zwei der Jah-

spitzem Bleistift eine „Rechenoperation" durchführt, der ganz rational abwägt, was ihm zum Vorteil oder Nachteil gereicht.

Nach diesen bestätigenden und vertiefenden Ergebnissen gingen wir über zu den Ergebnissen, die sich aus dem Vergleich von Schlussteil und Anfangssequenz ergaben (2.c).

Von den Schülerinnen und Schülern wurde zunächst die Doppeldeutigkeit angeführt, die in dem Begriff *negotium* enthalten ist. Liest man ihn zunächst unverdächtig, so geht es allgemein um die Verpflichtungen, die das Leben in der Stadt mit sich bringt. Liest man ihn aber aus der Sicht des *fenerator*, könnte man ihn auch ganz konkret mit (Geld-)Geschäften verbinden. Dann verliert das *procul* seine positive Bedeutung. Auch das *solutus omni fenore* erscheint jetzt in einem ganz konkreten Licht: Ging es zunächst um die wirtschaftliche Freiheit eines *agricola*, der eben noch stolzer Besitzer (nicht Verwalter) seines vom Vater übernommenen Grund und Bodens war, so ist jetzt ein „leider" zu denken, denn der Bauer hat keinerlei Zinsen zu zahlen.

Ein genauerer Blick lohnt sich auch auf die Auflistung der Berufe. Wenn man von der guten alten Zeit schwärmt (*priscus*), sind die drei genannten, offensichtlich sehr typischen römischen Berufe (denn genau diese Zusammenstellung taucht auch in *sat.* 1, 1 auf) fehl am Platze. Denn der *miles* existiert als Beruf erst mit der Schaffung eines stehenden Heeres, und der *mercator* kommt erst seit den Punischen Kriegen zu (eigenständigen) Berufsehren. Auch der Vorbehalt gegenüber der Stadt stimmt so nicht: Der Bauer verkaufte seine überschüssige Ware selbstverständlich auf dem Forum (vielleicht nicht dem Romanum sondern dem Boarium). Wir halten daher fest: Die dargebotene Sicht auf das Landleben ist zumindest eine einseitige, wenn nicht sogar falsche (Außen-)Sicht, also die eines Städters, die des *fenerator* Alfius!

---

reszeiten werden namentlich genannt (Herbst, Winter). Die Jahreszeiten lassen sich kaum sicher voneinander unterscheiden. Eine Aufteilung auf vier Jahreszeiten würde nicht nur das triadische Kompositionsschema sprengen, sondern auch noch alle numerischen Entsprechungen und Bezüge verhindern, die von Horaz beabsichtigt sind (vgl. Material 4, S. 217).

Sobald diese zweite Verstehensebene angedacht und an mehreren Beispielen belegt ist,[14] könnte man die Schülerinnen und Schüler noch auf die Tatsache aufmerksam machen, dass man in v. 1 automatisch ein *est* ergänzt, aber gar keines dasteht. Es wäre also genauso gut möglich, die ersten acht Verse mit einem Fragezeichen zu versehen und etwa so zu beginnen: „Der soll glücklich sein, der ...?" Und dann wäre auch noch zu bemerken, dass *beatus* in seinem lexikalischen Spektrum auch ‚reich' bedeuten kann ...

Es gibt also gleich mehrere bewusste Bezüge vom letzten Abschnitt auf den Einleitungsteil und man muss respektvoll anerkennen, dass Horaz von Anfang an eine Fährte gelegt hat, die die Überraschung am Schluss eigentlich keine mehr sein lässt.[15]

Nun ist die Brechung der ländlichen Idylle im zweiten Teil der Epode, beginnend mit der Aufgabe des städtischen Schönheitsideals (eine *perusta uxor* ist unvorstellbar), von allen Erklärern einheitlich festgestellt worden,[16] so dass eher die Frage im Raum steht, ob nicht schon vorher, in der Beschreibung der Tätigkeiten außer Haus bereits sprachliche Anspielungen enthalten sind, die den Blick des *fenerators* verraten. Um nicht auszuschweifen, möchte ich nur auf zwei Stellen verweisen: erstens die oben beschriebenen Götter und zweitens das Ausruhen in den Versen 23–28.

Zu den Göttern: Die von Horaz genannten Götter Priapus und Silvanus weisen in ihren mythologischen Beschreibungen interessante Nebenbedeutungen auf. Priapus'

---

[14]   Wer die bewusste Gestaltung einer zweiten Verstehensebene für übertrieben hält, möge einmal die Epode 15 genauer anschauen. Dort wird ein Gedicht komplett auf zwei Ebenen erzählt, wie Victor Grassmann und Franz Kuhn herausgearbeitet haben (GRASSMANN 1966 u. KUHN 1973).

[15]   Die erstaunten Kommentare mündeten in die – berechtigte – Frage, ob ein Römer der oberen Zehntausend, wenn er dieses Werk zum ersten Mal liest, solche Anspielungen mitbekommen hat, weil er „native speaker" sei. Ich gab ihnen zur Antwort, dass dies eher unwahrscheinlich sei und sicher auch ein Grund dafür war, dass Horaz erst nach seinem Tod nach und nach immer größere Berühmtheit erlangt hat, weil man erst nach und nach seine Meisterschaft erkannt hat.

[16]   Noch nirgendwo gefunden habe ich eine Bemerkung zu dem auffälligen *positos*, mit dem die Hausssklaven bezeichnet werden; dabei legt doch der Zusammenhang nahe (*pecuniam ponere*), dass die Sklaven zum Einschätzen ihrer Arbeitskraft, zur Taxierung ihres Wertes aufgestellt sind.

> ... eigentliches Gebiet waren die Gärten und Baumpflan-
> zungen, wo sein Bild in der von Horaz und anderen Dich-
> tern mit so vieler Laune beschriebenen Gestalt zugleich dem
> praktischen Zweck einer Vogelscheuche und eines Schutzes
> gegen den bösen Blick des Neids und das Gelüst der Garten-
> diebe genügte.[17]

Silvanus wohnte die zerstörerische Urkraft der Natur inne, die man
vom kultivierten Gebiet fernhalten musste. Deshalb weihte man
ihm an den Grenzen des eigenen Gebietes eine Lichtung oder einen
Hain und stellte damit die Grenze selbst unter seinen Schutz. Das
heißt, dass Silvanus eine doppelte Verehrung zukam: Zum einen
brachte man einen Abwehrzauber dar, zum anderen den Dank für
seine Erlaubnis, ein Stück gerodeten Waldes zur Bebauung herge-
geben zu haben. Zur Absicherung: Auch die Terminalien (2. Ge-
dichthälfte) bezeichnen, wie der Name schon nahelegt, nicht nur
einen bestimmten Zeitpunkt, sondern viel grundsätzlicher eine Be-
grenzung, ja Abgrenzung. Terminus ist demzufolge der Gott, der
den Grundstücksmarkierungen vorsteht.[18]

Fazit: Alle erwähnten Götter lassen sich mit dem Gebiet, ganz
konkret sogar den Grenzen und dem Schutz des potentiellen Landgutes in Verbindung bringen. Der Verdacht liegt also nahe, dass
dem *fenerator* die ganze Beschreibung hindurch immer wieder im
Kopf herumspukt, wie groß sein potentielles Grundstück ist, wie
sicher es ist und welche Nachbarn es ihm neiden könnten.

Zum Ausruhen: Verleitet durch Horaz' Beschreibung der Idylle
wird der lateinische Text hier von vielen Übersetzern in erstaun-
licher Weise „vergewaltigt". Da ist die Rede vom Zwitschern der
Vögel, vom erklingenden Lied der Vöglein, vom Säuseln oder lei-
sem Rauschen der Blätter, vom leis dahinplätschernden Quell, von
der sanft murmelnden Quelle usw. usw.

Natürlich weiß ein Römer, dass *queri* im Zusammenhang mit einem Vogel typisch als ‚zwitschern' zu verstehen ist. Aber genau
das zeigt ja die Raffinesse des Horaz. Denn die Grundbedeutung
von *queri* ist eher ein (juristisch relevantes) ‚klagen' oder ‚verkla-

---

[17] PRELLER 1865, 396.

[18] Vgl. PRELLER 1865, 227–231.

gen'! Damit stören die Vögel eher die Idylle als sie zu schaffen. Auch das *obstrepere* (wörtlich: ‚übertönen, entgegenlärmen') passt nicht in die Vorstellung eines *fenerator*, der die Ruhe auf dem Land genießen will. So kann der Schlummer nur ein leichter werden!

Selbst das an dieser Stelle ungewöhnliche *tenax* muss man mit Kießling und Heinze zunächst so erklären, dass „das weiche Ruhepolster den Ruhenden gleichsam festhält, so dass er sich leicht davon losreißt."[19] Aber seine Grundbedeutung („festhaltend [...] insbes.: a) Empfangenes, Erworbenes (bes. Vermögen, Geld) festhaltend, zurückhalten, karg, zähe, geizig ..."[20] zeigt doch, dass Horaz hier vielleicht ganz bewusst eine eher exotische Vokabel benutzt, um hintersinnig aufzuzeigen, dass sich der *fenerator* von seinen materiellen Vorstellungen – dem gedanklichen Spiel mit dem möglichen Erwerb eines Landgutes – niemals wirklich losreißen kann. Das entspricht auffällig den oben gemachten Beobachtungen zu den Göttern!

Fazit: Auch in der ersten Hälfte des Gedichts gelingt es Horaz mit feinen Anspielungen, die jede für sich genommen sicherlich nicht zwingend sind, aber in der Summe eben doch sehr überzeugend, die Perspektive des *fenerator* in die Beschreibung der Idylle mit einfließen zu lassen. Ein letztes Beispiel: Die hier erstmals für die römische Literatur überlieferte Substantivierung von *mugire* (*mugientes* sind in diesem Zusammenhang wohl doch am ehesten die ‚laut Muh machenden = Brüllenden') beschreibt ein Geräusch, das nur aus Sicht eines Bauern idyllisch sein kann (indem es die Freude und Freiheit der Rinder ausdrückt), aus der Sicht eines Städters aber als störend empfunden werden muss.

2.3 *Epode* 2: Interpretation – Stufe 3

Ist diese Epode damit zu Ende interpretiert? Reicht es wirklich zu sagen, dass Horaz hier mit meisterhafter Kompositionstechnik und intellektuell hochwertigem Spiel mit Sprache einen Stadtrömer einen ironisch-spöttischen Blick auf das Landleben werfen lässt –

---

[19] Kiessling / Heinze 1960, 494.
[20] Georges 2, 3054.

mit der Erkenntnis, dass ein Leben in der Stadt doch wesentlich angenehmer ist? Müssen wir nicht in einem letzten Schritt fragen, worin die Motivation des Horaz besteht, ein solches Gedicht zu präsentieren? Oder, anders gefragt: Haben wir Horaz als realen Autor dieses Gedichts mit seiner ganz speziellen Lebensgeschichte wirklich ernst genommen?

Könnte es nicht sein, dass gerade aus diesen Lebenserfahrungen heraus seine eigene Einstellung zum Stadt- und Landleben irgendwo in diesem Gedicht verborgen ist – zumal er sich doch im Verlauf der Interpretation die ganze Zeit über als Meister der Anspielungen erwiesen hat?

Ich setze für die folgenden Überlegungen die Grundkenntnisse des Lebenslaufes von Horaz voraus, wie sie Manfred Simon in der Einleitung seiner Horaz-Ausgabe[21] zusammengestellt hat.

Dann verstehen wir nicht nur den Hinweis auf die *Sabina uxor* (Horaz erhält das Landgut in den Sabinerbergen etwa 33 v. Chr.) den *Apulus* (Apulien ist seine Heimatlandschaft), sondern auch verborgenere Anspielungen wie das *in reducta valle* in v. 11 oder in v. 25 die *aquae*, die zwischen hohen Ufern (oder, wenn man *rivis* liest, in tiefen Rinnen) *labuntur*.

Ja sogar für die uralte Diskussion um Vers 27, wo Markland das *fontes* durch *frondes* ersetzte, um eine inhaltliche (!) Glättung zu erreichen,[22] erhält man ein starkes Argument – für die ursprüngliche Vokabel. Denn wenn dieser Blick auf die Quelle der Realität seines *Sabinum* entstammt, erkennt man den Kontrast zwischen dem Rauschen der Bandusiaquelle (nervig nur für den Städter!) und dem danach nur noch dahinplätschernden Wasser (vgl. Abb. 1, S. 204: Der Plural *fontes* ist jetzt nicht mehr überladen, wie Kießling und Heinze behaupten!)

---

[21] Vgl. SIMON 2009, VIII–XIV.

[22] Vgl. die Argumentation bei KIESSLING / HEINZE 1960 zu dieser Stelle. Sie beruht aber auf der (m. E. falschen) Voraussetzung, dass eine reine Idylle beschrieben werden soll. Auf der Suche nach Parallelstellen findet man schnell *epist.* 1,16, wo es in v. 12 heißt: *fons etiam rivo dare nomen idoneus* und *sat.* 2, 6, wo es in v. 2 heißt: *et tecto vicinus iugis aquae fons*. Beide Male steht übrigens *fons*, nirgends ein Hinweis auf *frons*.

Abbildung 1: Bandusiaquelle in Licenza

Dann ergibt auch das *beatus* aus Vers 1 einen noch tiefer gehenden Sinn als das für einen Makarismos üblichere *felix*.[23] *Beatus* wird dann nämlich als Ausdruck einer tiefen, emotionalen Zuwendung zu einem ursprünglichen Leben auf dem Land zu einer Überschrift – nicht nur für dieses Gedicht, sondern sein ganzes, dem Epikureismus nahestehendes Lebensgefühl.

Absichern kann man diese dritte Ebene der Interpretation sehr schön durch einen Vergleich mit einer deutschen Fassung der *Epistel* 1,14.[24] Ich habe für diese Ausarbeitung (Material 5, S. 218) der

---

[23] *felix* (eigentlich: ‚fruchtbar, ertragreich‘) beschreibt streng genommen ein Gefühl des Glücks, das in diesem Moment durch äußere (!), günstige Umstände erreicht ist, hier also: ‚glücklich und zufrieden‘ / *beatus* (‚glückselig‘) mehr eine Person, der zu ihrem „Dasein kein physisches u. moralisches (!) Gut fehlt" also etwas tief Verinnerlichtes, fast einen Charakterzustand (vgl. GEORGES 1, 797 [zu *beatus*] u. 2713 [zu *felix*]).

[24] Die vorgelegte Übersetzung (um die Verse 11–15 und 21–31 gekürzt) SIMON 2009, 253–254. Den Schülerinnen und Schülern wurde der Text selbstverständlich ohne die Hervorhebungen vorgelegt.

Einfachheit halber die entscheidenden Vergleichsstellen für unser Gedicht präpariert: Die tiefe Sehnsucht nach einem Leben auf dem Land wird in gleicher Weise deutlich; weitere Anspielungen auf die *Epode* 2 können ergänzt werden: das Bevorzugen einer einfachen Mahlzeit und der Mittagsschlummer im Gras in der Nähe eines Baches.

Die wahre Kunst dieses Gedichts besteht also darin, dass es Horaz meisterhaft gelungen ist, in der ersten Hälfte die Idylle (s)eines Lebens auf dem Lande zu beschreiben (mit einer leichten, fast versteckten Brechung aus Sicht eines Städters, besonders eines *fenerator*), während er in der zweiten Hälfte die Darstellung so übertreibt (*perusta uxor* ist schon echte Parodie), dass sie als Zerrbild der Wirklichkeit erkannt werden und in eine Fragehaltung münden soll: Wer hat denn so eine verstellte Sicht vom Leben auf dem Land? Deshalb ist die Überraschung des Gedichtschlusses eigentlich[25] keine mehr – aber wer ist der Meisterschaft des Horaz nicht erlegen und was ist nicht alles in die Sprechersituation „hineingeheimnist" worden, weil man nicht verstanden hat, dass die Epode genau so konzipiert ist, wie sie vorliegt (Salanitro wollte hinter *locutus* ein *sum* ergänzen und dahinter einen Subjektswechsel vornehmen, Sellar und Fraenkel wollten die gesamten Schlussverse als nachträglich angefügt verstehen, Carrubba unterteilt die *Epode* 2 in die „two main parts 1–66 and 67–70" – um nur einige Beispiele anzuführen).[26]

Und damit komme ich zum Schluss meiner Interpretation. Die Botschaft des Quintus Horatius Flaccus an den Leser, aber auch an Maecenas und Augustus, die ihn sicherlich gern öfter in der Hauptstadt gesehen hätten, lautet ganz epikureisch:

Beatus [sum] satis unicis Sabinis (Ode 2,18)

Horaz selbst hat dies also formuliert, zwar in einem anderen Gedicht, aber in ganz ähnlichem Zusammenhang, so dass ich nicht

---

[25]   Überraschend ist allenfalls, dass es ausgerechnet ein *fenerator* ist, der für die Ausübung seines Berufes auf eine Gewerbe und Handel betreibende Stadt angewiesen ist (so schon KIRN 1935, 40).

[26]   CARRUBBA 1969, 121; vgl. auch SALANITRO 1935, 13; SELLAR 1891, 130 u. FRAENKEL 1963.

verstehen kann, warum man bei der Interpretation eines Gedichts sein literarisches (z.B. die Epistel 1,14) und reales Umfeld überlesen bzw. außer Acht lassen kann: Das Sabinum mit seiner Quelle gibt es doch; es ist doch auch archäologisch erforscht – mit einer ausführlichen Darstellung und Kommentierung der Ergebnisse durch Ernst A. Schmidt.[27] Sehr gut hat dies Ulrich Schmitzer in einer Rezension dieses Buches zusammengefasst:

> Der letzte große Abschnitt [...] ist der [...] wichtigste, denn dort geht es um die Frage, [...] wie es möglich ist, aus archäologisch erfassten Realien nicht nur ornamentale Illustrationen eines schon verstandenen Textes, sondern ein Medium interpretatorischer Erkenntnis zu gewinnen. Das Wissen um den archäologischen Befund erst zeigt, dass sich aus Horazens Dichtung tatsächlich ein zutreffendes Bild seines Landgutes gewinnen lässt [...]. Doch gerät Horaz das (anders als bei Cicero oder Plinius) nicht zu einer detaillierten Architekturbeschreibung, sondern es bleibt eine ‚idyllische Ideallandschaft‘.[28]

3 Zusammenfassung und Ausblick

Die *Epode* 2 von Horaz bietet mit ihrem relativ einfachen sprachlichen Niveau, ihrer kunstvollen Komposition und ihrem inhaltlich ansprechenden und modernen Thema einen erstaunlich komplexen Zugang zu einem zentralen Element des römischen Alltags, nämlich den völlig unterschiedlichen Wohnsituationen von Römern im ausgehenden 1. Jahrhundert vor Christus. Diese Wohnsituationen sind nicht verständlich ohne einen Blick auf den gesellschaftlichen Wandel Roms von einer reinen Ackerkultur zu einem zentralistisch verwalteten Handelsimperium; sie sind nicht verständlich ohne einen Blick auf die facettenreiche Berufswelt der römischen Kultur und sie sind nur verständlich von einem pragmatischen, ganz auf das Diesseits ausgerichteten Selbstverständnis eines Römers her, das stark religiös geprägt ist.

Die *Epode* 2 bietet darüber hinaus zahlreiche Ansatzpunkte für eine Vermittlung von Kompetenzen, die dann in der Qualifikati-

---

[27] Vgl. SCHMIDT 1997.
[28] SCHMITZER 1998, 34

onsphase angewendet werden sollen:[29] Da ist zum einen der intensive Umgang mit dem Wörterbuch, z.B. dem „Stowasser", der nicht nur bei der Untersuchung von *beatus* und *felix* weiterhilft; da ist der gesamte Bereich der Analyse von kompositorischen (Spiegel- und Rahmenkomposition) und gestalterischen Elementen (Stichworte: Triaden, Reihungen, Stilmittel und Stileigentümlichkeiten), die immer inhaltlich ausgewertet bzw. verknüpft werden müssen; da ist weiter die intensive Auseinandersetzung mit dem Text, die hier sogar in Fragen der Textkritik hineinreicht (*fontes/frondes*) und zuletzt natürlich der gesamte Bereich der sozialen Lernformen, die zu immer größerer Selbständigkeit in der Informationsbeschaffung und -verarbeitung führen sollen.

Man könnte den Schülerinnen und Schülern an dieser Stelle auch die Herausforderung (als Kreativaufgabe) schmackhaft machen, eine Übersetzung aus der jeweils unterschiedlichen Perspektive des unvoreingenommenen Lesers, des Geldverleihers oder des Horaz anzufertigen.

Mögliche Weiterführungen können mit den Schülerinnen und Schülern abgesprochen werden. Sinnvoll erscheint mir als ein Gegenbild der ironische Blick auf das Leben in der Stadt bei Martial 12,57, wo die Themen „Wohnen" (Kontrast von arm und reich), „Berufsleben" (Geldwechsler, Ziselierer) und „religiöse Praxis" (Kult um Bellona, magische Rituale) vertieft werden könnten oder auch die Beschreibung eines Landgutes durch Varro (er wirft den Blick auf die Exstenzgrundlagen eines eher einfachen Lebens auf dem Lande) oder Plinius (sein Blick richtet sich auf die *villa urbana*, eine eher aufs Land „exportierte" Stadtvilla).

Man könnte aber auch direkt dazu übergehen, den Lebenslauf eines Römers von seiner Geburt bis hin zu seinem Tod zu verfolgen, oder sich auf die alltägliche Lebensgestaltung einlassen und Fragen wie Kleidung, Essen und Freizeit behandeln, oder die „gehobene" Kultur der Römer beleuchten, indem man ihre Fähigkeiten im Planen und Organisieren betrachtet (Stichworte: Straßennetz,

---

[29] Eine vollständige Auflistung dessen, was in E 1 / E 2 erreicht werden soll, findet sich in LP Latein HE 2010, 63–64.

Wasserversorgung, öffentliche Bauten – gerade in ihrer politischen und religiösen Funktion und Handelswesen).

Auf keinen Fall sollten Fragen der Philosophie und Religion (z.B. mit dem Hinweis auf Seneca) ausgeklammert werden, weil sie den römischen Alltag durch und durch prägen (hier nur einige Stichworte: Hausaltar, Pompa, Fluchtäfelchen, Beerdigungszeremonien, Hochzeitsbräuche).

Als Anregung lege ich einen (nicht gänzlich zu bewältigenden) Vorschlag bei, der wenigstens die meisten Aspekte des römischen Alltags berücksichtigt. Abschließend will ich noch auf die Möglichkeiten verweisen, mit (vorgetragenen oder auch nur schriftlich angefertigten) Referaten zum Themenfeld des römischen Alltags auf die Interessen der Schülerinnen und Schüler einzugehen: Hier können genauso römische Bauwerke in ihrer gesellschaftlichen Bedeutung besprochen werden (Pantheon, Kolosseum, Circus Maximus, Thermen, Wasserleitungen) wie alltägliche Themen vertieft werden (Kleidung und Mode, Mosaikkunst, Inneneinrichtung und -gestaltung eines Wohnhauses, medizinische Versorgung, römisches Essen usw.)

Literatur

Karl BÜCHNER, Studien zur römischen Literatur. Band VIII: Werkanalysen, Wiesbaden 1970.

Robert W. CARRUBBA, The Structure of Horace's Second Epode, in: La Parola del Passato 24 (1969), 229–237.

Nino DI SALANITRO, L'epodo secondo di Orazio, Catania 1935.

Eduard FRAENKEL, Horaz. Aus dem Englischen übersetzt von C. und E. BAYER, Darmstadt 1963.

Karl Ernst GEORGES, Ausführliches Lateinisch-Deutsches Handwörterbuch. Unveränderter Nachdruck der achten verbesserten und vermehrten Auflage von Heinrich Georges, Band 2, Hannover 1983. [Georges]

Victor GRASSMANN, Die erotischen Epoden des Horaz. Literarischer Hintergrund und sprachliche Tradition, München 1966.

Hessisches Kultusministerium (Hg.), Lehrplan Latein. Gymnasialer Bildungsgang Jahrgangsstufen G5-G9 und gymnasiale Oberstufe, 2010. [LP Latein HE 2010]

Q. Horatius Flaccus. Oden und Epoden. Erklärt von Adolf KIESSLING. Zehnte Auflage besorgt von Richard HEINZE. Mit einem Nachwort und bibliographischen Nachträgen von Erich BURCK, Berlin ¹⁰1960. [KIESSLING / HEINZE 1960]

Bernhard KIRN, Zur literarischen Stellung von Horazens Jambenbuch, Tübingen 1935.

Franz KUHN, Illusion und Desillusionierung in den erotischen Gedichten des Horaz, Heidelberg 1973.

Ludwig PRELLER, Römische Mythologie. Revidiert und mit litterarischen Zusätzen versehen von Reinhold KÖHLER, Berlin ²1865.

Ernst August SCHMIDT, Sabinum. Horaz und sein Landgut im Licenzatal (Heidelberger Akademie der Wissenschaften, Schriften der Philosophisch-historischen Klasse 1997; Bd. 1), Heidelberg 1997.

Ulrich SCHMITZER, Rez. zu Schmidt 1997, in: Philologie im Netz 6 (1998), 33–35 (http://web.fu-berlin.de/phin/phin6/p6t3.htm [abgerufen am 31.10.2014]).

William Young SELLAR, Horace and the Elegiac Poets, Oxford 1891.

Manfred SIMON (Hg.), Werke in einem Band. Oden. Säkulargesang. Epoden. Satiren. Briefe, Köln 2009.

Abbildungsnachweis

Abb.1, S. 204: http://commons.wikimedia.org/wiki/File:Fons_bandusiae.JPG [abgerufen am 08.09.2015; gemeinfrei nach Lizenz CC-SA 4.0].

Material 1: Hor. *epod.* 2, 1–70

Beatus ille, qui **procul negotiis**
    ut **priscus** gens mortalium
paterna rura bobus exercet suis
    solutus omni **fenore**
neque excitatur **classico** miles **truci**   5
    neque **horret** iratum mare
forumque **vitat** et superba **civium**
    potentiorum limina.
Ergo aut **adulta vitium propagine**
    altas **maritat populos**   10
aut in reducta **valle mugientium**
    prospectat **errantis greges,**
inutilisve falce ramos amputans
    feliciores inserit,
aut **pressa puris mella condit** amphoris   15
    aut **tondet infirmas ovis;**
vel **cum decorum mitibus pomis** caput
    autumnus agris **extulit,**
ut gaudet **insitiva decerpens pira**
    certantem et **uvam purpurae,**   20
qua **muneretur** te, **Priape,** et te, pater
    Silvane, tutor finium.
Libet iacere **modo** sub antiqua **ilice,**
    modo in **tenaci gramine:**
labuntur altis **interim ripis** aquae,   25
    queruntur in silvis **aves**
fontesque **lymphis obstrepunt manantibus,**
    somnos **quod** invitet **levis.**
At **cum tonantis** annus **hibernus** Iovis
    imbris nivisque conparat,   30
aut **trudit acris** hinc et hinc multa **cane**
    apros in **obstantis plagas**
aut **amite** levi **rara** tendit **retia,**
    turdis edacibus dolos,
pavidumque **leporem** et **advenam laqueo gruem**   35
    iucunda captat praemia.
Quis non **malarum,** quas amor curas **habet,**
    haec inter **obliviscitur?**

procul: fern (von) — **negotium:** Geschäft, Pflicht
priscus: alt(ehrwürdig)
paternus, a, um: väterlich — **rus** n.: Land — **bos:** Rind
solutus: gelöst, befreit — **fenus** n.: Zins
classicum n.: Signalruf — **trux:** wild, grimmig   5
horrere: (er-/zurück-)schrecken (vor)
vitare: meiden — **cives** m./f.: Bürger
potens: mächtig — **limen** n.: Türschwelle
adultus: herangewachsen — **vitis** f.: Weinrebe — **propago:** Ableger
maritare: ‚vermählen' — **populus** f.: (Schwarz-)Pappel   10
vallis f.: Tal — **mugiens:** substantiv. PPP von **mugire:** laut muhen
errantis: errantes — **grex, gregis** m.: Herde
inutilis: inutiles — **falx** f.: Sichel — **ramus** m.: Zweig
felix: ‚glücklich' (Komp.!) — **inserere** *hier t.t.:* aufpropfen
premere: pressen – **purus:** rein – **mel** n.: Honig – **condere:** bergen   15
tondere: scheren — **infirmus:** schwach — **ovis** f.: Schaf
cum: sobald — **decorus:** verziert — **mitis:** reif — **poma:** n.Pl. Obst
autumnus m.: Herbst — **efferre:** sich aus etw. erheben
insitivus: veredelt — **pirum** n. Birne — **decerpere:** pflücken
certare: ‚streiten' — **uva** f.: Traube — **purpura** f.: die Farbe Purpur   20
qua: (Abl. auf *uva*) — **munerari:** beschenken — **Priapus** m.: Gott
  des Gartens
Silvanus m.: altitalischer Waldgott
libet: es gefällt — **modo ... modo:** mal ... mal — **ilex** f.: Eiche
tenax: zäh, haltend — **gramen** n.: Gras
labi: gleiten — **interim:** inzwischen — **ripa** f.: Ufer   25
queri: ‚klagen' — **avis** f.: Vogel
fons, fontis m.: Quelle [Textvorschlag: *frondesque* statt *fontesque* von
  frons, frondis: Laub(krone)] — **lympha** f.: klares Wasser
  — **obstrepere** (m. Dat): übertönen, entgegenrauschen —
  manare: fließen
quod: nach vorne stellen! **levis:** leicht
cum: sobald — **tonare:** donnern — **hibernus:** winterlich
imbris = *imbres* (**imber** m.: Regen) — **nix:** Schnee — **conparare** =
  trahere   30
trudere: treiben — **acris** = *acres* — **canis:** Hund
aper m.: Eber — **obstare:** bereit stehen — **plagae** f.: Fangnetz
ames m.: Stellgabel — **levis:** glatt — **rarus:** weitmaschig — **rete** n.:
  Netz
turdus m.: Drossel — **edax:** gefräßig
pavidus: feige — **lepus** m.: Hase — **gruis** f.: Kranich — **laqueum**
  n.: Schlinge   35
iucundus: (als) angenehm
malae = *malae res* f.: üble Dinge — **habere:** mit sich bringen
oblivisci m. Gen: etw. vergessen

quodsi **pudica** mulier **in partem iuvet**
    domum atque **dulcis** liberos.   40
Sabina **qualis** aut **perusta** solibus
    pernicis uxor **Apuli,**
sacrum **vetustis exstruat lignis focum**
    lassi sub adventum viri,
claudensque **textis cratibus** laetum **pecus**   45
    distenta siccet ubera
et **horna** dulci vina **promens dolio**
    dapes inemptas adparet:
non me **Lucrino** iuverint **conchylia**
    magisve **rhombus** aut **scari,**   50
si **quos Eois intonata fluctibus**
    hiems ad hoc **vertat** mare,
non **Afra avis** descendat in **ventrem** meum,
    non **Attagen Ionicus**
iucundior quam **lecta de pinguissimis**   55
    oliva **ramis** arborum
aut **herba lapathi prata** amantis et gravi
    malvae salubres corpori
vel **agna** festis **caesa** Terminalibus
    vel **haedus ereptus** lupo.   60
Has inter **epulas** ut **iuvat pastas** ovis
    videre **properantis** domum,
videre **fessos vomerem inversum boves**
    collo trahentis languido
pos(i)tosque **vernas, ditis examen** domus,   65
    circum **renidentis** Lares!
Haec ubi **locutus fenerator** Alfius,
    iam iam **futurus rusticus,**
omnem **redegit idibus pecuniam,**
    quaerit kalendis ponere.   70

quodsi: wenn aber — **pudicus**: keusch — **in partem**: für ihren Teil
— **iuvare**: sich kümmern um

dulcis = *dulces*   40

lies *aut qualis Sabina uxor* ... — **perustus**: gebräunt, verbrannt

pernix: ausdauernd — **Apulus**: Einwohner von Apulien

vetustus: alt — **exstruere**: errichten — **lignum** n.: Holz — **focum** n.:
Herd

sub: ‚unter'/bis — **lassus** (PPP) erschöpft, müde

textus: geflochten — **cratis** f.: Zaun — **pecus** n.: Vieh   45

distentus: (prall) gefüllt — **siccare**: melken — **uber** n.: Euter

hornus: diesjährig — **promere**: hervorholen — **dolium** n.: Fass

daps f. (Pl.): Speisen — **inemptus**: selbstgezogen — **adparare**: zu-
bereiten

Lucrino conchylia: Austern aus dem Lucriner See

rhombus m.: Steinbutt — **scarus** m.: See-Papagei   50

quos = *aliquos*: auf *rhombus* — **intonatus**: donnernd — **Eous fluctus**
m.: Flut von Osten

hiems f.: Winter — **vertere** (hier): herantragen

Afra avis f.: Perlhuhn — **venter** m.: Bauch

Attagen Ionicus m.: ionisches Haselhuhn

lectus: (PPP) von *legere* — **pinguis**: ‚fett'   55

ramus m.: Zweig

herba f.: Halm — **lapathus** m.: Sauerampfer — **pratum** n.: Wiese

malva f.: Malve — **saluber**: heilbringend

agna f.: (weibl.) Lamm — **caesa**: (PPP v. *caedere*) — **festus**: festlich

haedus m.: Ziegenbock — *ereptus*: (PPP v. **eripere**: entreißen)   60

epulae f.Pl.: Speisen — **iuvat** (me) — **pastus**: (PPP v. **pasco**: weiden)

properantis = *properantes*

fessus: erschöpft — **vomer** m.: Pflug — **inversus**: umgedreht — **bos**
m./f.: Rind

collum n.: Hals — **trahentis** = *trahentes* — **languidus**: schlaff, träge

positus: aufgestellt — **verna** m.: Haussklave — **dis**: reich — **examen**
n.: Schwarm   65

renidentis = *renidentes*: (glänzend)

locutus = *locutus est* — **fenerator** m.: Geldverleiher

futurus: künftig, in Zukunft — **rusticus** m.: Landmann

redigere: eintreiben — **idus** f.Pl.: Monatsmitte — **pecunia** f.: Geld

quaerere: versuchen — **kalendae** f.Pl.: Monatsanfang — **ponere**:
(an-)legen   70

(Das Lesevokabular ist zum besseren Auffinden im Text fett gedruckt. Aus Platz-
gründen steht bei den Vokabelhilfen bei den Verben immer nur der Infinitiv, bei
den Adjektiven nur der Nominantiv Singular Maskulinum und bei den Substantiven nur der Nominativ Singular Maskulinum sowie das Genus.)

Material 2: Gruppenarbeit (arbeitsgleich und arbeitsteilig)

1.a) für alle 5 Gruppen:
Markiert die Einleitung, den Übergangsteil und den Schluss des Gedichtes!

    a) Welche Kompositionsform ergibt sich daraus (Ringkomposition / Rahmenkomposition / Spiegelkomposition)?
    b) Zählt die Verslänge der verbleibenden Textblöcke und vergleicht!

1.b) für alle 5 Gruppen:
Versucht die beiden großen Textblöcke (jeden für sich) auf größere Einheiten (zwischen 6 und 10 Verse und kleinste Einheiten hin (2 bis 4 Verse) zu gliedern (nehmt die Übersetzung dabei zu Hilfe).

2.a) Gruppe 1 und 5:
Untersucht das Stilmittel des Trikolon (vgl. dazu den Hilfszettel) im gesamten Gedicht. (Wie viele gibt es, wie sind sie auf die einzelnen Textblöcke verteilt, stehen einige in indirektem oder direktem Bezug zueinander?)

2.b) Gruppe 2 und 5:
Vergleicht innerhalb des zweiten Hauptteils bitte genau die Speisen, die die Hausfrau serviert bzw. eben nicht servieren kann (eine Tabelle hilft, den Vergleich bis in die letzten Details durchzuführen: Zahl der Speisen, Verteilung auf die Zeilen, Länge der beiden Textblöcke usw.) → Welchen Sinn könnte ein solcher Vergleich haben?

2.c) Gruppe 1 und 3:

    a) Der Schlussteil des Gedichts bezieht sich formal und inhaltlich auf den Anfang zurück. Arbeitet diese Stellen heraus und beschreibt, inwieweit sich die ursprüngliche Deutung jetzt nach Kenntnis des Schlussteils verändert!
    b) Stellt noch einmal alle Punkte zusammen, die den aufmerksamen Leser schon im Verlauf des Gedichts eine „Brechung" der ländlichen Idylle erkennen lassen.

2.d) Gruppe 4 und 3:

Der englische Philologe Carrubba behauptet, dass im ersten großen Textblock der Jahreslauf einer ländlichen Tätigkeit beschrieben sei. Tragt verschiedene Beobachtungen (sprachliche + kompositorische) zusammen, die diese Behauptung als Fehlschluss entlarven.

2.e) Gruppe 2 und 4:

Stellt bitte Stilmittel und Stileigentümlichkeiten zusammen, die Horaz in diesem Gedicht mehrfach verwendet, und beschreibt ihre inhaltliche Funktion! (tabellarisch ist okay)

3) Plenumsphase:

    a) Vortrag der Ergebnisse und Abschlussbesprechung
    b) Versuch einer Einschätzung der künstlerischen Leistung

Material 3: Komposition von Epode 2

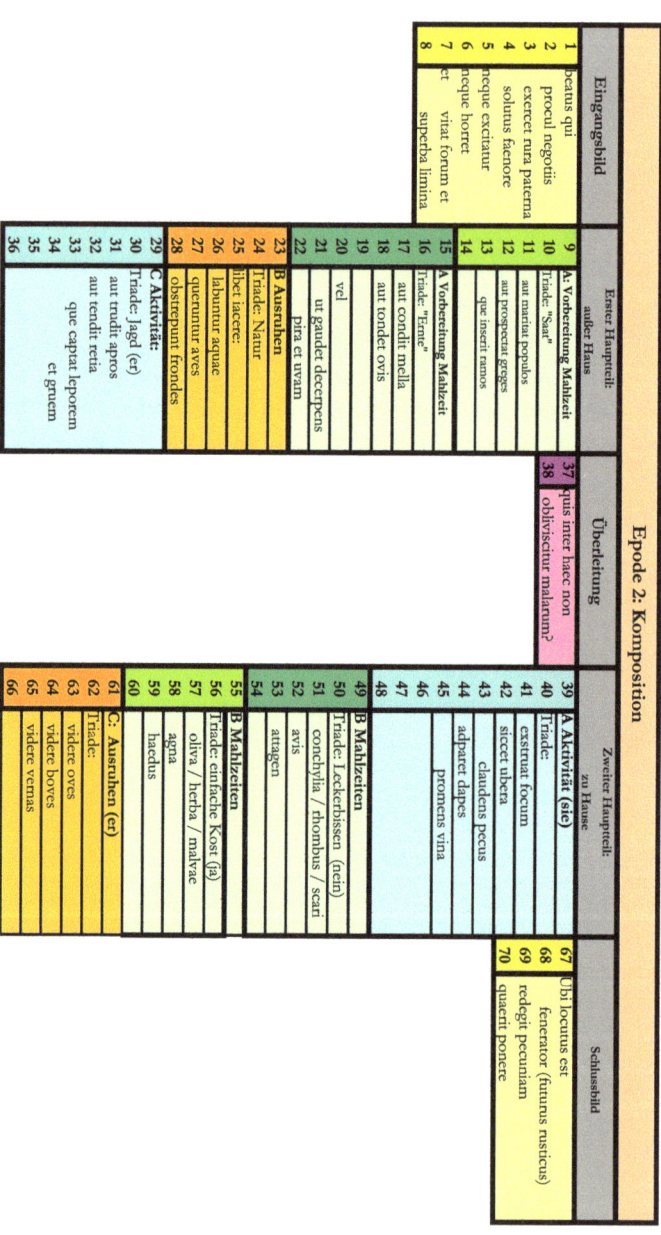

Material 4: Hor. *epist.* 1,14 „Verschiedene Ansichten"[30]

Hüter des Walds und der Flur, die **mich stets mir selber zurückgibt,**
die aber dir nicht genug ist, obgleich sie fünf Herde beherbergt
und zum Markttag nach Varia fünf wackere Hausväter sendet: 3
auf denn zum Wettstreit, ob kräftiger ich dem Gemüt oder du dem
Acker das Unkraut herausreißt, ob besser das Gut, ob der Gutsherr.
Mich halten Pflichten der Freundschaft, die Sorge für Lamia **in Rom fest;** 6
Denn er betrauert den Bruder, untröstlich im Schmerz, dass der Tod so
jäh ihn geraubt hat: **Und gleichwohl ziehn Stimmung und Neigung hinaus**
    mich,
möchte ich das Gitter durchbrechen, das hindernd dem Aufbruch im Weg
    steht. 9
Du nennst **glücklich** ein Leben in Rom und **ich auf dem Lande:** [...]

Ich, wie du weißt, bleib mir treu, und jedes mal scheid ich bekümmert,
wenn die verhassten Geschäfte nach Rom zu eilen mich zwingen.
Nein, wir bewundern nicht ein und dasselbe; es zeigt sich hier klar der 18
Unterschied zwischen uns beiden: **Was du nur als öde, verlassne**
Wildnis betrachtest, heißt lieblich bei jedem, der Gleiches wie ich fühlt,
    [...]

Hör nun, was denn den Gleichklang unserer Weisen verhindert!
Früher, da schmückten mich herrliche Kleider und glänzende Haare,
war mir die gierige Cinara hold auch ohne Geschenke, 33
trank – wie du weißt – ich den klaren Falerner am helllichten Mittag:
Heut freun mich einfaches Mahl und ein Schlummer im Gras nah dem
    Bache.
Spiel in der Jugend ist straflos, bringt Schande nur, wenn man nicht aufhört. 36
Dort auf dem Land schmälert niemand mit neidischem Blick meine Freu-
    den,
niemand vergiftet sie mir mit dem tückischen Bisse des Hasses:
Höchstens lächeln die Nachbarn, bewege ich Schollen und Steine. 39
Also mit Sklaven der Stadt willst du lieber die Tageskost knabbern,
wünscht dich mit Macht ihrem Kreis zu gesellen: Mein pfiffiger Stallknecht
neidet dagegen dir die Nutzung des Waldes, des Viehs und des Gartens. 42
Missgelaunt wünscht sich der Ochse den Sattel, das Reitpferd den Pflugs-
    terz.
Ich mein, mit Freuden üb jeder die Kunst, in der er sich auskennt.

---

[30]   Übersetzung aus: Simon 2009, 253–254 [Hervorhebungen von T. Brandt].

Material 5: Thematische Übersicht

Die Lebensräume

Das Leben auf dem Land	Info: ein römisches Landgut (*villa rustica, suburbana*)
Das Leben in der Stadt	Info: ein herrschaftliches Haus (*domus*); ein Mietshaus (*insula*)

Der Lebensrhythmus

Die Geburt	Info: Schwangerschaft, Geburt, Namensgebung
Die Familie	Info: Begriff der *familia*, Rollenverteilung
Die Erziehung	Info: häusliche Erziehung, Spielen, Spielzeug
Die Ausbildung	Info: Schulwesen, Unterricht, Lehrmethoden, Lehrer
Das Berufsleben	Info: Einblick in verschiedene Handwerksberufe
Die Heirat	Info: die rechtlichen Formen der Ehe, das Zeremoniell
Der Tod	Info: Bestattungsarten und -orte

Die alltägliche Lebensgestaltung

Der Rhythmus von Tag (und Jahr)	Info: Tagesablauf vom Sonnenauf- bis Untergang, Funktion des römischen Kalenders
Die Kleidung	Info: Wer zieht was bei welcher Gelegenheit an?
Das Essen	Info: Was wird wann und wo gegessen?
Die Freizeit	Info: Die Frage des *otium* = ‚freie Zeit'
	Info: Zerstreuungsmöglichkeiten im alten Rom

Elemente römischen Lebensstandards

Die Handelsverbindungen zu Land	Info: Straßennetz, Transport, Rastanlagen
	Info: Straßenbau, Brückenbau
Die Handelsverbindungen zu Wasser	Info: Schiffe, Routen und Waren
	Info: Hafenanlagen, Navigation
Die gesundheitliche Versorgung	Info: Zwischen Medizin und Magie
Die öffentliche Wasserversorgung	Info: Wasserzufuhr (Aquädukte), Wasserverteilung, Brunnen
Die öffentlichen Bäder	Info: Thermen
Die öffentliche Entsorgung	Info: Latrinen, Abwassersystem, Müllbeseitigung
Die öffentlichen Spiele	Info: Das „Colosseum"
	Info: Der „Circus" (Circus Maximus)
	Info: Das „Theatrum" (des Marcellus)
Die öffentlichen Bibliotheken	Info: Römische Literaturzirkel

Römische Lebenseinstellungen

Die Religion	Info: private Götterverehrung
	Info: öffentliche Götterverehrung + Pantheon
Die Philosophie	Info: Antworten auf die Grundfragen des Menschen

Jessica Kreutz

Moderne Lateindidaktik im Mittelalter?
Beobachtungen zu Lehr- und Lernmethoden im Klosterunterricht und deren Eignung für die heutige Schulpraxis

1 Alte Sprachen – neuer (alter) Unterricht?

Lateinunterricht als reiner Grammatikunterricht war, ist und bleibt unbeliebt. Ein motivierender Lateinunterricht muss kommunikativ, interessant und innovativ sein. Ein Anspruch, der in der Praxis nicht immer leicht umzusetzen ist. Hilfreich für dieses Unterfangen kann folgender Ansatz sein. Es ist durchaus legitim, für Anregungen aus dem didaktischen und methodischen Repertoire der neueren Fremdsprachen offen zu sein. Latein wie eine moderne Fremdsprache zu unterrichten, macht den Unterricht lebendig und lebensnah. Aus diesem Anspruch heraus ergibt sich die Notwendigkeit, über das in den Lateinlehrbüchern vorgeschlagene Quellenmaterial nachzudenken, denn manche Texte sind oftmals künstlich, d.h. zur Vermittlung des grammatischen Stoffes verfasst. Vor diesem Hintergrund greift dieser Beitrag auf die Didaktik des Mittelalters zurück. Der Lateinunterricht war im Mittelalter kein Grammatikunterricht, sondern vornehmlich Lektüreunterricht. Die Schultexte folgen deshalb im Allgemeinen den didaktischen Prinzipien eines modernen Sprachunterrichts. Daraus ergibt sich die zentrale Frage dieses Beitrages: Inwiefern lässt sich die Fachdidaktik des Mittelalters als eine moderne Fachdidaktik verstehen und welche didaktischen Prinzipien und Methoden aus dem Mittelalter besitzen noch heute Gültigkeit? Ist der mittelalterliche Lateinunterricht vielleicht sogar der moderne Unterricht von morgen? Kurzum: Ist der alte Unterricht sogar der neue Unterricht?[1]

2 Klosterunterricht im Mittelalter

2.1 Klosterreformen als Reform des Lateinischen

Im Spätmittelalter unterlag der Erwerb des Lateinischen einer Sprachreform, die das Ergebnis von laikalen sowie monastischen religiösen Bewegungen war: *„Nam legere et non intellegere: neglegere est."*[2] Die Forderung des Reformautors Thomas von Kempen zum Umgang mit der lateinischen Sprache gilt gleichermaßen damals wie heute. Die wichtigsten Ziele der religiösen Reformbewegungen in den Klöstern waren in erster Linie die Rückkehr zu den monastischen Idealen, wie zur apostolischen Armut und zur strengen Klausur.[3] Dabei ging die angestrebte Intensivierung der Passionsfrömmigkeit unmittelbar mit der Lektüre geistlicher Texte einher. Die Verwendung der lateinischen Kirchensprache in diesen Texten bedeutete daher einen Nachteil für diejenigen Gläubigen, die sie nicht oder nur teilweise verstanden. Zudem wurde in den Statuten festgelegt, dass die Geistlichen untereinander und mit ihrem Priester lateinisch kommunizieren sollten.[4] Folglich wurde im Zuge der Reformeinführung das Erlernen der lateinischen Sprache in den Klöstern wieder intensiviert.[5] Die lateinische Lektüre war grundlegende Voraussetzung für die Durchsetzung der genannten Reformziele, so dass vor allem in den norddeutschen Klosterbibliotheken

---

[1] Dieser Beitrag versteht sich als eine fachwissenschaftliche Abhandlung über unterrichtshistorische Entwicklungen der lateinischen Sprache, der eine fachdidaktische Perspektive einnimmt und diese theoretisch reflektiert. Die unten genannten Beispiele dienen daher als Illustration. Die praktische Umsetzung im Schulalltag erscheint aus Autorensicht zunächst lohnenswert und erprobenswert.

[2] Thomas von Kempen, in: POHL 4, 1918, 188.

[3] Einen Überblick zu den Kloster- und Ordensreformen bietet KLUETING 2005, 28–33.

[4] Vgl. *Caeremoniae Bursfeldenses*, in: ALBERT 2002.

[5] Die Intensivierung des Lateinunterrichts im Zuge der Reform kann durch zahlreiche Einzelstudien belegt werden, z.B. zur Latinität als Bildungsfundament im süddeutschen Dominikanerorden, vgl. HASEBRINK 2000; am Beispiel

des Spätmittelalters die lateinischen Texte gegenüber den niederdeutschen Texten zunahmen. Die Förderung der lateinischen Sprache im Klosterunterricht brachte daraufhin zahlreiche Unterrichtsmaterialien hervor, die auf die individuellen Sprachkenntnisse der
Novizen und Novizinnen abgestimmt waren. Die spätmittelalterliche Klosterreform ist daher nicht nur als eine Bildungsreform,
sondern zugleich auch als Sprachreform des Lateinischen zu verstehen.

2.2 Unterrichtspraxis

Die Ausbildung im Kloster lässt sich im Allgemeinen in sittlich-
moralische, praktisch-mystische und monastisch-theologische Unterrichtsinhalte gliedern. Auf dem Lehrplan der Novizen und Novizinnen standen die Übung in den monastischen Idealen der Demut, Bescheidenheit und Enthaltsamkeit, die Vermittlung von liturgischen Kenntnissen, der lateinische Chorgesang und diverse
Handarbeiten sowie neben Schreiben und Lesen vor allem das Erlernen des Lateinischen. Die Fähigkeit zum gehorsamen Verhalten,
die Fertigkeit zur Durchführung des Stundengebetes und der Erwerb von theologischem Wissen waren die wichtigsten Lektüre-
ziele.[6] Diese angestrebten Kompetenzen wurden nach der Profess,
d.h. nach der Ausbildung und mit der Aufnahme der Anwärter in
den Konvent, durch die tägliche Lektüre selbständig konsolidiert.

Auffällig ist, dass die lateinische Reformliteratur auf einen bestimmten Umfang beschränkt war, da allen Reforminstitutionen
die Förderung der Schriftlichkeit oblag, die auf eine Vereinheitli-
chung der Lektüreinhalte abzielte. Die Klostergemeinschaften im
Spätmittelalter waren Textgemeinschaften und die Handschriften
sind als Ausweis monastischer Gelehrsamkeit zu deuten. In den
Klosterbibliotheken sind daher zahlreiche Mehrfachüberlieferun-

---

des norddeutschen Ebstorf konnte Eva Schlotheuber das Unterrichtsziel *recte legere* und *recte intellegere* nachweisen, vgl. SCHLOTHEUBER 2006a, 79; zur
sprachlichen Ausbildung der Wöltingeroder Zisterzienserinnen vgl. KREUTZ
2014, 151–156.

6 Allgemein zu den Bildungszielen in den mittelalterlichen Klöstern vgl. FRENZ
2006.

gen eines Textes zu finden, die das Ergebnis einer gezielten Auswahl sind und vom Bedürfnis nach intensiver Aneignung weniger Texte zeugen. Dabei sind in der Textauswahl nur geringe Unterschiede zwischen den Konventen unterschiedlicher Ordens-, Geschlechter- und Diözesenzugehörigkeit zu verzeichnen. Gerade die Texte, die im Klosterunterricht verwendet wurden, sind grundlegend uniformiert worden. Obwohl diese Texte zur sinnlich-kognitiven Erfahrung mit Gott anleiten sollten, thematisieren diese anschaulich und detailliert das Alltagsleben im Kloster und damit die Ereignisse, Probleme und Regeln im Zusammenleben einer Gemeinschaft.

Vom Reformanhänger Johannes Cele ist bekannt, dass er ein Unterrichtsmodell im laikalen Alltag einführte, in dem er die Lernenden erstmals in acht Klassen einteilte und den Lehrstoff entsprechend dem Alter und dem Ausbildungsstand festsetzte.[7] Die Formung der Persönlichkeit eines jeden Gläubigen setzte einen individuellen Lehrplan voraus. Im monastischen Alltag entwickelten zumeist die Novizenmeister und Novizinnenmeisterinnen entsprechende Lektürepläne. Die Lektüreliste des Rochus Heyme aus dem Augustinerchorherrenstift in Martinstal aus dem Jahre 1529 ist ein Beispiel für einen solchen hierarchisch angelegten Lektüreplan.[8] Der erste Teil war für die Novizen des Konventes bestimmt und umfasst Klassiker des normativ-monastischen Schrifttums, wie die *Regula Benedicti*. Dagegen enthält der zweite Teil Empfehlungen für die Augustinerchorherren *post professionem*, die vorwiegend auf Legenden und Viten beschränkt waren, wie die *Vita Christi* des Kartäusers Ludolf von Sachsen. Diese Empfehlungen entsprechen weitgehend den Inhalten der Bibliotheken aller Reformklöster im Spätmittelalter. Die Texte wurden zumeist von geistlichen Amtsträgern oder von Reformanhängern geschrieben. Dazu gehören der Novizenmeister David von Augsburg, der Trierer Abt der Benediktinerabtei St. Eucharius – St. Matthias namens Johannes Rode und der niederländische Reformbegründer Geert Groote. Die Schriften des Zisterziensers Bernhard von Clairvaux nehmen im Zuge der

---

7   Vgl. Jostes 2006, 320.
8   Vgl. Kreutz 2014, 109.

Reformbewegungen eine ganz besondere Stellung in der Lektürepraxis ein.

2.3 Der Erwerb der lateinischen Sprache

Wie wurde nun die lateinische Sprache im Klosterunterricht erlernt? Die im Novizinnenunterricht verwendete Sammelhand-
schrift *Cod. Guelf. 708 Helmst.* aus dem mittelalterlichen Zisterzienserinnenkloster Wöltingerode dient im Folgenden als Rekonstruk-
tionshilfe des dort praktizierten Lateinunterrichts. Diese ist eine
komplexe Kompilation zahlreicher Werke von verschiedenen Autoren und als ein Spiegelbild des lateinischen Unterrichtskanons
zu deuten.[9] Neben patristischen sowie (pseudo-)bernhardinischen
Texten sind die Autoren Rudolf von Biberach, Heinrich von Hessen, Geert Groote, Thomas von Cantimpré, Isidor von Sevilla, Ho-
norius Augustodunensis, Hugo von Fouilloy und Johannes Rode
zu nennen. Hauptthemen dieser Handschrift sind die praktische
Anleitung für den monastischen Alltag, insbesondere die Bedeutung und Durchführung der Heiligen Messe, sowie das Erreichen
von monastischen Tugenden und die Förderung der spätmittelalterlichen Spiritualität. Auf diesem Wege gewähren die sorgfältig
ausgewählten und auf die Bedürfnisse der Nonnen abgestimmten
Texte einen Einblick in den Klosteralltag einer Wöltingeroder Zis-
terzienserin.

Unter formalen Aspekten verfügt die Handschrift über ein über-
aus breites literarisches Repertoire. Die Texte lassen sich mittels
gattungskonstituierender Merkmale den Traktaten, Spiegeln, Briefen, Predigten, Monologen, Dialogen, Enzyklopädien und Gebeten
zuordnen, ohne einen vollständigen literarischen Anspruch an das
jeweilige Genre zu erheben. Folglich wurden der Wöltingeroder
Novizin die Inhalte durch Darbietung von Informationen, Ermah-
nungen, Anleitungen und Anweisungen mittels hortativer, iussi-
ver und prohibitiver Formulierungen auf vielfältige Art und Weise

---

[9] Die im Folgenden genannten Handschriften stammen allesamt aus dem
Kloster Wöltingerode und werden in der Herzog August Bibliothek in Wolfenbüttel aufbewahrt, hier *Cod. Guelf. 708 Helmst.*

vermittelt, so dass sich die Handschrift durch einen lehrhaften und anleitenden Charakter auszeichnet.

Der tägliche Umgang der Novizen mit den Texten hinterließ Benutzungsspuren, wie Ergänzungen, Streichungen, Korrekturen, Bemerkungen, Übersetzungen und andere textexterne Notizen. Diese dienten dem besseren Textverständnis und sind Indizien für die Bemühungen des einzelnen Rezipienten um das inhaltliche Verstehen des lateinischen Textes. Insgesamt sind drei Entwicklungsstufen beim Erwerb der lateinischen Sprache zu beobachten, wobei die Grenzen zwischen Wahrnehmung, Verarbeitung, Verstehen und Anwendung der Sprache fließend sind.

Der Lateinunterricht im Kloster begann mit dem Lesen und Schreiben. Hier waren vor allem liturgische Texte Grammatik und Lexikon zugleich. Dieser erste Teil beschränkte sich auf die phonetische und schriftliche Ausbildung der Sprachanfänger, denn im Vordergrund standen zuallererst der lateinische Chorgesang und die richtige Aussprache des noch unbekannten Textes. Diese rudimentären Lese- und Schreibkenntnisse eines Sprachanfängers lassen sich in einem privat gebrauchten Brevier aus dem Kloster Wöltingerode beobachten, das in einigen Passagen bei allzu dicht stehenden Worten einzelne sowohl richtig als auch falsch gesetzte Trennzeichen enthält, die hier als erste Lesehilfen fungierten.[10] Weiterhin finden sich zahlreiche Schreibproben, die in keinem direkten grammatikalischen oder semantischen Zusammenhang stehen, wie *sancte sanctorum sancti sancta sanguine salvatoris sancti Bonifacii suffragiis*.[11] Dass es dem Lateinanfänger weniger um ein inhaltliches Verständnis des Geschriebenen ging, sondern vielmehr um einfache Schreibübungen von bereits bekannten oder ähnlichen Buchstaben, zeigt auch das von derselben Hand geschriebene niederdeutsche Sprichwort: *Were selden kumpt vnde drade weret, were de leue de worde wol vnweret*.[12] Die Schüler lernten lateinische und niederdeutsche Wörter durch Sprichwörter auswendig. In diesem Sta-

---

[10] Vgl. *Cod. Guelf.* 1351 *Helmst.*
[11] *Cod. Guelf.* 1354 *Helmst. fol.* 262^v.
[12] Ebd. Hiernach sei der derjenige, der selten kommt und schnell wieder geht, nicht der lieben Worte (Gottes / Marias) wert.

dium war ein inhaltliches Verstehen des lateinischen Textes für die Bewältigung des liturgischen Alltags zunächst nicht notwendig.[13]

Lesen und Schreiben ohne inhaltliches Verstehen des Textes war eine erste Voraussetzung für den Erwerb von passiven Sprachkenntnissen, die sich an der intensiven Behandlung des Textes durch den Rezipienten erkennen lassen. Ein Wöltingeroder Psalter enthält Eintragungen, von denen sowohl die Schriftproben des Alphabets als auch die niederdeutschen Übersetzungen und lateinischen Synonyme für einzelne Wörter aufschlussreich sind. So wird *inops* als lateinisches Synonym für *pauper* verwendet oder *volet* mit der niederdeutschen Übersetzung *wil* erklärt.[14] Offensichtlich war die Nutzerin darum bemüht, ihren Psalter zu lesen und bis ins Detail zu verstehen. In einer anderen Brevierhandschrift diente das Auflösen der Abkürzungen nicht nur dem inhaltlichen Verständnis, sondern verlangte der Rezipientin auch Grundkenntnisse in der lateinischen Grammatik ab. So wurde beispielsweise *sal'* in *salvatore* oder *fil'* in *filii* aufgelöst.[15] Besonders interessant ist eine Brevierhandschrift aus dem 13. Jahrhundert, welche mit einem Psalter und zahlreichen Lektionen, Hymnen, Kollekten und Gebeten zusammengebunden worden ist. Hier erfolgte im 15. Jahrhundert eine intensive Auseinandersetzung mit dem Text, die auf sehr gute Lateinkenntnisse der Rezipientin schließen lässt. Neben Randbemerkungen erfolgten Ergänzungen und Korrekturen sowie die Hinzufügung einiger *versus memoriales*.[16] Schlotheuber stellte mit Blick auf die Ebstorfer Sprachanfängerinnen fest:

> Zu der Grundlage eines vertieften Sprachverständnisses kam die in der Schule eingeübte Interpretation von Texten in ihren verschiedenen Bedeutungsebenen hinzu, so dass der mit der Reform gewandelte Unterricht den geistigen Horizont der Klosterschülerinnen in nicht unerheblicher Weise erwei-

---

13 So auch FRENZ 2006, 52–53: „Es scheint unglaublich, daß die Schüler anhand von Texten, die sie überhaupt nicht verstanden und die für sie sinnlose Lautfolgen waren, das Lesen lernen sollten." Zu den Sprichwörtern im Lateinunterricht vgl. SCHLOTHEUBER 2006b. Zu den *Versus memoriales* in lateinisch-deutschen Vokabularen des späten Mittelalters vgl. KLEIN 1988.

14 *Cod. Guelf. 1295 Helmst. fol. 136^v.*

15 *Cod. Guelf. 1111 Helmst. fol. 35^r.*

16 *Cod. Guelf. 1244 Helmst. fol. 395^r.*

terte und ein allgemein tieferes Erfassen von Sprache und Text ermöglichte.[17]

Idealziel des mittelalterlichen Lateinunterrichts war der Erwerb eines aktiven Wortschatzes, den die Lernenden sowohl in der geschriebenen als auch in der gesprochenen Sprache anwenden können. Diese aktiven Lateinkenntnisse lassen sich an der selbsttätigen Textproduktion der Nonnen erkennen. Interessant ist ein lateinniederdeutsches Gedicht, welches vermutlich von einer Wöltingeroder Nonne verfasst wurde: *Salutis ad preludium / sit artis nobis studium / wolan die scryft vorstan / quo sine stat in ocio / claustralis heu devocio / nicht lesen is ovel dan.*[18] Hilfreich für etwaige Übersetzungsübungen war der *Vocabularius quadriidiomaticus* von Dietrich Engelhus, ein deutsch-lateinisches, lateinisch-lateinisches, griechischlateinisches und hebräisch-lateinisches Wörterbuch.[19] Diese Beispiele belegen die redlichen Bemühungen der Schülerinnen um die Beherrschung der lateinischen Sprache.

3 Moderner Klosterunterricht im Spätmittelalter?

3.1 Gründe für den Einsatz von mittelalterlichen Klosterschriften

Der Einsatz von lateinischen Texten aus dem mittelalterlichen Klosterunterricht eignet sich aus vielerlei Gründen für den heutigen Sprachunterricht. Latein wurde als aktive und lebendige Kommunikationssprache unterrichtet und hatte den Stellenwert einer modernen Fremdsprache. Folglich sind die Unterrichtsmaterialien auf die didaktische Vermittlungsstrategie neuerer Fremdsprachen nach heutigem Verständnis abgestimmt gewesen, so dass auch heute ein innovativer Einsatz dieser Texte im Lateinunterricht denkbar ist.

Das Latein in den Unterrichtstexten war auf die individuellen Sprachkenntnisse der Klosterschüler und Klosterschülerinnen ab-

---

[17] Schlotheuber 2006b, 7.
[18] *Cod. Guelf. 498 Helmst. fol. 1*. Übersetzung: Zum Beispiel des Seelenheils soll uns die Kenntnis dienen, die Schrift gut zu verstehen, ohne die die klösterliche Frömmigkeit im Müßiggang steht; nicht lesen ist schlecht getan.
[19] Zum Vokabular vgl. Grubmüller 1967.

gestimmt. Auf diese Weise zielte die Lektüre nicht nur auf die Vermittlung des Inhaltes, sondern zugleich auf das erfolgreiche Erlernen der lateinischen Sprache. Die Texte zeichnen sich daher durch unterschiedliche Sprachniveaus aus. Gerade diejenigen Texte, die eine frustfreie Anfangslektüre garantieren sollten, weisen ein sprachlich und stilistisch einfaches Latein auf, so dass auch heute eine zügige Lektüre gewährleistet sein sollte.

Die Texte aus dem Klosterunterricht wurden für Lernanfänger mit einer geringen lateinischen Sprachkompetenz geschrieben. Folglich ist bereits eine gewisse Didaktisierung, d.h. eine grammatische und inhaltliche Aufbereitung des Textes, durch einen mittelalterlichen Novizenmeister oder eine Novizinnenmeisterin vorhanden, die heute hinsichtlich moderner Standards überprüft und aktualisiert werden kann. Charakteristisch für diese Texte ist die stets enge Verzahnung von Grammatik und Textarbeit, d.h. von Regeln und Inhalt. Die Beherrschung der Sprachregeln diente lediglich als Hilfsmittel für das inhaltliche Verständnis und stand im Unterricht nicht zwingend im Vordergrund – ein Grundverständnis, das auch dem moderner Fremdsprachen nahe kommt.

Der Einsatz von Texten anerkannter lateinischer Autoritäten im Kloster trug zur Steigerung der Lernmotivation bei, vor allem durch einen kontextorientierten Zugang zur Lektüre. Die Themen zeichnen sich daher auch durch einen engen Bezug zur Gegenwart der Lernenden und durch eine hohe Relevanz für die Bewältigung des Alltags im Zusammenleben einer Gemeinschaft aus. Die Verwendung dieser Texte im heutigen Lateinunterricht kann daher auch zur Förderung des Alteritätsverständnis von Schülern und Schülerinnen beitragen. Hilfreich ist hierbei, dass die Authentizität der Texte durch den Gebrauch im schulischen Kontext erhalten bleibt.

Das mittelalterliche Latein in den Unterrichtstexten war keine Gelehrtensprache der oberen Bildungsschicht. Das Latein im Klosterunterricht war vorrangig eine Alltagssprache und keine grammatikalisch sowie stilistisch komplex konstruierte Kunstsprache. Thematisch spiegeln diese Schriften anschaulich das Alltagsleben von mittelalterlichen Konventsmitgliedern wider. Auch deshalb wurden die Texte häufig in monologischer oder dialogischer Form verfasst, was heute zum Einsatz kommunikativer Methoden anregt.

Letztendlich trägt die Lektüre mittelalterlicher Texte im Zusammenhang mit dem Geschichtsunterricht, ähnlich der Thematisierung der Griechen und Römer, zu einem interdisziplinären Lateinunterricht und damit ebenso zur Förderung des Verständnisses von Latein als epochenübergreifender Sprache bei.

3.2 Alte Methoden heute neu verpackt – Beispiel: Induktiver Sprachunterricht

Die geistliche Bildungskultur des Spätmittelalters befand sich zwischen Tradition und Innovation, so dass auch der mittelalterliche Lateinunterricht im Sinne eines möglichst erfolgreichen Sprachunterrichts durchaus intensiv reflektiert wurde. Da das Latein als Kirchensprache keineswegs als „tote Sprache" denunziert wurde, lassen sich etliche Gemeinsamkeiten mit einem modernen Sprachunterricht erkennen. Eine Ähnlichkeit zu den neueren Fremdsprachen liegt in der Anwendung der induktiven Methode, die heute auch im Lateinunterricht praktiziert wird.[20] Mit dieser Vermittlungsstrategie werden im Gegensatz zur deduktiven Lehrmethode grammatikalische Phänomene von den Lernenden durch Beobachtung am Text, durch Vergleich und durch Generalisierung erschlossen und selbständig in eine Gesetzmäßigkeit transferiert. Ausgangspunkt ist die individuelle Erfahrung des Einzelnen, Endpunkt hingegen die gemeinsame Formulierung einer Definition im Klassenplenum. Wichtiges Ziel dieser Methode ist das Vermeiden von expliziter Grammatikarbeit, das durch eine enge Verbindung von Grammatik, Inhalt und Kontext erreicht wird.

Hinsichtlich dieser Lehrmethode stellt sich folglich die Frage, ob mittelalterlicher Lateinunterricht aus heutiger Perspektive als modern zu charakterisieren ist? Die Antwort lautet: ja. Die Forderung nach einem induktiven Lateinunterricht ist nicht neu. Das Lateinische wurde bereits im mittelalterlichen Klosterunterricht mit

---

[20]   Dazu und im Folgenden vgl. die Ausführungen bei KEIP 2011.

der induktiven Methode vermittelt.[21] Lateinunterricht war in erster Linie ein textorientierter Sprachunterricht. Die oben genannten Beispiele zeigen, dass der Text *per se* im Mittelpunkt des Sprachunterrichts stand und dass vor allem ein ganzheitlicher Blick auf den Text angestrebt wurde, der auf das inhaltliche Verständnis abzielte – ähnlich dem heutigen Anspruch an einen modernen Lateinunterricht: „Eine Grundannahme für induktive Grammatikeinführung ist, dass grammatische Phänomene sinnstiftend sind, d.h. dass sie in einem Text eine Intention des Autors/Sprechers wiedergeben."[22] Auf diese Weise leitet die induktive Methode die Lernenden zu selbständigem Denken und Lernen an. In diesem individuellen Denkprozess ist es legitim, Fehler zu machen – und zwar damals wie heute.

3.3 Alte Methoden neu verpackt – Beispiel: Begleitetes Lernen

Ein weiteres Merkmal eines Fremdsprachenunterrichts im modernen Verständnis ist die Verbindung erziehungswissenschaftlicher und fachdidaktischer Perspektiven. Die mittelalterliche Gestaltung von Lehr- und Lernprozessen unterlag ebenfalls einem durchdachten Bildungskonzept, welches das Ergebnis eines bewusst reflektierten Umgangs seitens der Lehrenden mit dem Lernenden ist. Inhalte, Methoden und Ziele waren auf die individuellen Bedürfnisse der Lernenden abgestimmt. Das spätmittelalterliche Verständnis von Bildung und Erziehung ist von entwicklungspsychologischen Ansätzen und durch Interesse an individueller Förderung von Lernenden gekennzeichnet:

> Novicius in virgulto religionis debet habere radicem profunde humilitatis, stipitem recte intencionis, frondes sincere dilacionis, folia honeste locucionis, flores pulchre conversacionis, super omnia fructus bone operacionis.[23]

Dieses im Handbuch einer Novizinnenmeisterin zu findende Paradigma bestätigt die Bemühung um eine möglichst erfolgreiche

---

21 Zu dieser Erkenntnis kam auch ILLMER 1976, 454: „Das christliche Latein wurde weitgehend induktiv erlernt."

22 KEIP 2011, 40.

23 *Cod. Guelf.* 708 *Helmst. fol.* 172^r. Hiernach müsse der Novize bzw. die Novi-

Förderung ihrer Schützlinge im Unterricht. Die metaphorisch verwendeten Begriffe aus der Pflanzenwelt zeigen in der klimatisch strukturierten Darstellung *radix, stipes, frondes, folia, flores, fructus* nicht nur das Ziel der monastischen Ausbildung, sondern vor allem auch das bewusst angestrebte kontinuierliche und natürliche Wachstum der rudimentären geistigen Persönlichkeit von Auszubildenden. Die Erkenntnis, dass Menschen die Fähigkeit besitzen, sich weiterzuentwickeln, war ein wichtiges Anliegen der Reformbestrebungen.[24] Bildung wurde als ein dynamischer und ganzheitlicher Prozess verstanden, der die Lebenszeit einer geistlichen Postulantin bis hin zur Konventualin umfasste.[25]

Diese komplex verstandene Entwicklung der individuellen Persönlichkeit der Lernenden bedurfte einer regulativen Anleitung seitens der Lehrenden, so dass dem Amt des Novizenmeisters und der Novizinnenmeisterin eine zentrale Rolle zukam. Das persönliche Verhältnis zwischen Lehrenden und Lernenden war aufgrund des täglichen Umgangs und intensiven Kontakts im Kloster für den Erfolg der monastischen Ausbildung von grundlegender Bedeutung. Die Aufgaben des Lehrenden lassen sich daher nicht allein auf seine Lehrtätigkeit beschränken. In der Unterweisung sei höchste Vorsicht und Sorgfalt geboten und es müsse eine tägliche Betreuung stattfinden:[26]

---

zin eine Wurzel zur reichhaltigen Demut haben, Zweige für die richtige Verinnerlichung, Laub für eine natürliche Entwicklung, Blätter für ein ehrliches Gebet, Blüten für eine gute Sinneswandelung; alles in allem eine Frucht für ein erfolgreiches Unternehmen.

[24] Im monastischen Bildungskonzept des Mittelalters sind Aspekte der Anthropologie sichtbar, die nach dem menschlichen Wesen, ihren angeborenen Anlagen und auszubauenden Fähigkeiten fragt: *O homo scito temetipsum quis sis, scito cur ortus sis, in quem usum genitus sis, quare sis factus, qua condicione sis editus*; Isidor von Sevilla, *Synonyma, Cod. Guelf. 708 Helmst. fol. 173*[r]. Hiernach solle der Mensch für sich selbst herausfinden, wer er ist, warum er entstanden ist, zu welchem Zweck er geboren wurde, warum er existiert und unter welcher Bedingung er geboren wurde.

[25] Vgl. EHRENSCHWENDTER 1991, 332 sowie SMOLINSKY 1994, 36.

[26] Hiernach solle der Lehrer in der täglichen Unterredung (mit den Novizen), wenn sie irgendetwas weniger oder mehr, als überhaupt nötig ist, brauchen, häufig abwägen und abseits mahnen und um Einsicht (bei den Novizen) zu erlangen bloßstellen und tadeln. Weiter heißt es: *In suscipiendis novitiis cau-*

> Ipse insuper magister eorum cotidianam conversacionem, si
> quid minus vel amplius, quam oportet, egerint, frequenter
> considerare ac secreto ammonere et ad veniam petendam hu-
> miliare ac corripere, ut oportet.

Da die Lehrenden genaue Kenntnisse über den menschlichen Körper und über die Psyche besaßen, konnten diese als ständige Be-
gleiter ein zuverlässiger Ansprechpartner für die Novizen und Novizinnen sein. Demgegenüber waren aber auch die Lernenden für
den Erfolg ihrer Ausbildung verantwortlich. Die Maxime war nicht
nur die gemeinsame *lectio*, sondern auch und vor allem die selbständige *ruminatio*:

> Quicumque hanc discere voluerit, sui ipsius magister scola-
> sticus fiat et semetipsum disciplinet. [27]

Die Forderung nach einer aktiven Teilnahme am Unterricht zeugt
vom Bedürfnis nach einem langfristigen Ausbildungserfolg. Das
Wollen, das Wissen und das Können der Lernenden standen in en-
ger Verbindung: *inflammatur, ut velit bona opera perficere; illuminatur,
ut sciat bona opera perficere; confortatur ut possit bona opera perficere.*[28]
Der Unterricht führte so zu selbst reflektierten Erkenntnissen der
Novizen, die das Denken und das Handeln langfristig beeinflussen
konnten. Im Idealfall ist im mittelalterlichen Klosterunterricht daher von einem harmonischen Lehrer-Schüler-Verhältnis auszuge-
hen. Selbständiges Lernen unter begleitender Anleitung war und
ist ein fester Bestandteil eines erfolgreichen Lateinunterrichts.

4 Textbeispiele aus der mittelalterlichen Unterrichtspraxis

4.1 Anonymer Monolog: Die Gedankenwelt einer Nonne

Die genannten Merkmale von mittelalterlichen Unterrichtstexten
aus Klöstern machen einen Einsatz dieser Materialien in der heu-

---

tionem et diligitiam maximam adhibendam esse censemus; Vetus Disciplina Canonicorum Regularium et Saecularium [AMORT 2, 1971, 573]. In der Unterweisung
der Novizen solle der Lehrer Vorsicht und höchste Sorgfalt walten lassen.

[27] *Cod. Guelf. 667 Helmst. fol.* 179^r. Wer auch immer das Folgende lernen möchte,
der werde sich selbst ein Lehrer sein und sich selbst unterrichten.

[28] *Cod. Guelf. 620 Helmst. fol.* 254^v. In der Ausbildung wird folgender Dreisatz

tigen Schulpraxis durchaus lohnenswert. In diesem Sinn soll im Folgenden ein Beispiel vorgestellt werden. Aus dem Lateinunterricht im Zisterzienserinnenkloster Wöltingerode ist ein anonymer Text überliefert, der eine Danksagung an Gott enthält.[29] Der Text stammt vermutlich von der Wöltingeroder Äbtissin Elisabeth von Burgdorf. Dieses *Soliloquium* bietet einen allgemeingültigen Eindruck vom Selbst- und Weltverständnis der im Kloster lebenden Konventsmitglieder. Zuerst wird das irdische Dasein über die von Gott legitimierte Ehe der Eltern betont, die eine Unterscheidung zwischen ehelichen und damit legitimierten Kindern im Gegensatz zum unehelichen und damit illegitimen Nachwuchs andeutet. Hierauf wird das Selbstverständnis der Verfasserin als Frau im klaren Gegensatz zur männlichen Natur hervorgehoben. Zudem sei ihre durch natürliche Sinne und gesunden Verstand konstituierte, menschliche Psyche zur richtigen Einsicht fähig. Im Anschluss daran wird der katholische Glauben bekräftigt. Im fünften Punkt werden irdische Besitzgüter thematisiert, die durch ehrenwerte Arbeit erlangt und auf das Nötigste beschränkt seien. Neben der anzustrebenden Armut sei die Taufe als wichtiges Ereignis im Leben herauszustellen, gefolgt von einer frühzeitigen Firmung, die den Übertritt in das kirchliche Erwachsenenalter markiert. Es folgt der Dank für den Schutz Gottes vor Umweltkatastrophen wie Feuer und Wasser. Es folgt der Dank für einen gesunden Körper, der zwar nicht allzu stark, aber dem dennoch durch eine bemerkenswerte Beharrlichkeit wenig Speise und Getränk nötig sei. Hier wird die psychosomatische Verbindung von einem gesunden Geist und einem gesunden Körper deutlich hervorgehoben. Im nächsten Punkt hebt die Verfasserin ihr geistliches Amt hervor. Dieser Dienst ermögliche es ihr, außerhalb der Klostermauern anderen Menschen den katholischen Glauben zu vermitteln. Der Text endet mit einer allgemeinen Schlussformel.

---

skizziert: Der Novize solle angeregt werden, damit er ein gutes Werk bewirken will, er solle unterrichtet werden, damit er ein gutes Werk zu bewirken weiß, und er solle ermutigt werden, damit er überhaupt ein gutes Werk vollbringen kann.

[29]   *Cod. Guelf. 708 Helmst. fol. 147^r–150^r*. Zur Erläuterung vgl. KREUTZ 2012.

4.2 Gründe für den Einsatz im Unterricht

Die Lektüre dieses Textes wird durch mehrere Faktoren begünstigt. Der größte Vorteil liegt in der Konzipierung des Textes für Klosterschülerinnen mit geringen sprachlichen Kenntnissen. Der Text zeichnet sich durch eine streng numerische Aufzählung aus, so dass der Inhalt sehr übersichtlich und verständlich gestaltet ist. Auch die lateinische Sprache ist durchgängig sowohl sprachlich als auch stilistisch einfach gehalten. Zudem ist eine Vorliebe für Sentenzen erkennbar, die sich nicht nur in der gleichen Wortwahl, sondern auch im gleichen syntaktischen Aufbau der punktuellen Aufgliederung widerspiegelt.

Die verwendete Ich-Form des Textes diente bereits im Mittelalter vornehmlich der Personalisierung des literarischen Ichs und damit der Affektualisierung und Emotionalisierung des Textes, so dass die monologische Textform auch heute den Perspektivwechsel und damit die Selbst- und Fremdwahrnehmung der Lernenden fördert. Zudem wird durch die kommunikative Struktur des Textes, d.h. durch den einseitigen „Dialog" zwischen Mensch und Gott, die lateinische Sprache als eine aktiv gesprochene Sprache vermittelt.

Die Lektüre des Textes erfolgt direkt im historischen Entstehungskontext, so dass ein schnelles inhaltliches Verständnis des Textes erreicht wird. Dazu notwendiges Vorwissen kann aus dem Geschichtsunterricht aktiviert werden.[30] Hilfreich sind hier zusätzlich historische Bildquellen aus dem Mittelalter, die der Textarbeit durch eine herkömmliche Bildinterpretation vor- oder nachgeschaltet werden können.

Der Text eignet sich aufgrund dieser Merkmale gut als Übergangslektüre: „Es ergibt sich somit als erstes Kriterium für eine Übergangslektüre, dass es sich um leichte bis mittelschwere, gegebenenfalls adaptierte Originaltexte für eine zügige Bewältigung größerer Textpassagen handeln sollte."[31] Ein weiterer Vorteil liegt in der Möglichkeit der induktiven Grammatikeinführung bzw. Wiederholung der mehrfach verwendeten quod-Konstruktion anhand

---

[30] Für einen Überblick über die Thematik ist GLEBA 2004 zu empfehlen.
[31] VAN DE LOO 2011, 149.

eines Originaltextes. Die Erarbeitung von Grammatikregeln wird somit in die Textarbeit integriert.

Letztendlich bietet der Text die Möglichkeit einer vertieften Interpretation der Gedanken. Durch die sich wiederholende Sprache sowohl in der Wortwahl als auch in der Syntax werden der Gebetcharakter des Textes und damit die Einschwörung der Novizinnen auf ihr Leben als Nonne deutlich. Charakteristisch für diesen Text ist auch, dass das Thema stilistisch mittels einer antithetischen Reihung klar und eindeutig konstruiert wird, wobei die von den Rezipienten erwartete Antithese wirkungsvoll ausbleibt und heute Raum für Interpretationsmöglichkeiten lässt.

4.3 Edition des Textes

Die Edition des hier stark verkürzten und leicht adaptierten Textes erfolgt zu Gunsten der besseren Lesbarkeit für die Schüler und Schülerinnen. Insbesondere die Schreibweise von *v* statt *u* wurde stillschweigend aufgelöst. Gleiches gilt für die von den mittelalterlichen Handschriftenschreibern für gewöhnlich verwendete Graphie, die sich von der Schreibweise des Klassischen Latein darin unterscheidet, dass der Buchstabe *t* vor dem Vokal *i* durch *c* sowie die Diphthonge *ae / oe* durch *e* ersetzt werden.

Q: *Soliloquium cuiusdam sanctimonialis*, Ende 15. Jahrhundert

Eine am Ende des Spätmittelalters im Kloster lebende Zisterzienserinnennonne namens Elisabeth dankt Gott für all ihre erhaltenen Wohltaten.

> Primo igitur debitas gratiarum actiones agere debeo domino deo meo pro eo, quod me de legitimo matrimonio procreari voluit. Secundo ago illi gratias, quod me feminam et non masculum esse voluit. Tertio ad gratiarum actionem me debitorem protestor pro eo, quod me misericorditer nasci voluit. Quarto ad gratiarum actionem obligor, quod me a perutentibus christianis nasci voluit magis quam ab infidelibus. Quinto gratias illi ago, quod hoc ipsum scilicet me nasci voluit de perutentibus non magnis et divitibus. Sexto super omnia sibi gratias agere teneor, quod mihi prima sacramenta christinae

5

10

religionis fieri gratiose concessit videlicet sacramentum baptismi et sacramentum confirmationis postea in animis pueri-
tiae. Septimo illi gracias teneor agere, quod me in infantia et
pueritia a malis diversis custodire dignatus sit, quae pueris
accidere solet. Octavo regratior super vires, quod pius salva-
tor me in fide catholica et sano intellectum conservare dignatus sit et ingenio naturali, ut ea quae mihi essent ad salutem
intelligere valerem. [...]

Gratias ei rependere cogor, quod mihi corpus sanum licet
non multum forte absque notabilibus infirmitatibus concessit. Duodecimo regratiari compellor domino, quod me non
solum inter scolasticos et litteros ascivit, sed et ad suum ser-
vitium insigniri voluit. Decimo tertio debitor sum gratiarum
de eo, quod mihi gratiam conversationis ad homines quosli-
bet concessit. Pro eo ergo, quod in hoc officio mihi occasio-
nem merendi tribuit, merito illi in gratiis referendis debitor
sum semper et ero.

Vokabelangaben:[32]

Z. 1 *alicui gratiam debere*: jmdm. zu Dank verpflichtet sein — **Z. 2–3** *de aliqua re/de aliquo procreare*: hervorbringen aus etw. / zeugen mit jmdm. — **Z. 5** *protestari, protestor, protestatus*: öffentlich sagen; bezeugen — **Z. 6** *obligare, obligo, obligavi, obligatus*: binden, verpflichten — **Z. 6–7/9** *utens, utentis*: gebrauchend, nützlich (Verstärkung durch *per-*) — **Z. 11–12** *baptismum, baptismi*: Taufe — **Z. 15/21** *regratiari, regratior, regratiatus = gratias agere* — **Z. 16/19** *sanus, a, um*: verständig, besonnen — **Z. 19** *gratias rependere = gratias agere* — **Z. 22** *asciscere, ascisco, ascivi, ascitum*: aufnehmen, herbeiholen — **Z. 26** *mereri, mereo, merui*: sich verdient machen

4.4 Möglicher Ablauf einer Unterrichtseinheit

Wie könnte eine Planung für eine Unterrichtseinheit mit dem vor-
geschlagenen Text konkret aussehen? Als Einstieg in die Thematik
und als Einführung in den historischen Kontext eignet sich eine
mehrfarbig illustrierte Darstellung aus einem mittelalterlichen Ge-
betbuch (Abb. 1, S. 238), das ebenfalls aus dem Kloster Wöltinge-

---

[32] Grundsätzlich zu empfehlen ist das mittellateinische Glossar von HA-
BEL / GRÖBEL 2008.

Abbildung 1: Christus hält eine Nonne im Arm

rode stammt.[33] Eine große figürliche D-Initiale markiert den Anfang des liturgischen Textes und zeigt Christus, der eine Nonne
in den Armen hält. Die darunter befindlichen Initialen *E. Bor.* sind
die Anfangsbuchstaben des Namens der Buchbesitzerin, Elisabeth
von Burgdorf. Diese im Mittelalter weit verbreitete Buchsignierung
kann von den Schülern und Schülerinnen leicht erkannt werden.
Durch diesen visuellen Impuls erhalten die Lernenden einen ersten Einblick in die Gedankenwelt der mittelalterlichen Person, der
wiederum zahlreiche Fragen zum Alltagsleben einer Nonne provoziert: Wie leben Nonnen im Mittelalter? Wie lange betet eine Nonne
am Tag? Sind Nonnen die Frauen Gottes? Die Wahl einer Leitfrage
zur Unterrichtseinheit hängt auch hier vom Leistungsniveau der
Lerngruppe ab.

---

[33] Vgl. Herzog August Bibliothek Wolfenbüttel: *Cod. Guelf.* 1399.1 Helmst. *fol.* 2ʳ.

Zudem trägt das Bild in Vorbereitung auf die Texterschließungs-
phase nicht nur zum inhaltlichen Verständnis des Textes bei,
sondern fördert während der gesamten Unterrichtseinheit als ver-
netzendes Element zwischen den einzelnen Phasen den ganzheit-
lichen Blick auf den Inhalt.[34]

Durch die genannten formalen und sprachlichen Eigenschaften
des Textes bietet es sich an, diesen zu Beginn der Texterschlie-
ßungsphase zunächst in Einzelarbeit mehrfach lesen zu lassen. Die
selbständige inhaltliche Erschließung wird durch die monologische Form unterstützt. Durch die anschließende Verbalisierung und
durch das so erreichte rezeptive Nacherleben des Textes wird das
literarische Ich zu einem fiktiven Sprecher. Diese kursorische Lektüre bietet den Schülern und Schülerinnen einen Überblick. Eine
anschließende gemeinsame Reflexion über den Inhalt leitet zu einer semantischen Texterschließung über. Dazu können die genannten individuellen Eigenschaften des literarischen Ichs mit Hilfe einer Mind-Map an der Tafel gesammelt werden.

In der nachfolgenden syntaktisch orientierten Texterschließung
erkennen die Schüler und Schülerinnen das sich wiederholende
Sprachmuster im Text. Die lateinischen Zahlen können zunächst
als Strukturierungshilfe der einzelnen Gedanken farbig markiert
werden. Durch Textbeobachtung nehmen die Schüler und Schülerinnen zudem die Wiederholung der *quod*-Konstruktion wahr.
Das kausal gebrauchte *quod* nach Verben des Lobens und Dankens
wird durch die mehrfache Verwendung induktiv eingeführt. Die
Schüler und Schülerinnen begegnen wiederholt diesem grammatikalischen Phänomen und können sich die semantische Bedeutung
dieser Konstruktion im Kontext selbst erschließen. Die damit ein-
hergehende Variation in der Wortwahl erleichtert zusätzlich das
inhaltliche Verständnis des Textes:

---

34 Zum Bildeinsatz vgl. auch FRÖLICH 2011, 163.

debitas gratiarum actiones agere debeo,	*quod*	(Z. 1–2)
ago illi gratias,	*quod*	(Z. 3 / 8)
ad gratiarum actionem obligor,	*quod*	(Z. 6)
super omnia sibi gratias agere teneor,	*quod*	(Z. 9–10)
illi gracias teneor agere,	*quod*	(Z. 13)
regratior super vires,	*quod*	(Z. 15)
gratias ei rependere cogor,	*quod*	(Z. 19)
regratiari compellor domino,	*quod*	(Z. 21)
debitor sum gratiarum de eo,	*quod*	(Z. 23–24)

Die Interpretationsphase kann durch einen Vergleich des eingangs vorgestellten Bildes mit dem Textinhalt beginnen. Die Thematisierung und Problematisierung der Leitfrage führt im Folgenden zu einer textüberschreitenden Interpretation. Das dafür notwendige Hintergrundwissen ist nicht nur aus der Beschreibung und Analyse der bildlichen Darstellung vorhanden, sondern im Idealfall auch aus dem Geschichtsunterricht. Eine Interpretationsmöglichkeit ist die Gegenüberstellung der an der Tafel zusammengestellten Eigenschaften der gläubigen Person mit den durch die ausbleibende Antithese indirekt formulierten Eigenschaften von nicht-gläubigen (ungebildeten, schwachen etc.) Personen. Ziel der Interpretation könnte die Einordnung dieser Kritik an der mittelalterlichen Gesellschaft in den religiösen Kontext sein. Eine andere Möglichkeit könnte ein aktueller Bezug zur heutigen Lebensweise im Kloster sein.

5 Weitere mittelalterliche Autoren

Auf diese Weise lassen sich zahlreiche Texte aus dem Unterricht des Mittelalters für den heutigen Sprachunterricht aufbereiten. Im Folgenden sollen noch drei weitere Autoren als Beispiele genannt werden, die jeweils einen speziellen inhaltlichen Schwerpunkt zur Unterrichtsthematik „Leben im Kloster" aufweisen und als Ergänzung zum Monolog der unbekannten Nonne eingesetzt werden können.

Thomas von Kempen war ein niederländischer Autor des 15. Jahrhunderts. Sein aus vier Teilbänden bestehendes Werk *De Imitatione Christi* war im Mittelalter ein weit verbreitetes Buch des

Christentums. Als Leitfaden für Anfänger des geistlichen Lebens bietet es einen detaillierten Einblick in das monastische Leben. Der Adressatenkreis dieses Textes war die wenig gebildete Bevölkerung mit geringen Lateinkenntnissen, so dass eine klare und einfache Satzstruktur vorherrscht. Solche Lehrschriften waren in den Bibliotheken der Reformklöster zahlreich vorhanden. Der hier vorgeschlagene Auszug aus dem ersten Buch der *Admonitiones ad spiritualem vitam utiles* thematisiert die allgemeinen Tätigkeiten eines Mönches bzw. einer Nonne im Alltag.[35]

Q: Thomas von Kempen *De exercitiis boni religiosi*, 15. Jahrhundert

> Vita boni Religiosi omnibus virtutibus pollere debet, ut sit talis interius qualis ab hominibus videtur exterius. Mane propone, vespere discute mores tuos, qualis hodie fuisti in verbo, opere et cogitatione. Numquam sis ex toto otiosus, sed aut legens, aut scribens, aut orans, aut meditans, aut aliquid utilitatis pro communi laborans. Corporalia tamen exercitia discrete sunt agenda, nec omnibus æqualiter assumenda. Quae communia non sunt, non sunt foris ostendenda, nam in secreto tutius exercentur privata. Cavendum tamen ne piger sis ad communia, et ad singularia promptior.

Dass sich der Lateinunterricht nicht nur auf das Lesen von Psalmen beschränkte, zeigt auch das ebenso intensiv gelesene *Speculum Monachorum* des Zisterziensers Arnulf von Bohéries. Neben der Darstellung des monastischen Alltags wird hier vor allem das kontemplative Leben im Kloster betont.[36]

Q: Arnulf von Bóheries *Speculum Monachorum*, 13. Jahrhundert

> In primis ergo ex quo surgit ad vigilias, vitae suae tempus per momenta singula debet monachus computare, et videre semper, ut bonum faciat, et malum caveat in omni opere suo, et hoc dicat sibi ipsi. Ad psalmodiam cor habeat; nisi fortassis ad aliquid sublimius rapiatur. Ad intervallum debet stare orationem. Post lectionem est orandum et si ad legendum ac-

---

[35] LUPO 1982, 53.
[36] Arnulf von Bóheries, Speculum Monachorum, in: Patrologia Latina 184 (1859), 1175–1176.

cedat, non tam quaerat scientiam, quam saporem. Cum aliis eat ad laborem. Ubi consideret, non quid agat, sed propter quid venerit. Cessante manu spiritus laboret vel orando, vel meditando. Ad mensam non solum fauces cibum capiant, sed etaim aures hauriant verbum Dei. Si vocatur ad colloquium secundum Regulam leniter et sine risu, pauca verba et rationabilia loquatur.

Ebenfalls zum Lektürekanon gehörte die weit verbreitete Epistel *De novo monacho* des niederländischen Reformbegründers Geert Groote, die ursprünglich als Brief für einen unbekannten Kartäusernovizen im Jahre 1381 geschrieben worden ist und hier als Anleitung für zu erlernende Verhaltensweisen zu verstehen ist. Diese enthält zahlreiche monastische Verhaltensanleitungen, wobei hier der Gehorsam als wichtige Eigenschaft eines Mönches bzw. einer Nonne betont wird.[37]

Q: Geert Groote *De novo monacho*, 1381

Novus monachus debet humiliter esse oboediens suis superioribus. Verba, precepta et consilia monachus debet a superiore accipere prompta voluntate ac si a Domino Deo met illa perciperet et audiret. Item nec applaudas nec admittas quemcumque monachum tibi dicentem mala de superioribus vel suadentem superiorem vel minus sapienter vel minus bene agere.

6 Fazit

Latein ist mehr als antike Sprachkultur! Mittellatein war nicht nur die Sprache der Gelehrten und Experten, sondern vor allem auch die Alltagssprache des Klerus. Das Mittellatein weist daher zahlreiche Facetten auf, so dass die Verwendung von mittelalterlichen Schultexten aus dem Kloster viele Chancen für einen modernen Lateinunterricht mit sich bringt. Folgende Gegensätze sollen diese Vorteile deutlich machen:

---

[37] Geert Groote, in: MULDER 1933, 52–53.

1. Latein ist keine antike Sprache, sondern eine epochenübergreifende Sprache.
2. Latein ist keine Kunstsprache, sondern eine Alltagssprache.
3. Latein ist keine tote Sprache, sondern eine Kommunikationssprache.

Latein ist tot, wenn man die Sprache als eine tote Sprache unterrichtet. Dieser Beitrag soll daher einen weiteren kleinen Baustein für einen modernen, d.h. kommunikativen, lebensnahen und praxisorientierten Lateinunterricht liefern, der mithilfe mittelalterlicher Schultexte vor allem die Textarbeit in den Vordergrund stellt.

Literatur

Arnulfi Monachi de Boeriis, Speculum monachorum, in: Patrologia Latina 184 (1859), 1175–1178.

Caeremoniae Bursfeldenses, edidit Marcellus ALBERT (Corpus consuetudinum monasticarum; Bd. 13), Siegburg 2002. [ALBERT 2002]

Thomas DOEPNER, Interpretation, in: Marina KEIP / Thomas DOEPNER (Hgg.), Interaktive Fachdidaktik Latein, Göttingen ²2011, 113–145.

Marie-Luise EHRENSCHWENDTER, Das Bildungswesen in Frauenklöstern des Spätmittelalters. Beispiel: Dominikanerinnen, in: Max LIEDTKE / Gernot BREITSCHUH (Hgg.), Handbuch der Geschichte des bayerischen Bildungswesens, Bd. 1, Bad Heilbrunn 1991, 332–348.

Thomas FRENZ, Eine Klosterschule von innen, in: Nathalie KRUPPA / Jürgen WILKE (Hgg.), Kloster und Bildung im Mittelalter (Veröffentlichungen des Max-Planck-Instituts für Geschichte; Bd. 218 / Studien zur Germania Sacra; Bd. 28) Göttingen 2006, 49–57.

Roland FRÖLICH, Planung von Unterrichtsreihen, in: Marina KEIP / Thomas DOEPNER (Hgg.), Interaktive Fachdidaktik Latein, Göttingen ²2011, 161–74.

Gerardi Magnis Epistolae, edidit Willelmus MULDER, Antwerpiae 1933, 52–57. [MULDER 1933]

Gudrun GLEBA, Klosterleben im Mittelalter, Darmstadt 2004.

Klaus GRUBMÜLLER, Vocabularius Ex quo. Untersuchungen zu lateinisch-deutschen Vokabularen des Spätmittelalters (Münchener Texte und Untersuchungen zur deutschen Literatur des Mittelalters; Bd. 17), München 1967.

Edwin HABEL / Friedrich GRÖBEL (Hgg.), Mittellateinisches Glossar. Mit einer Einführung von Heinz-Dieter HEIMANN, Paderborn 2008.

Burkhard HASEBRINK, Latinität als Bildungsfundament. Spuren subsidiärer Grammatikunterweisung im Dominikanerorden, in: Klaus GRUBMÜLLER, Schulliteratur im späten Mittelalter (Münstersche Mittelalter-Schriften; Bd. 69), München 2000, 49–76.

Detlef ILLMER, Totum namque in sola experientia usuque consistit. Eine Studie zur monastischen Erziehung und Sprache, in: Friedrich PRINZ (Hg.), Mönchtum und Gesellschaft im Frühmittelalter (Wege der Forschung; Bd. 312), Darmstadt 1976, 430–455.

Aloysia JOSTES, Gelehrte und Gelehrsamkeit in der Windesheimer Kongregation, in: Rudolf SUNTRUP / Jan R. VEENSTRA / Anne BOLLMANN, Erziehung, Bildung, Bildungsinstitutionen (Kultureller Wandel vom Mittelalter zur frühen Neuzeit; Bd. 6), Frankfurt am Main 2006, 285–338.

Marina KEIP, Grammatikeinführung, in: Marina KEIP / Thomas DOEPNER (Hgg.), Interaktive Fachdidaktik Latein, Göttingen ²2011, 35–65.

Dorothea KLEIN, Zur Praxis des Lateinunterrichts. Versus memoriales in lateinisch-deutschen Vokabularen des späten Mittelalters, in: Nikolaus HENKEL / Nigel PALMER (Hgg.), Latein und Volkssprache im deutschen Mittelalter 1100–1500, Tübingen 1992, 337–350.

Edeltraud KLUETING, Monasteria semper reformanda. Kloster- und Ordensreformen im Mittelalter (Historia profana et ecclesiastica; Bd. 12), Münster 2005.

Jessica KREUTZ, Ago illi gracias, quod me feminam et non masculum esse voluit. Das Selbstverständnis der Wöltingeroder

Zisterzienserinnen, in: Wolfenbütteler Notizen zur Buchgeschichte 37 (2012), 67–74.

Jessica KREUTZ, Wöltingeroder Buchbestände. Ein Zisterzienserinnenkloster im Kontext der spätmittelalterlichen Reformbewegungen (Wolfenbütteler Mittelalter-Studien; Bd. 26), Wiesbaden 2014.

Thomas VON KEMPEN [Thomas Hemerken A KEMPIS], Opera omnia, hrsg. u. übers. v. Michael Joseph POHL, 7 Bde., Freiburg 1902–1922. [POHL 1902–1922]

Thomas A KEMPIS, De imitatione Christi libri Quatuor, edizione critica a cura di Tiburzo LUPO (Storia e attualitá; vol. 6), Cittá del Vaticano 1982. [LUPO 1982]

Tom VAN DE LOO, Grammatikarbeit während der Lektüre, in: Marina KEIP / Thomas DOEPNER (Hgg.), Interaktive Fachdidaktik Latein, Göttingen ²2011, 35–65.

Eva SCHLOTHEUBER, Sprachkompetenz und Lateinvermittlung. Die intellektuelle Ausbildung der Nonnen im Spätmittelalter, in: Nathalie KRUPPA / Jürgen WILKE (Hgg.), Kloster und Bildung im Mittelalter (Veröffentlichungen des Max-Planck-Instituts für Geschichte; Bd. 218 / Studien zur Germania Sacra; Bd. 28), Göttingen 2006, 61–87. [SCHLOTHEUBER 2006a]

Eva SCHLOTHEUBER, Die Verwendung von Sprichwörtern im Lateinunterricht, in: Rudolf SUNTRUP / Jan R. VEENSTRA / Anne BOLLMANN (Hgg.), Erziehung, Bildung und Bildungsinstitutionen (Medieval to Early Modern Culture; Bd. 6), Frankfurt am Main 2006, S. 3–18. [SCHLOTHEUBER 2006b]

Heribert SMOLINSKY, Kirchenreform als Bildungsreform im Spätmittelalter und in der frühen Neuzeit, in: Harald DICKERHOF, Bildungs- und schulgeschichtliche Studien zu Spätmittelalter (Wissensliteratur im Mittelalter; Bd. 19), Wiesbaden 1994, 35–61.

Vetus Disciplina Canonicorum Regularium et Saecularium, edidit Eusebius AMORT, 2 Bde., Farnborough 1971. [Repr. der Ausg. Venetiis 1747.] [AMORT 1971]

Abbildungsnachweis

Abb. 1, S. 238: Herzog August Bibliothek Wolfenbüttel: Cod. Guelf.
1399.1 Helmst.; http://diglib.hab.de/mss/1399-1-helmst/
start.htm (© Herzog August Bibliothek Wolfenbüttel). Mit
freundlicher Genehmigung der Herzog August Bibliothek
Wolfenbüttel.

Autorenverzeichnis

Tobias Brandt, geb. 1960, studierte Katholische Religion und Latein in Marburg. Im Anschluss an das Referendariat ging er als Lehrer an die Stiftsschule St. Johann in Amöneburg. Dort ist er inzwischen als OStR i.P. tätig. Neben seinen Funktionen als Klassenlehrer und Tutor wirkt er an seiner Schule als Datenschutzbeauftragter, Fachsprecher Katholische Religion und Betreuer für die Lehramtstudierenden der Philipps-Universität Marburg im fachspezifischen Schulpraktikum in Latein. Er hat diverse Handreichungen für die Fächer Katholische Religion und Latein sowie zwei Lernhilfen erstellt.

Magnus Frisch, geb. 1980, studierte Philosophie, Latein, Griechisch und Geschichte in Greifswald. Nach Stationen im Schuldienst Mecklenburg-Vorpommerns und Hamburgs sowie an den Universitäten Greifswald und Rostock ist er seit 2012 als Akademischer Rat an der Philipps-Universität Marburg tätig, wo er besonders für die Fachdidaktik der Alten Sprachen zuständig ist. Im Rahmen seines Promotionsvorhabens arbeitet er an einem Kommentar zu Prudentius, *Psychomachia*. Neben der Beschäftigung mit Fragen der Didaktik der Alten Sprachen, der antiken Literatur, Philosophie und Geschichte befasst er sich auch mit neulateinischer Dichtung. Er ist Mitherausgeber der Reihe „Ars Didactica" und Beisitzer im Vorstand des Landesverbandes Hessen im Deutschen Altphilologenverband.

Hans-Joachim Glücklich, geb. 1941, studierte von 1960 bis 1965 Klassische Philologie in Heidelberg und Rom. 1966 wurde er mit der Arbeit „Aussparung und Antithese. Studien zur Terenzischen Komödie" promoviert. Glücklich war Fachleiter für Latein und Griechisch am Staatlichen Studienseminar für das Lehramt an Gymnasien in Mainz, Honorarprofessor für Didaktik der Alten Sprachen an der Universität Heidelberg, Erster Vorsitzender des Landesverbandes Rheinland-Pfalz im Deutschen Altphilologenverband und Präsident von *Euroclassica*. Er ist Herausgeber und Autor von Textausgaben, Lehrerkommentaren und Werken zur Methodik des Lateinunterrichts sowie Mitherausgeber der Reihe „Ars Didactica". Daneben hält er regelmäßig Vorträge in Deutschland, vielen europäischen Ländern und in den USA.

Jessica Kreutz studierte in Potsdam und Greifswald Latein, Geschichte und Deutsch als Fremdsprache und wurde in Göttingen mit einer Arbeit über „Die Buchbestände von Wöltingerode. Ein Zisterzienserinnenkloster im Kontext der spätmittelalterlichen Reformbewegungen" im Fach Lateinische Philologie des Mittelalters und der Neuzeit promoviert. Schwerpunkt ihrer Forschungen sind epochenübergreifende unterrichtshistorische Untersuchungen und deren Bedeutung für die heutige Praxis. Nach dem Referendariat am baden-württembergischen Lise-Meitner-Gymnasium in Grenzach-Wyhlen ist sie nun an der Pädagogischen Hochschule Freiburg in der Geschichtsdidaktik tätig.

Florian Krüpe, Jahrgang 1973, studierte Alte Geschichte, Klassische Archäologie und Neuere Geschichte. Der Magisterarbeit über den römischen Kaiser als Leichenredner folgte als Promotion eine Monographie über die *damnatio memoriae* samt Fallstudie über einen der Kaiser des Jahres 211 n.Chr., Publius Septimius Geta. Die Römische Kaiserzeit mitsamt ihren zahlreichen Facetten gehört ebenso zu seinen Forschungsinteressen wie die antike Memorialkultur, die fiktionale Geschichte oder die Verbindung von Geschichte und EDV. Der Autor ist Akademischer Oberrat am Fachbereich Geschichte und Kulturwissenschaften der Philipps-Universität Marburg, zuständig unter anderem für die Studienberatung und die Studien- und Prüfungsorganisation an seinem Fachbereich.

Peter Kuhlmann studierte Klassische Philologie, Romanistik und Vergleichende Sprachwissenschaft in Gießen und Kiel. Er wurde 1993 in Gießen promoviert und habilitierte sich dort 2001. Er war zeitweise im hessischen Schuldienst, später dann als StR i.H. an der Universität Düsseldorf tätig. Seit 2004 ist er ordentlicher Professor für Klassische Philologie in Göttingen. Seine Forschungsschwerpunkte sind Augusteische Dichtung, antike Religion, Geschichte des Humanismus und Fachdidaktik.

Rainer Nickel, geb. 1940, war seit 1965 als Lehrer für Griechisch, Latein, Deutsch und Philosophie u.a. in Berlin, Kiel, Hermannsburg und Göttingen tätig. Er wurde 1970 an der FU Berlin zu einem philosophiegeschichtlichen Thema promoviert. Von 1985 bis 2005 war er Oberstudiendirektor an einem Göttinger Gymnasium. Er hat zahlreiche fachdidaktische Arbeiten, Lehrbücher, Unterrichtsmaterialien, Lexika, Übersetzungen und zweisprachige Textausgaben (Tusculum und Reclam) veröffentlicht, arbeitet an der Zeitschrift „Der altsprachliche Unterricht" mit und ist Mitherausgeber der Schriftenreihen „Nova Classica" (Marburg) und „Ars Didactica" (Marburg). Bis 2004 war er Lehrbeauftragter an der Universität Göttingen, seit 2008 ist er Lehrbeauftragter an der Universität Marburg, seit 2014 auch an der Universität Basel.

Heike Wolf, geb. 1977, hat an der Philipps-Universität Marburg und der Paris IV Sorbonne Geschichte und Klassische Philologie studiert und unterrichtet seit 2007 die Fächer Geschichte und Latein an einem Gymnasium in Marburg. Seit 2011 ist sie außerdem als Dozentin an der Philipps-Universität Marburg am Fachbereich Erziehungswissenschaften / Schulpädagogik tätig. Ihre Arbeitsschwerpunkte liegen im Bereich der Binnendifferenzierung und der Lateindidaktik.

Ars Didactica – Marburger Beiträge
zu Studium und Didaktik der Alten Sprachen

1 Magnus FRISCH (Hg.), Alte Sprachen – neuer Unterricht, Speyer 2015.

Folgende Bände sind in Vorbereitung:

2 Mirjam DAUM, Wortschatz und Lehrbuch – Ein Kriterienkatalog für die Wortschatzkonzeption in Lateinlehrwerken, Speyer 2016.
3 Magnus FRISCH (Hg.), Metrik im altsprachlichen Unterricht, Speyer 2016.

Weitere Bände sind geplant.